名校长系列

新时代教育丛书

XINSHIDAI JIAOYU CONGSHU

MING XIAOZHANG XILIE

率性教学的思与行

于伟 ◎ 主编

王廷波 赵艳辉 脱中菲 ◎ 副主编

北京出版集团
北京教育出版社

图书在版编目（CIP）数据

率性教学的思与行 / 于伟主编. -- 北京：北京教育出版社，2021.11
（新时代教育丛书. 名校长系列）
ISBN 978-7-5704-3961-4

Ⅰ. ①率… Ⅱ. ①于… Ⅲ. ①课堂教学—教学研究—小学 Ⅳ. ①G622.421

中国版本图书馆 CIP 数据核字（2021）第 243496 号

新时代教育丛书　名校长系列
率性教学的思与行
于　伟　主编

*

北京出版集团
北京教育出版社　出版
（北京北三环中路6号）
邮政编码：100120
网址：www.bph.com.cn
京版北教文化传媒股份有限公司总发行
全国各地书店经销
河北宝昌佳彩印刷有限公司印刷

*

787 mm×1 092 mm　16 开本　22 印张　325 千字
2021 年 11 月第 1 版　2021 年 11 月第 1 次印刷
ISBN 978-7-5704-3961-4
定价：68.00 元
版权所有　翻印必究
质量监督电话：（010）58572498　58572393
购书电话：13381217910　（010）58572911
北京教育出版社天猫旗舰店：https://bjjycbs.tmall.com

总 序

办好新时代教育

随着社会现代发展进程的推进，尤其是改革开放以来，中国教育事业加速发展，中国已建成世界最大规模的教育体系，教育总体发展水平进入世界中上行列，中国教育发展进入新时代，中国基础教育改革进入实质性的根本转型时期，处在一个走自主创新道路的关键转折点。

新时代呼唤新的教育。习近平总书记在全国教育大会上强调："立足基本国情，遵循教育规律，坚持改革创新。"面向未来的教育才有未来，新时代的教育，重在破解传统、旧有范式。基于此，面对新时代教育，与教育工作相关的所有主体都需要从思想和行动上做出努力和改变，并围绕主体价值、文化情境、智慧情怀、系统生态等关键词全面开展教育活动。

首先，新时代教育强调主体价值。

"教育同国家命运紧密相连"，点明了教育在国家建设和民族复兴中的地位和作用，强调了教育改革发展的价值取向，为我们今天准确把握办学的总体方向和人才培养的根本目标提供了思想遵循。

教育现代化的终极价值判断标准是人的发展，是人的解放和主体性的跃升。自古以来，中国的教育传统既强调教育的人文性，也强调教育的社会性，相应地，在人才培养目标上既强调完善自我，也强调服务社会和国家，更强调在服务社会和国家中达到自我的充分实现。新时代更要坚守教育本质，重视教育的价值观建设，坚持以社会主义核心价值观为引领，回答好"培养什么人、怎样培养人、为谁培养人"这些根本问题，从而培养有历史责任感、志存高远的时代新人。

其次，新时代教育强调文化情境。

学校不仅是传播知识、文化、智慧的地方，更是生产知识、文化、智慧的场所。学校无文化，则办学无活力。学校是文化传承的主阵地，学生文化、教师文化、课程文化、网络文化和制度文化等现代学校文化建设，引领了学校的发展，呈现了学校办学气质。

更重要的是，文化创设情境。"为学生一生发展奠基"，统整科学与人文，优化学生生存环境，借由"境中思""境中做""境中学"，实现学生主动学习与发展、个性化成长及德育渗透。

增进文化认同，是学校管理者的重要使命。政策制定者、执行者和教育管理者，一定要从为国家和民族培养优秀人才的角度关爱引导师生，让每位教育工作者深刻认识到"教育"二字蕴含的国家使命，真正将为国家和民族培养人才、培养爱国奉献的人才这一价值追求切实贯穿于办学育人全过程，一代一代坚持下去。

再次，新时代教育强调智慧情怀。

国之兴衰，系于教育。教育兴衰，系于教师。教育同国家的前途命运紧密相连。这当中，智慧型教师和教育家尤其为新时代教育所期待。他们目光远，不局限于学校和学生眼前的发展，而是着眼于未来；他们站位高，回归教育的本体，努力把握并尊重敬畏教育的共识、规律；他们姿态低，默默耕耘，淡泊明志，宁静致远；他们步伐实，总能紧紧围绕学生、教学、课程、教师发展等思考自己的职责和使命。

总而言之，教育家顺应时代潮流，立足现实，展望未来。在把握办学方向、把握时代脉搏的基础上，他们勇立潮头，担当时代先锋，他们对历史和未来负责，超越现实、超越时空、超越功利，用教育的力量塑造未来，解放学生的个性、想象力和创造力，共同推动和引领中国基础教育改革和创新，愿意为共同探索中国未来教育之道而做出巨大的努力。

最后，新时代教育强调系统生态。

观古今，知兴替，明得失。关于未来的认识是选择性的，未来"未"来，新时代的教育人需要根据某种线索去把握超出现在的想象并做出价值选择。这种价值选择的关键还在于，教育人真切明晰，未来学校是面向未来的学校，是为未来做准备的。教育中的新与旧、过去与未来，不是对立的，而是连续的，从而能够让教育者基于教育的本质和规律守正创新，坚守立德树人的初心。

各级各类学校之间是相互依赖的，单一的学校不能构建成一个完整教育系统，唯有每个学校都致力于体现自身的教育特性，努力实现自己所承担的教育任务，发挥出自己的教育作用，才能共同构成一个完整的教育系统。加强基础教育改革设计的整体性、系统性和长期性，把"办好每一所学校"作为基础教育改革发展的主要目标，是共同构建良性的教育生态，发挥整个教育系统功能的最优选择。

在这种情境下，"新时代教育丛书"的策划出版具备极强的现实意义。丛书通过考察和认识各地名校教育实践，寻找新时代教育的实践样本，清晰梳理了新时代教育中名校、名校长、名师、名班主任等的发展脉络，记录了新时代教育正在逐渐从被动依附性转向自主引导性，并在与现代技术的融合中彰显出其对于经济和社会生活的主导价值。

丛书提供了不同类型、不同地区的中小学名校、名校长及名师、名班主任在探索、构建新时代教育过程中鲜活的实践案例及创新理念。从中，可以看到有深厚历史积淀的传统名校，也可看到新时代教育发展浪潮中的新兴学校，其中有对外开放探索中国本土化教育的小学，也有站在教育改革潮头的中学；还可以看到开拓创新引领时代风气之先的名校校长、专注各自领域的优秀教师，以及新时代教育变革下的全国各地不同的班主任的德育之思。

更难能可贵的是，丛书不仅包括一般情境下的"案例"，也包括了特殊情境下的思考，不同系列注重了从"现象"到"本质"的过程，进而升华到方法论。丛书的每一本著作既是独立完整、自成体系的，也是相互呼应的，剖析问题深入透彻，对策和建议切实可行，弥补了教育理论和学校实践之间的差距，搭起了一座供全国教育研究者、学校管理者了解新时代教育及未来学校落地实践的桥梁。

未来学校不是对今天学校的推倒重来，而是对今天学校的逐步变革。这不仅仅是对学生提出的挑战，更是对学校发展建设提出的挑战。我们始终强调，理论不能彼此代替、相互移植，中国基础教育的改革与发展，必须靠中国的教育学家和广大教育工作者来研究和解释，从而构建立于世界之林的新时代中国基础教育的改革和发展的当代形态，实现理论创新和方法创新。

期待丛书能给更多的中小学校以启发，给教育工作者以有益的思考，供他们参考借鉴，帮助他们寻找到新时代教育的钥匙，进而在新时代教育的理论指导和教育改革实践带动下，因地制宜、因校制宜地落实到新时代教育工作中，引领学校新样态发展，助力更多学校在新时代背景、新教育形势下落地生花，实现特色、优质与转型发展，快速提升基础教育水平，推动教育改革发展，实现立德树人的根本任务，办好人民满意的教育。

新时代教育丛书编委会
2021 年 1 月

序

一

率性教学的提出是基于学校改革发展的新挑战。

东北师范大学附属小学作为东北师范大学的实验基地，一直走在教育改革的前沿，有着根据不同时期国家教育改革新要求创造性地进行改革的基因。从2014年8月到附小工作以来，笔者带领附小团队立足附小的办学传统和经验，从中国文教传统中汲取养分，创造性地提出了"率性教育"办学理念。

"率性教育"来源于我国最早的教育哲学著作《中庸》，其开篇将天命、人性、教育的关系凝练地表述为："天命之谓性，率性之谓道，修道之谓教。"率性教育将其创造性地转化为"保护天性、尊重个性、培养社会性"。率性教育强调尊重儿童身心发展规律办教育，不仅是一种宏观的教育思想，同时从"率性学校""率性学生""率性教学""率性德育""率性教师"等具体方面设计了系统化的学校办学实践。伴随率性教育研究的推进，改革发展进入新常态，需要在新的历史时间节点重新梳理、反思当前学校课堂教学中存在的问题，学校逐渐明晰课堂教学改革的方向，提出了"率性教学"这一重要的实践路径，率性教学是率性教育办学理念扎根课堂的实践智慧。

率性教学的提出不仅是学校率性教育理念的践行，更是对当前国家课程与教学改革主要问题的重要回应。在课程与教学改革的过程中，遇到了新问题和新困境，如教学缺乏"过程"，具有强烈的"结果导向"。这种结果导向一方面导致"速成的教育",即忽视儿童发展的过程性和阶段性,用知识习得的结果评价儿童;另一方面导致"功利的教育",即忽视儿童长远的、可持续性的发展,用短期目标预测发展。事实上,无论是"速成的教育"还是"功利的教育",必然都是有过程的,但是这个过程被高度压缩,不仅无视儿童的成长规律,更是对儿童天性的戕害。因此,改变教学现状是率性教学必须要突破的瓶颈。

率性教学是遵循知识经验、能力和智慧发生规律,儿童成长发展规律与阶段性特点,促进儿童在共同体中成长的教学。率性教学指向经验与知识教育,指向抽象能力、想象能力的培养,更指向智慧教育。

二

率性教学的核心要义可以用三个词来概括:有根源、有个性、有过程。

"有根源"是指教学要挖掘本源,具体包括让教有所依的"知识线索之根",遵循儿童发展规律的"教学对象之根",不盲目而教的"教学方法之根",等等。

"有个性"的教学是指将"珍视群体中的每一个人"的基本价值追求贯穿教学系统,其内涵包括两个方面:一是"尊重差异",如学力、适应性、学习速度、经验、兴趣等多方面的差异;二是"基于差异",以差异为教学资源,设计不同梯度的学习任务。

"有过程"的教学是指由特殊到一般的归纳的教学,强调从个别经验或个别事物出发,归纳概括出一般结论。具体内涵包括:"归纳过程的智慧",强调从个别出发、从经验出发;"知识产生过程的智慧",强调还原知识的原始状态,经历人类知识再发现的过程;"探究推理的智慧",强调帮助学生经历探究、发现、合情合理推测、建构的过程;"沉思自省的智慧",强调对学习过程进行沉思、沉淀,深入自省;"真正学习产生的智慧",强调学生学习发展的"真"过程，促进由"教"向"学"的转变。

有根源、有个性、有过程三者互为依托、互为补充、互为条件。有过程的教学为实现有根源、有个性的教学提供了时间、空间、条件、资源等过程性的保障；有根源、有个性的教学让儿童的学习过程更加充盈、丰富、真实、灵动。

率性教学进入课堂实施的过程，着力关注三组表征：情境与具象、操作与体验、对话与省思。

"情境与具象"即教师要有目的地对知识产生的环境、原初状态进行还原，把抽象的东西具象化地呈现出来，让学习变得更容易。学习的最好方法就是进入情境，情境拉近了知识与学生之间的距离。好的情境能有效沟通知识与事物、知识与知识、知识与行动、行动与思维以及事物与自我。

"操作与体验"是指儿童通过亲身体验与真实操作认识世界与改造世界。操作是儿童与世界互动的主要方式，也是儿童思维发展的重要手段，儿童在操作中促进知识与经验的整合，操作体验的过程就是意义建构的过程，有效的操作体验需要经历"思考、体验、结论"的完整过程。

"对话与省思"体现了儿童哲学的核心要义，即开展互动对话。激发"对话活力"是促进深度学习的实践样态和直接表征，有效的对话促进学生省思能力提升。对话包括文本的对话、与同伴的对话、与教师的对话、与自我的对话。

率性教学的设计是从以下几个方面展开的：

（1）从儿童学习的起点开始，了解学生学习的起点在哪里，是率性教学设计的第一步。具体包括两个方面：一是学生学习力的差异点在哪里，二是学生经验的起点在哪里。

（2）创设恰当的学习情境。情境要是有趣的，能激发学生学习的热情。

情境要有还原性，即对知识产生的背景、原初状态进行学习。

（3）围绕核心问题展开学习。核心问题是学科的关键问题和核心任务，单元有单元的核心问题，课时也有课时的核心问题，学生在思考核心问题的过程中，不断体验与积累，促进其学科核心素养的形成。

（4）选择适切的教学模式。根据不同学科、不同学习领域、不同学习内容、不同学生的实际情况灵活选择和使用不同的教学模式，如"集体指导补充模式、学习进度模式、学习起点模式、学习顺序模式、课题选择模式"等。

（5）优化学习组织形式。率性教学过程中，学生个体的独立学习、小组的合作学习和集体学习占有同等重要的地位。在设计每一节课时应该根据学习任务、学生特点等因素优化三种教学组织形式，使三者有机结合、相辅相成。

（6）提供丰富的学习素材。率性教学的核心是有过程的归纳教学，在归纳过程中，呈现或搜集来的信息、事物等都是学习素材，这些素材应该以千姿百态的形式出现，为归纳学习提供依据和条件。

（7）让学习过程可视化。教师指导学生借助填写学习卡、记录卡等方式记录思维过程与结果，让教师和学生清楚学习是如何发生的。

（8）倡导多元化评价。首先，评价主体是多元的，教师、同伴、家长、学生自己等都可以对学习过程进行评价反馈。其次，评价对象是多元的，对学生在学习过程中表现出来的水平、态度、结果等进行综合评价。评价方式是多元的，如纸质的、口头的、互动的，既有结果性的，也有过程性的。评价的时机也是多元的，不仅有课前的"潜水摸排"，还有学习过程中的显性和隐性评价，最后是课后的回顾与反思。

三

自 2016 年起,学校以率性教学为切入点,全面推进学校教学改革的进程。学校在空间设计、氛围营造、制度管理等方面,注重人本、尊重个性、关注差异,形成民主、开放、和谐、向上的氛围,为率性教学改革提供了必备的条件和有利的保障。

空间设计上,学校拥有国内一流的现代化的教育环境和教育建筑。一体化、开放化的走廊空间与普通教室,各学科的专业教室、移动数字教室、养殖区、展览区域等可移动的、数字化的、多样化的教学资源环境,为率性教育实施提供了便利条件。

制度管理方面,学校形成了"团队分工、上下结合,加强指导、注重学习,梳理汇报、关注诊断"的率性教学研究制度。每学期组织 11 个学科有计划地开展单元校本课程的开发与实施,在此基础上,学校深化"赛—研—培"一体的校本研究模式,以"青蓝杯""希望杯""名师汇报课"3 个工程为载体,展开主题式单元教学的研究。实际研究的过程中,采用学科委员工作机制,组建学科委员团队,团队协作突破教学改革过程中的瓶颈。研究发表会制度是对率性教学成果的阶段性展示,发表内容围绕学校阶段性研究的主题和课题,面向校内外教育界同行报告、发表、展示、观摩、交流,全面提升学校的研究水平和办学品味。

在过去几年的理论与实践探索过程中,学校以公开出版物《率性教育研究》为平台,总结率性教学研究的过程,收录和发表了学校的阶段性研究成果。学校还集结出版率性教育系列图书 16 本,形成了"学科校本课程",涵盖优秀案例 200 多个。学校以"儿童哲学与率性教育"为题,召开了 6 次国内外学术会议,通过学术研讨的方式,汇聚顶级智囊团,为率性教学研究把脉,率性教育逐步得到国内外专家学者的认可。从课堂教学的维度看,东师附小已经通过学校课程开发基本构建了相对完善的集国家课程、地方课程、校本课程于一体，学科课程、活动课程相互补充的课程体系，通过教学单元的开发与研究基本实现了学科教学单元的优化，课堂教学的面貌得到了非常大的改善。

四

本书不仅从理论视角探讨了率性教学，还收录了来自9个学科的26个率性教学案例。这些案例基本是以主题单元的形式呈现的，率性教学内容设计聚焦"单元"的开发与研制。以"教材单元"为单位，从宏观的构建单元内容体系、中观的构建单元教学计划、微观的生成课堂教学过程三个层面，进行设计与实施的综合试验。以"教材单元"为基本单位，可以尊重学科知识的逻辑体系或原有教材的编写结构，保证教学的科学性、完整性。

从研究问题来看，各个学科率性教学的案例都是以问题为出发点，围绕着问题展开研究。研究问题的确定一方面要根据学校实际发展需要，另一方面要围绕国家教学改革前瞻性问题，破解当前教育教学实践中的难题。学校以学科委员会成员为研究主体，根据学校研究问题，自下而上进行原生态的研究。为保证单元开发研究系统、有序、科学推进，学校加大力度对研究过程进行规划，研究团队教师要根据研究问题，进行单元开发的设计，对研究构想、单元目标、具体研究方法、单元教学计划、教学流程、学习资源开发等实施举措进行深入思考，制定详细的研究方案。

从研究方法来看，所有学科所开发的每一个单元，都必须要经历至少三轮行动研究的检验过程，团队教师要按照单元教学计划展开实践检验。学校的率性教学改革的推进实际上是一个从学校、学科到小研究团队的不同层级、不同周期的嵌套式的行动研究，每一个学科、每个研究团队的教训、经验都是宝贵的，会对其他团队的研究起到快速推进的作用，因此公开与分享是学校率性教学行动研究的显著特征。

从研究成果的梳理来看,理想状态是由参与者提供书面报告,而且这些书面报告应该以适当的形式公开发表。对于每个研究团队最终形成的研究报告,学校在"规范、学术"与"自发、随意"之间探求一条中间路线,鼓励教师寻找自己的话语风格和发表形式,能系统、客观地回答研究问题的解决情况,并在每个学期结束时要求所有的研究团队面对全校教师对研究结果进行公开发表,以达成"改进"的研究目的。

本书分为"理论篇"和"案例篇"两个部分:"理论篇"主要是对率性教学提出的背景、率性教学的内涵、率性教学的实施过程、率性教师的典型特征等进行了论述;"案例篇"是教学案例部分,通过鲜活的案例呼应率性教学的理论,呈现率性教学真实、详细、完整的研究过程。

"案例篇"中的案例就是来自研究教师带有"田野"味道的研究报告,这些案例从不同侧面反映出率性教学的基本思想和理念。希望透过这些案例,读者能够感受到学生在学习中表现出来的那种热情投入、思维灵动、情感丰沛、阳光快乐、自然舒展的生命状态。

五

全书的撰写体现了学校以教师为主体的特点。"率性教学的思与行"是全校师生共同践行的主题,教师们参与了率性教学从理论到实践的整个过程。每一位教师在参与的过程中都有不同程度的提升与发展,既丰富了理论基础,更增强了实践能力和研究能力。

率性教学的实践探索,是全体东师附小人共同努力的智慧的结晶。本书的撰写,也是团队合作的成果。理论篇第一章由于伟、张晓春撰写,第二章由赵艳辉、周晶撰写,第三章由脱中菲、黄蓉、郭享撰写,第四章由王廷波、卜庆刚、张艳红、刘丹、郝瑞、马薇然撰写,第五章由王俊杰、井巍巍、李佳桐撰写。

"案例篇"中的单元案例以及教学设计，是各个学科团队努力探索和撰写的，在每一个案例的结尾都记录了撰写者的名字。各学科率性教育理念下的率性教学大单元案例开发成果，既体现了学科委员会的集体智慧和力量，又体现了学科教师研究与写作的能力和水平。虽然各个学科之间在研究的基础、能力和水平上存在着一定的差别，但从总体上说，各个学科的教师在率性教学理论与实践研究历程中都有不同程度的提升与发展，既丰富了对率性教学理论知识的认识，又增强了学科大单元案例开发的意识，同时提高了自身课题研究的能力水平。

学校对于率性教学的研究与实践还在继续，本书只是总结了学校阶段性的理论与实践成果，一定存在着诸多不足，望方家斧正。

最后，对于策划推动本书出版的校长派校长智库院王月，以及北京教育出版社的吕心鹏、郝慧敏给予的支持表示诚挚的谢意！

于 伟

于东师附小教研工作坊

目 录 / CONTENTS

·理论篇·

第一章 率性教学的提出 / 002
 第一节 率性教育：保护天性、尊重个性、培养社会性 / 002
 第二节 率性教学的提出 / 009

第二章 率性教学的基本内涵与设计 / 019
 第一节 什么是率性教学 / 019
 第二节 率性教学的着眼点 / 021
 第三节 率性教学的设计 / 026

第三章 率性教学改革的顶层设计 / 030
 第一节 基于本土化实践的行动研究 / 030
 第二节 层级规划 / 032
 第三节 合理的研究闭环 / 035
 第四节 如何开发一个单元 / 038

第四章 率性教师的意蕴 / 043
 第一节 有情怀 / 043
 第二节 有功夫 / 049
 第三节 有传承 / 056

第五章　率性教学改革的条件与保障　　　　　　　　　　　／061
　　第一节　学校愿景：营造儿童本位的成长空间　　　　　　／061
　　第二节　物质保障：打造自由、安全、开放的学习场域　　／062
　　第三节　制度保障：建立健全各种管理制度　　　　　　　／063

·案例篇·

·语文·
　　三年级"小蜗牛观察日记"单元案例　　　　　　　　　　／070
　　三年级"古诗中的儿童"单元案例　　　　　　　　　　　／084
　　六年级"走进小说"单元案例　　　　　　　　　　　　　／095

·数学·
　　三年级"混合运算"单元案例　　　　　　　　　　　　　／111
　　四年级"图形分类"单元案例　　　　　　　　　　　　　／123
　　六年级"百分数的认识"课例　　　　　　　　　　　　　／131

·英语·
　　三年级 Are you my mum？课例　　　　　　　　　　　　／143
　　五年级 Holidays 单元案例　　　　　　　　　　　　　　／153
　　六年级 Festivals 单元案例　　　　　　　　　　　　　 ／163

·道德与法治·
　　二年级"我们小点儿声"课例　　　　　　　　　　　　　／173
　　二年级"大家排好队"单元案例　　　　　　　　　　　　／180
　　三年级"安全记心上"单元案例　　　　　　　　　　　　／191

· 体育 ·
三年级 "立定跳远" 单元案例　　　　　　　　　　　　　　　／ 200
四年级 "原地双手胸前传接球" 单元案例　　　　　　　　　／ 210
五年级 "独轮车转弯骑行" 单元案例　　　　　　　　　　　／ 221

· 音乐 ·
四年级 "行进中的音乐" 单元案例　　　　　　　　　　　　／ 229
四年级 "摇篮曲" 单元案例　　　　　　　　　　　　　　　／ 237
六年级《妈妈格桑拉》单元案例　　　　　　　　　　　　　／ 247

· 美术 ·
三年级 "水墨恐龙" 课例　　　　　　　　　　　　　　　　／ 255
五年级 "东丰农民画" 单元案例　　　　　　　　　　　　　／ 264
六年级 "动起来的画" 单元案例　　　　　　　　　　　　　／ 273

· 科学 ·
三年级 "风的成因" 单元案例　　　　　　　　　　　　　　／ 283
四年级 "摩擦力的科学" 单元案例　　　　　　　　　　　　／ 293
六年级 "杠杆" 单元案例　　　　　　　　　　　　　　　　／ 303

· 综合实践活动 ·
三年级 "我爱动画片" 单元案例　　　　　　　　　　　　　／ 314
四年级 "从'饮食'看世界" 单元案例　　　　　　　　　　／ 324

理论篇

第一章　率性教学的提出

东北师范大学附属小学（以下简称东师附小），从 1948 年建校以来，一直都担负着"引领、示范"的责任。学校 70 余年的发展历程蕴含着深刻的教育研究基因，学校一直坚持根植于教育教学实践开展教育教学研究。20 世纪 50 年代，东师附小第二任校长王祝辰在学校进行了"动的教学法""小学语文教学法"的改革尝试；20 世纪 80 年代李筱琳校长带领东师附小进行"单科单项改革试验""整体改革试验""小主人教育整体改革试验"；等等。每个时期的教育改革试验，基本都走在当时教育改革的最前沿，起到了非常好的引领、示范与辐射作用，被誉为"吉林省基础教育的一面旗帜"。2014 年，笔者成为东北师范大学附属小学第 14 任校长，带领附小团队，立足附小的办学传统和经验，从中国文教传统中汲取养分，创造性地提出了"率性教育"的办学理念。

第一节　率性教育：保护天性、尊重个性、培养社会性

当一项具有历史意义的传统被发明或向特定群体传输一定的价值和行为规范时，必然暗含与过去的连续性。[1] 通过从历史记忆中合法地汲取能被广泛接受的共享观念，那些通常被看作文化象征和文化交流的旧材料都能被创造性地转化为现实的生产要素。譬如，在时间轴上年代久远、社会记忆渐渐模糊的儒家经典著作《中庸》，近年来却常常被重新界定为中国最早的教育哲学专著。其开篇三言对天命、人性、教育之间的关系进行了简明凝练的表达："天命之谓性，率性之谓道，

---

[1] E. 霍布斯鲍姆，T. 兰格. 传统的发明 [M]. 顾杭，庞冠群，译. 南京：译林出版社，2004.

修道之谓教。"2014年，东师附小将其创造性地转化为"率性教育"。

(一) 率性教育的三重意蕴

《中庸》一书"性、道、教"三言为一篇之纲领。正所谓：性本于命，道率乎性，教修乎道。率性教育追求"天地位、万物育、一切安所遂生"的顺其自然、因其固有、啐啄同时，反对无视儿童发展规律、逾越规律、破坏规律的想当然办教育。率性教育倡导顺其童年之美、因其童年之美所固有而给予儿童真正的童年。如儿童面临过度束缚，则要"解放儿童"。率性教育倡导儿童教育"保护天性""尊重个性""培养社会性"。

1. 保护天性

保护天性，即遵循儿童"性之自然趋势"，保护儿童好奇好问、愿意探究、好动、爱学习、喜欢创造的天性。

第一，强调保护儿童"好奇好问""愿意探究"的天性。所有的孩子都有好奇心，他们总是向大人提出各种各样的问题，这是人的本能。孩子们好奇好问、愿意探究有助于他们了解周边世界、探索未知，也有助于他们未来更好地生活。

第二，注重保护儿童"好动"的天性。教育家陈鹤琴曾说过，小孩子是生来好动，以游戏为生命的。小孩子是很喜欢游戏的，如果能够利用他这种心理，以游戏式的方法去教育他，那么没有哪个孩子是不喜欢听你的话的。喜欢游戏、活泼好动是儿童的天性，因此，教育应当顺应或利用儿童这种天性。

第三，保护儿童"爱学习、喜欢创造"的天性。学习失去兴趣，是后天人为导致的。人类对自然的探索、对真理的追求是出于本能的。出自自然之手的儿童是爱学习、喜欢创造的，学习是为了求生求知，创造是为了更好地生存。人生来就有学习生存本领的欲望，并且也有改变生存条件的欲望，有创造的欲望。因此，我们应当把"保护并放大孩子学习和创造的天性"作为教育的原则。

2. 尊重个性

世界上不存在两片完全相同的树叶，同样不存在两个完全相同的人。人的自我规定与塑造，使得"我异故我在"的个性存在是一种客观现实的常态，也是未来发展的必然走向。"率性教育"倡导尊重人的个性化差异的存在，要因其固有、循序渐进、因材施教、量体裁衣地帮助每一个学生找到自己的位置，要在保护儿童共同天性的基础上，让儿童的差别性充分显现出来。

第一，强调在课程开发与教学中尊重"经验差异"。在为学生准备课程内容、开发课程资源时，要充分考虑学生的个性差异；各个学科的教学，要充分尊重学生学习的类型差异、进度差异、方式差异、起点差异、速度差异，尤其是不同的社会因素导致的"经验差异"。

第二，注重在学校教育活动中"发现差异"。在小学阶段，低中高三个年段学生的成熟度各有不同；学生的生理基础如体力、精力，心理素质如兴趣、需要、意志品质等，都各有不同。学校组织的教育活动（班级管理、体育节、科技节、校节、社团活动等）应尽可能地"发现差异、利用差异"，遵循规律地发展学生。

尊重个性也要防止学生走向"个人主义"。率性教育强调教育者在从事教育实践时，要对不同教育对象所具有的各种个性差异尽可能地具有包容之心，但也不能凡事都以教育对象的个性意志为中心。把握好尊重个性的"尺度"是率性教育的实践者们必须进行的"专业修炼"。

3. 培养社会性

在人的社会性养成方面，以《中庸》为代表的中国传统儒家教育始终围绕"怎么做人"，就是为人之道来进行。因此，现代人的社会性培育既需要汲取传统文化资源的养分浸润国民的文化认同，也需要正视中国传统儒家教育在现代公民意识、国民精神养成方面具有的不可避免的历史局限和自身缺失。因此，"率性教育"要想培养儿童的社会性，主要应利用知识技能习得、行为规范养成以及价值观念形成等途径，培养学生的自主精神、合作态度、规则意识和责任观念，为学生未来成为合格公民奠定价值基础。也只有通过社会性的培养，才能使得儿童从他的自然自由顺利过渡到他的道德自由，进而真正获得作为一个公民的政治自由。

第一，强调儿童自主精神的培养。社会的健康状态取决于组成它的个人的独立性，也同样取决于个人与社会之间的密切结合。个人只有能独立思考，才能为社会创造新价值。要是没有能独立思考和独立判断的有创造能力的个人，社会的向上发展就不可想象，正像要是没有供给养料的社会土壤，人的个性的发展也是不可想象的一样。①

第二，注重儿童合作精神的培养。人类社会与其他动物群体的一个重要区别是，人与人之间可以通过运用个人理性而达致某种形式的合作。② 可能在其他生物种群中也存在合作行为，但是在大规模的群体中与陌生人可以展开合作的物种只有人类。人与人的合作，是人类社会文明的基础，是人类社会得以稳定、可持续存在的广泛社会基础。因此，率性教育强调通过课堂教学、课外教育活动等多种渠道与途径培养、发展儿童的合作精神。

第三，儿童规则意识的培养。规则，既包括成文的制度、章程（法律、制度、道德），也包括未成文的习俗、习惯、传统。规则是人类社会文明的产物，人类充分发挥自己的主观能动性、创造性，不断创造、总结、确立了各种规则，规则的存在使得人类社会得以良性发展、合理有序。率性教育强调在小学阶段对规则意识、人类基础性社会性品质进行培养，以期为法治社会的守法公民播下"种子"。

第四，儿童责任观念的培养。人类社会中，人与人的人际依存、社会依存，导致了责任的产生，责任是特定社会对个人思想、行为的规定性。在康德及其追随者看来，责任是一切道德价值的源泉。所谓道德教育，就是要把纯粹道德的动机带进人们的内心，而这种纯粹道德的动机就被称作责任（义务）。个人在与群体、社会及生态环境的互动中内化或生成这种规定性，并最终体现于自身的思想和行为实践中。因此，有必要使小学阶段逐渐与其他阶段协同，逐渐培养儿童的责任观念。

（二）率性学校的图景

依托率性教育理念建构学校样态是研究团队必须要思考的问题。在学校率性教育的研究过程中，我们逐渐清晰了学校发展的设想和规划。率性教育理念下的学校样态将是什么样的？如何将抽象的率性教育理念以看得见、摸得着的鲜活的形象勾勒出来？我们认为："像"能最好地体现学校精神，能将学校的愿

---

① 阿尔伯特·爱因斯坦. 爱因斯坦文集（第三卷）（增补本）[M]. 许良英，赵中立，张宣三，编译. 北京：商务印书馆，2009.
② 罗伯特·阿克塞尔罗德. 合作的复杂性：基于参与者竞争与合作的模型 [M]. 梁捷，高笑梅，等译. 上海：上海人民出版社，2008.

景以具体化、形象化的方式表现出来。由此,我们确立了"学校像"和"学生像"来呈现和描绘率性学校和率性学生。那么,如何实现率性学校的愿景和率性学生培养的目标呢?用什么样的方式和路径来推进率性教育理论的实践探索呢?学校确定了率性教育与率性教学的实践路径,逐步推进率性教育研究,使之实现理论与实践之间的有效链接。

1. 率性学校的愿景

学校的理念是学校办学的灵魂,是学校发展的内在动力。一所学校的样态,是学校教育理念的价值体现。率性学校的愿景勾勒是以"学校像"呈现的。"学校像"是基于率性学校的愿景以及对"儿童是科学家""儿童是哲学家""儿童是艺术家""儿童是梦想家"的多学科研判而确立的。我们认为率性的学校是有利于学生发展的场所,是尊重学生自身成长规律的空间。

(1)儿童喜欢的"慢步调自由空间"。

儿童从很小的时候就愿意琢磨一些事情,有着与科学家一样的思考、钻研、创造的精神,并在不断的假设猜想中寻求解决问题的办法,而这种智慧产生于婴儿期早期。儿童有自己的节奏,有对一件事情的执着思考,并在这样的思考和探索中,不断发展生活的智慧。率性的学校,能够让儿童慢下来集中精力去思考、去探索,让儿童有一整天、一周乃至更长时间的沉思体验。因此,率性的学校是能够让儿童有沉思空间、探索环境和自由研究时空的地方,是儿童喜欢的"慢步调自由空间"。

(2)儿童兴趣发展的"沃土"。

兴趣是儿童最好的老师。儿童喜欢涂涂画画,用画笔通过涂鸦的方式舒畅地表达自己对世界的理解是儿童本能的愿望。儿童也喜欢游戏,他们通过游戏认识世界、理解世界,并在游戏中满足自己的需求,丰富和完善自己的能力,不断成熟和发展。因此,率性学校是充满涂鸦、童趣和游戏精神的地方,是儿童兴趣发展的"沃土"。

(3)儿童体验探究的"智慧之家"。

好问与探究是儿童之天性,也是智慧之源。儿童的好问与探究是创造的起点。要鼓励儿童愿意开放地问、开放地想,培养、激发和保护他们发现问题、提出问题、愿意动手动脑的意识。对于儿童来说，好奇与好问是自主学习发生的起点，是持续学习、持久思考的内在动力。因此，率性学校是能保护好儿童提问与探究欲望的地方，是儿童可以体验探究的"智慧之家"。

（4）儿童想象力、创造力发展的"梦工厂"。

想象力是创造之基，童年是想象力发展的黄金时期。儿童能够不受约定俗成的条框规则的限制，天马行空、自由自在、无边无际地展开想象。有梦想，是儿童的权利，是儿童的能力，更是儿童的价值所在。他们在梦想与现实中不断建立链接，不断成就他们自身的成长。因此，率性学校是支持儿童发现梦想、拥有梦想的地方，是促进儿童想象力、创造力发展的"梦工厂"。

2. 率性学生的描绘

"学生像"是率性学校的育人目标的体现。培养什么样的学生是一切教育改革的出发点和归宿点。面向未来，学校要培养怎样的人？我校70余年的教育实验和改革历程，最突出的特点就在于我们的行动都是基于儿童的立场。率性教育源于儿童，基于儿童，为了儿童。换言之，就是从儿童视角出发，重视儿童的身心发展与需要，重视儿童的价值与潜能，以儿童的学习和成长为取向，致力于让儿童成为儿童，让儿童以自身的节奏和步骤，逐渐实现他们的率性成长。这不但是为基础教育阶段培养未来的人探寻一条新的实践道路，更是为培养未来的合格公民所展开的有意义的探索。基于对率性教育理念的思考和对我校70余年育人目标的定位，我们确定了具有学校特色的"学生像"。

（1）阳光自信：

阳光自信是东师附小学生多年来积淀下来的显著特质，也是基于尊重儿童个性的教育思考。在率性教育的理念下，学校活动的组织均以自主探究为原则，为个性、特长不同的学生搭建不同的平台，充分尊重学生的个性发展，使其对自己有明确的认知，坚定"我能行"的自我信念，不论遇到问题还是困难，都能态度积极、努力上进、乐观应对，形成阳光自信的个性品质。

（2）好问多思：

好问多思是从保护儿童天性的视角提出的。我校的学生思维灵活敏捷，思路开阔，愿意思考，接受新知识快。东北师范大学原校长史宁中教授曾对我校的教育教学提出了期望，提出"要重视沉思的教育"。因此，学校布置了开放的学习和生活环境，设置了大量符合儿童水平的开放性活动和任务，建构了和谐民主的师生氛围，保护、激发、维持儿童好奇、好问、好探究的天性，给儿童独立思考的时间，鼓励和支持儿童进行深入和广泛的思考，培养儿童好问多思的学习品质。

（3）手脑相长：

我校注重儿童经验的积累，教育教学活动的设计都是基于儿童已有经验，通过动手操作、社会实践、自主游戏、反思自省等方式，使儿童在已有经验基础上不断发展、累积，形成新的经验。在充分保护儿童好动、爱玩、喜欢游戏的天性过程中，发展儿童善于学习、乐于学习的天性，通过具有实践性、操作性、创造性、反思性的动手活动，促进儿童手脑协调统一发展，使其形成既能"学以致思"又能"学以致用"的手脑相长的学习能力和健康生活技能。

（4）友善乐群：

友善乐群体现率性教育对儿童社会性培养的关注。率性教育既重视儿童自主精神的培育，也注重儿童合作能力的培养。在小组学习、实践性学习以及班级和学校活动中，学生礼貌待人、亲和沟通、善于合作、乐于交往、乐于助人、相互协作，愿意与同学共同游戏玩耍，形成了友善乐群的品质。

（5）敢于担当：

敢于担当是我校一直关注并寻求突破的地方，更是儿童社会性培养的重中之重。率性教育关注儿童规则意识和责任观念的培养，补充儿童在家庭和社会中担当机会的缺失，利用公益体验活动、社会实践活动、班集体活动、学科课堂教学等多种渠道，增强学生面对困难、战胜挫折的勇气，提高学生迎接挑战、承担责任的能力，培养其敢担当、愿担当和能担当的责任担当意识。

3. 率性教育的实践路径

改革创新是时代发展的不竭动力，更是教育发展的永恒主题。东师附小一直走在教育改革的前沿，有着创造性地适应新事物的基因。纵然理念和行动之间隔着万水千山，但学校在规划愿景的同时，也在思考如何让率性教育理念扎实落地，切实指导教育教学，使率性教育理念落实在培养人的实际行动中。经过梳理学校已有的优势和"率性教育"理念的内涵，学校研究确立了"率性教育"的行动路径，即以率性教学、率性德育为主线，统整学校教育教学活动，全面开展"率性教育"实践探索，使其在东师附小这片沃土上生根发芽。

（1）率性教学：

率性教学是率性教育研究的实践路径之一。率性教学倡导"有根源""有过程""有个性"的教学。这是立足于课堂教学的本质、儿童发展的需要，立足于学校已有的实践成果、改革创新的生长点等明晰的率性教学的三组关键词。"有根源"关注的是教学的规律、儿童的学习规律，要求教师寻根问底，遵循规律。有根源的教学是指要挖掘本源，让教学有据可依。"有过程"关注的是学生学习的过程性，是指教学应体现学生的学习和成长过程。"有个性"关注的是学生的学习差异性，是指教学应尊重学生个性，促进学生多元成长和发展。

（2）率性德育：

率性德育是率性教育研究的实践路径之二。率性德育倡导"有过程""有尊重""有道理"，强调儿童道德品质的形成，尊重每个儿童的人格与个性。这是立足于学校德育目标、当前德育问题及多年来学校德育特色而提出的三个着眼点。"有过程"关注的是道德形成的过程，强调德育就是重视学生认知、情感、意志和行为过程的协调统一。"有尊重"关注的是学生的心理发展特点、儿童的自身差异以及成长背景的差异，尊重教育的规律，是大学"尊重的教育"理念在学校德育中的体现。"有道理"的核心是以理服人，是指让学生自觉践行做人和做事的道理，在民主协商、交流对话中悟出道理，达成从自发行为转为符合社会要求的行动自觉。

第二节 率性教学的提出

率性教育强调遵循儿童身心发展规律和特点去促进儿童的发展，强调保护天性、尊重个性、培养社会性。学校办学理念转化为办学行为的两个基本途径就是教育活动和课堂教学。从课堂教学的维度来看，东师附小已经通过学校课程开发基本构建了相对完善的集国家课程、校本课程于一体,学科课程、活动课程相互补充的课程体系,通过教学单元的开发与研究基本实现了学科教学单元的优化,创新了课堂教学的面貌。伴随率性教育研究的推进,学校改革发展进入新常态,我们需要在新的历史时间节点重新梳理、反思当前学校教育或课堂教学中存在的问题。立足于国内教育的共性问题、学校自身发展的特殊情况,基于对课堂教学的本质体现、儿童发展的需要、国家对学生核心素养培养的要求、学校已有的实践成果与推进改革的条件氛围等诸多问题的思考,学校逐渐明晰课堂教学改革的方向,提出率性教学这一重要实践路径。

(一) 对当前教学突出问题的反思

当前教育教学中的一个最突出的问题是缺乏"过程",具有极强的"结果导向"倾向。这种"结果导向"倾向一方面导致"速成的教育",即忽视儿童发展的过程性和阶段性,用知识习得的结果评价儿童;另一方面导致"功利的教育",即忽视儿童长远的、可持续性的发展,用短期目标预测发展。事实上,无论是"速成的教育"还是"功利的教育",其间也必然是有过程的,但是这个过程高度压缩,不但无视儿童的成长规律,更是戕害儿童的天性。因此,改变教学现状,是率性教学必须要突破的瓶颈。

1. "速成的教育"

改革开放至今,在特定的人才匮乏阶段,为了社会主义现代化国家的建设和发展,必须"多出人才、快出人才、出好人才",这是特定历史发展阶段的需求。但是,社会对人才的急切需求得到满足后,仍然首先追求多出人才、快出人才的效率导向,这必然会把儿童的培养导向"异化"。过分注重以知识教育为核心的效率主义,是以牺牲儿童的童年为代价的。为提高效率,学校变成了"人才加工厂",教师拿着一条"完美"的标准去要求所有学生,使学生个体具备"完美"的知识,成长为社会需要的"完美"的"人才",这在很大意义上是一种可望而不可即的"乌托邦"。但学校、教师、社会依旧投入这样的幻象,乐此不疲。为了提高效率,学校高度重视知识的教学,缩短教学与学习过程,用统一内容、统一要求、统一时间、统一模式、统一手段等进行单一、固化的教学,将人类千百年来的知识经验以最快的速度灌输给学生。这样的教学忽视了学生的个性差异，缺少从个别到一般的归纳过程，不能顺应儿童天性、保护儿童的个性，无法培养学生发现、探究等多种思维的发展，这与培养儿童的创造性、保护儿童的好奇心、激发儿童的想象力及促进儿童按照自己的"轨道"发展背道而驰，无法满足未来社会对人才培养的需要与要求。因此，率性教学倡导的是有过程的教学，是有归纳的教学，是允许学生出错、给学生时间、重视人才成长规律与素养的教学。

2. "功利的教育"

当前存在的功利主义教育在课堂教学中体现为重视结果的教育。其标志为将结果替代过程，将成绩视为唯一的标准，形成了唯分数论的片面教学取向，忽视儿童发展的过程性和阶段性。这种"结果导向"的教学，必然导致重视短期效益而忽视长远发展，即忽视了儿童长远的、可持续性的发展。同时，这样的课堂教学，重视的是知识的传递、记忆型知识的机械化训练，不断重复着"知识—记忆—强化训练"的简单的学习链条。如：为了能应对考试取得高分，一些学校以"应试"为中心，与考试有关的反复讲、重点讲，与考试无关的就一笔带过，学生围着分数转，成绩的好坏是评价一切的唯一标准。这样的学习导致一些学校和家庭陷入一个误区：成绩是评价儿童的唯一标准或首要标准，以至于许多儿童可能在现阶段没有掌握或习得某一知识，就被贴上了"傻的""笨的""差生""困难生"的标签。这都忽视了儿童发展的个性化差别，这种差别不但体现在学习经验、背景、风格上，还表现在个体认知水平的发展速度上。因此，教学作为教育的主渠道，要充分认识到个体的独特价值、儿童发展的独特过程，给予儿童信任与等待，让其经历探索、思考、发现的过程，促进其综合素养的发展与形成，这是率性教学所倡导和追求的。

(二) 对知识先验性的反思

在课堂教学的情境下，教学内容的本质就是知识。从知识的产生、发展过程来看，知识诞生于人类的生产、生活实践，是人类经验不断积累的结果。知识经过挑选、组合、编排进入课堂，成为课堂教学中的要素即教学内容。对于学生而言，学习内容是先于经验的，是教科书或教学中事先规定的、预设的、他者的。我们不能低估学生掌握这样一种先于经验、脱离具体情境、经过多次抽象概括之后的知识的难度，要为学生创造适合他们学习的"脚手架"，帮助学生创设合适的学习环境与氛围，提供适切的教学支持，这是率性教学必须要遵循的原则之一。

1. 关注儿童的已有经验

由于教学内容对于儿童而言多是未知的、抽象的、先验的，因此，儿童的关于要学习的知识的已有经验就将成为学习的起点，教师要把握这样的起点，展开科学的设计，帮助儿童形成已有经验与新经验之间的链接，架起原有经验与新知识经验之间的桥梁。此外，除了知识的先前经验，还要有学习方法、学习态度、学习风格、学习能力等准备，即儿童对教师所要教学内容相应的学习方法、操作能力等方面的准备。教师要关注到儿童各方面的准备状态，为其提供适切的材料，帮助儿童运用不同的方式方法达成新知识的习得。知识、技能、方法、策略、风格等在儿童身上表现出多元性、个性化、丰富性，是教学的起点，也是难点。而这个起点将是判断儿童是否发生了真学习、深度学习的重要因素，比如，难度过高、坡度过大都会让儿童发生习得困难，而难度过低或低效重复，则会导致学习无效，还会破坏儿童的学习兴趣与动机。因此，通过课前访谈、问卷调查等方法关注和把握儿童已有经验与基础，并以此为起点，找到儿童的最近发展区，促进儿童个性化的学习，是率性教学的又一个追求。

2. 关注儿童的学习过程

学生的学和教师的教是课堂教学活动中一对永恒的关系，在师生互动中悄然发生。教学内容是师生之间产生关系的重要媒介，对于教师、学生具有两种不同的属性。对于教师而言，由于先于学生掌握了知识，教师容易成为知识的所有者，进而在教学行为上表现为一种"霸权主义"。而对于学生而言，要学习的知识则是间接的、抽象的。教师不能想当然地认为仅仅通过短时间的"教"就能让学生完全掌握、理解知识。因此，要关注和注重学生的学习过程，激发学生学习的动机，加深学生对内容的感知，加强学生对内容的理解，促进其对内容的掌握、迁移和应用。在这个过程中，应提高儿童的技能，丰富儿童的情感体验，关注儿童学习的每一个过程，尤其是加强儿童对从未经历的抽象事物的理解，这就要求教师从儿童个别经验、从儿童对个别知识的经验体验出发，让他们经历探究、发现、思考、判断与辨析的过程，在个人学习、小组学习、集体交流中不断丰富对学习内容的理解，而后逐步形成对一类事物的抽象特征的认识与理解，实现对所学内容的掌握。这就是率性教学要重点追求的过程。率性教学应是一种有过程的归纳的教学，注重儿童思维与创造力培养的教学。

3. 关注儿童学习的情境

由于知识的先验性与抽象性，学生原有经验与其之间的距离较大。为缩短这个距离，让学习真正发生，教师需要关注适切情境的设置。情境的创设要适合师生双方教与学的需要，适应学生在日后的真实生活中去应用和解决问题的需要，在开放的任务中、复杂的情境里，通过交流、反思、讨论、探索，生发出一系列问题的解决方法与策略，而这种方法和策略不是事先设定好的，也不是从书上直接可以找到答案的。这样的情境学习，客观上克服了教师的"霸权主义"，能够充分发挥学生的主动性与能动性，促进学生对知识的理解、迁移和应用，帮助学生成为学习的主人。率性教学强调有根源的教学，强调在课堂教学中要努力还原知识产生、发展的情境；在可能的情况下，要让学生经历知识、概念、原理产生的过程，让这种先验的知识转化为一种学生可经验、可发现、可探究的知识。这样的课堂教学是真正体现了知识本质的教学，是真正具有学科品性的教学，是培养学生自主学习能力和思维品质的教学。

（三）对学校教学改革经验的传承

多年来，东师附小始终在基础教育教学改革中勇立潮头，积极响应国家对基础教育的改革要求，一直立足学校发展实际，直面基础教育改革问题的瓶颈问题，贡献自身力量。21 世纪初，和谐课堂的构建、校本课程的开发、个性化教学单元的行动研究，体现了当前课堂教学改革的总体趋势。率性教学理念下的教学改革，不是空中楼阁，而是对学校改革经验的重要传承，对当前教学中苛求儿童的完美主义和"一刀切"问题的回应，更将是未来课堂教学走向持续创新的生长点。

1. 基于实践的行动研究范式

东师附小的研究是基于实践、为了改进实践的教学改革，仅依靠外力是难以取得理想效果的，这样的研究需要学校引导教师在改革过程中运用行动研究的方法，带动全体教师共同参与并借助此过程培养教师因应改革的态度和能力，最终撬动课堂教学的改革。经过十几年的实践探索，东师附小坚持"行动"与"研究"相结合，边试验研究，边反思总结，形成了稳定的行动研究氛围与研究范式，呈现出别样的研究样态。在这样的研究范式中，教师是行动研究的参与者、设计者、实施者、观察者，承担着发起、策划、研究、评价等角色；研究设计呈现系统性，并依托学校、学科委员会、学科研究团队三个层级规划的顶层设计，运用科学有效的研究方法开展研究；研究的问题基于实践需要，聚焦教学内容或教与学的过程，确定研究问题——真实且具体；注重成果的梳理、发表以及对实践的反哺作用。行动研究范式在推进学校教育教学改革中发挥着不可替代的作用，它使改革悄然发生，层层深入，这为基于儿童视角的率性教学实践提供了研究土壤。

2. 聚焦单元开发的课堂教学改革

课堂教学改革并非单一的教学方法、教学模式、教学组织形式的改革，它应该是一个涵盖了理念、内容设计、课程实施等多维度的综合改革，是从怎么教到教什么和为什么教的深度探索的改革，是基于学生需求和发展的改革实践。同时，为了实现这样的目标，在教学改革过程中，就需要建构与办学理念和教学思想相契合的教学内容体系。经过多年的实践，学校确立了聚焦单元开发实现课堂教学综合改革的行动策略，要求各学科按照课程设计的基本过程和教学设计的基本要素来改编教材内容，为学生定制适合并属于"我"的课程内容。单元开发完成后进行教学实践，可以检验教学内容设计的科学性和合理性，同时在实践中对教师固有的教学观念、行为习惯进行改变与优化，真正实现课堂教学面貌由教向学转变。同时，学校形成了以多版本教材比较、调试和引进为主的单元开发模式，梳理了单元研究的思路，即优化教学单元结构、优化单元教学计划、优化课堂教学设计。在研究中，教师团队以"设计者"的身份参与单元结构的顶层设计、单元计划的整体设计及每一节课的具体设计，为学生的学习提供多样化的学材。教师已经形成了活用教材的理念，熟悉了单元开发的研究思路，掌握了单元设计的基本方法，这为率性教学研究的展开奠定了坚实的基础。

3. 三种教学组织形式灵活呈现的课堂面貌

东师附小对个别教学、小组教学、集体教学三种教学组织形式进行深入研究，形成了"个别教学—小组教学—集体教学"的课堂教学基本流程，并强调三种教学组织形式灵活组合，实现高效的课堂教学。东师附小关注在课堂教学的组织过程中，开展"因学而导·独立自主"的个别教学，它是进行小组合作学习和集体交流的前提；强调小组学习，它是充分展现每个学生的思想观点和个性差异的过程，即"生生交流、共享差异"的过程；重视集体教学，它是在经过充分的小组交流后的有深度思考的集体交流，亦是"师生交流、教学相长"的过程。其中，以小组为单位进行的生生互动的小组学习作为重要的教学组织形式，衔接着个别教学和集体教学，活跃在课堂教学中，使学生个别的学习成果得以相互交流、共同分享，小组成员在相互倾听、互动交流中表达各自的观点和意见，交换各自的学习观点、思想，共同促进与提高，这是学生展示自我的过程，又是促进学生合作性、社会性发展的过程。多年来，东师附小探索、总结和构建了四种小组学习类型，即交流分享型、分工协作型、帮助扶持型、互评互促型，它们在不同的教学内容、教学任务、教学目标需求中，与个别学习和集体教学适切组合，呈现灵活多样的课堂面貌，有效改善了教师的教，促进了学生的深度学习和个性发展。三种教学组织形式的有效结合，优势互补，为学生的学和教师的教深度融合提供了保障，将成为推进率性教学实践研究的保障性因素。

（四）基于儿童哲学精神的思考

儿童是哲学家，要关注儿童哲学精神的启蒙与培育。就目前几个主要国家的儿童哲学教育实践而言，主要有两种主流的实践方式。第一种以美国的马修·李普曼为代表，通过开发专门的儿童哲学教材如《聪聪的发现》，对儿童进行专门的哲学教育，这种方式关注的不是苏格拉底、康德等的哲学知识本身，而是儿童对哲学的探寻过程；第二种方式以加雷斯·B. 马修斯为代表，他主张成人应该与儿童展开平等的对话，儿童可以帮助成人对有趣的甚至重要的哲学问题进行反思并做出很大的贡献，他自己作为大学教授，也到学校中亲自与儿童展开对话讨论。以上两个方向对哲学、智慧的追求过程以及对成人与儿童平等对话的追求，引发了东师附小以"儿童之问、之思、之学""培养儿童基本思维能力"为研究方向的思考，启发我们探索出了具有东师附小特色的儿童哲学的"第三条道路"。

1. 依托课程内容，全学科落实儿童哲学精神

儿童哲学精神如何在常规的教育教学中发挥作用，促进儿童健康发展与成长？这是儿童哲学研究的第三条路的核心关注点。关注儿童之问、儿童之思、儿童之学不仅能有效推进儿童哲学意蕴、儿童哲学教育的研究，更能促进儿童哲学与基础教育教学改革的视角转向儿童本身，通过揭示儿童之问、儿童之思、儿童之学的本质，促进儿童健全发展。基于对理论与实践、儿童哲学与学科教学的思考，学校的学科教学在关注学科品性的同时，把儿童哲学精神的渗透确定为课堂教学目标要素之一，在实施课程教学时，全学科教师必须要考虑在适切的课程内容中寻找适切路径落实与渗透儿童精神。这样，教师将不断优化学科课程、改善教学方式、开发教学内容、创设适切情境、捕捉儿童哲思要素、搭建儿童发展平台、创建课程与教学资源，旨在体现率性教育的内涵，关注儿童经验与思维特点，关注儿童之问、之探究、之创造、之好动、之好学的天性。这种普遍、多元的全学科儿童哲学思想与精神的渗透过程，必将会全方位改善教学氛围与课堂育人环境。

2. 善用小组教学，鼓励儿童倾听、思考、讨论

儿童哲学所重视的是追问和对话，而儿童作为人本身，不仅有其生物独特性，更有其区别于动物的社会性，教育则肩负着不断将其培养成社会人的责任，因而，在教学中要关注儿童社会性的培养，要关注儿童在生生互动中的成长，这一点与儿童哲学的追求不谋而合。在教学实践中，个别教学、小组教学和集体教学三种教学组织形式普遍存在，其中，小组教学是最能助推与实现儿童追问和对话的一种形式。个别教学特别注重个体的思、独立的思、沉浸的思、独特的思，这个"思"是纯粹的个人的"思"，经常安排在小组教学之前，是小组教学的基础。而在小组教学中，平等的环境、鼓励的氛围、有序的组织、积极的分享、认真的倾听、好奇的追问、大胆的交流、深度的讨论，使小组内每个人都经历了对独立思考结果的表达，并进行思维碰撞，即对不同的思维结果进行辨析、调整、重组，在倾听、追问与多轮的对话中，不断加深思考的深度，丰富思考的方式，生成新

的思维结果，有效促进学生实现认知发展：从不知道到知道，从知之甚少到知之甚多，从知之甚多到知之甚深。学生在后续的集体教学中进一步明晰与强化在小组教学中获得的思维结果，从而得到发展与成长。因此，小组教学是推进儿童哲学精神落实、实现率性教学的重要组织形式。

3. 营造课堂氛围，构建自由、民主的课堂文化

哲学的意思是爱智慧，但不是占有智慧，而是追求智慧，是一个不断追梦、不断反思的过程。从动词角度来看儿童哲学，儿童有爱动、爱问、爱幻想的天性。儿童的追问是没有禁忌的，问题是无止境的，常常让成人觉得出乎意料。而问题本身不算什么，关键是儿童对问题有探究的兴趣。自由、民主的课堂氛围中，教师会关注到每一个人，让每一个人感受到大家的地位是平等的。教师的态度是开放的、接纳的、包容的，是鼓励儿童倾听、参与、表达，是尊重儿童的意愿，允许他们出错、暂时性沉默或深度沉思。每一个学生在这样的氛围中，都能够感受到自己是被尊重、被理解的，内心是安全的、宁静的，了解到自己有表达的权利、思考的权利、追问的权利的同时，也是有学习、辨析和保持沉默的权利的。因此，在自由、民主、友好、安全的课堂文化中，学生的思维结果会被平等对待，儿童会得到无条件的尊重与接纳，儿童爱问与探究的天性会得到保护，师生即成人与儿童平等对话这一追求将得以实现，这亦是率性教学所追求的。

（五）基于培育学生核心素养的需要

1. 以学科育人为导向，落实核心素养的内容要求

核心素养指向育人功能，重视人的综合素养的形成，重视人的发展需要，并非单纯的知识与技能的训练，是知识、技能以及情感、态度与价值观等多方面的结合体。率性教学强调有根源、有个性、有过程的教学，是根据培养人这一核心主旨目标提出来的，这和培育学生核心素养的需求在根本上是一致的。"有根源"的课堂教学，注重挖掘知识的来龙去脉，追溯知识的本源，厘清知识发展的过程，让学生核心素养的形成牢牢扎根于指向学科本质的知识体系，让学生的核心素养不仅仅体现在基本知识的掌握和基本能力的形成上，更体现在对"为什么会是这样""这个知识具有什么样的价值"诸如此类问题的探寻与思

考之中。同时，重视学生的身心发展规律，寻找适切的路径开展课堂教学，重视学生的经验，运用教学理论与方法，激发学生的自主性与参与感，在学科知识习得的同时，注重学生情感的激发、兴趣的培养、动机的维持，包括感受与学科相关的现象、规律、知识、定律等时发出的惊叹，形成学生对学科的独特情感与态度倾向，不断夯实学生的文化基础。

2. 以过程培养为导向，促进儿童的个性成长与发展

核心素养指向培育过程，不仅仅关注知识习得的结果，更关注知识与技能形成的过程，关注情感、态度、价值观的培育、转化与形成过程。其关注的结果是指向创造型的、思考型的、复合型的创新人才的培养目标，而不是单一的、记忆型的、存储型的知识习得者与输出者。这与率性教学强调的有过程、有个性是一致的。率性教学强调"从特殊到一般"的有过程的归纳教学，关注学生在探究过程中观念、方法的深化而非简单的知识、技能的习得，它强调知识探究的过程、技能形成的过程、情感态度价值观的形成过程，强调思维、情感的深度参与。"有个性"的教学关注学生的学力基础差异、认知方式差异、学习经验差异，课堂教学前要针对学生的学习差异进行诊断、分析和评估，确定每一个学生的课前准备情况，以引导学生开展独特的学习。这样的课堂，不是要求学生必须达成整齐划一的知识简单输出，而是在过程中，通过设置适当的任务与情境，带动和培养学生以其基础去观察、思考、批判、决策、解决问题、反思、反省，使其形成独特的认知风格与高阶思维，促进其创造力的发展。同时，引导学生在小组教学、集体教学的过程中练习、发展沟通与协调等社交技能，提升学生自主、协作的发展，完善其个性形成。

率性教学的提出不是一蹴而就的，而是在理论实践中渐进式建构出来的。率性教育是一个抽象的理论概念，必须建构起理论体系，赋予其丰富的内涵以指导基础教育教学，于是率性教育的三个关键词——保护天性、尊重个性和培养社会性应时而生，学校教师也逐步对其达成共识。如何将率性教育理论转化为实践，怎样实现理论到实践的转化？学校提出了率性教学这一主要实践路径，并逐步提出了率性教学的三个本质特征，即有根源、有个性、有过程，并逐渐深入研究，聚焦有过程的教学这一维度进行深入探索，开展有过程的归纳教学实践探索。

第二章 率性教学的基本内涵与设计

第一节 什么是率性教学

率性教学是遵循知识经验、能力和智慧发生规律、儿童成长发展规律与阶段性特点,促进儿童在共同体中成长的教学。率性教学指向经验与知识教育,指向抽象能力、想象能力培养,指向智慧教育。率性教学有三个本质特征:有根源、有过程、有个性。

(一) 有根源

"有根源"是指要挖掘本源,让教学有据可依。其内涵包括三个方面:一是"知识线索之根",指的是教学内容要挖掘知识发生、发展的本源,让教学有深度、有广度、有据可依、有智慧深蕴,在教学设计、教学活动中,教师要注重挖掘知识的来龙去脉,追溯知识的本源,厘清知识发展的过程;二是"教学对象之根",指的是儿童的身心发展是不断变化的,其起点水平可探,其身心发展有规律可循,因此,"有根源"的教学要求教师要在各学科层面把握儿童的学力基础、学习起点,要依循儿童学习的规律和特点展开教学;三是"教学方法之根",指的是教师要了解不同教学方法、教学模式、教学组织形式的本质和特征,把握"教"的规律,为教学目的选择合适的方法,为教学寻找到本源上的依据,不盲目而教。

(二) 有过程

"有过程"的教学是指由特殊到一般的归纳式教学,强调从个别(个人或他者）经验或个别事物出发，归纳概括出一般结论的教学。其内涵包括五个方面。一是"归纳过程的智慧"，引导学生经历知识从个别到一般的过程，重视归纳、从个别出发、从经验出发。二是"知识产生过程的智慧"，引导学生对知识产生的环境、原初状态进行还原，经历人类知识再发现的过程。三是"探究推理的智慧"，引导学生经历探究、发现、合情合理推测、建构的过程，而不是单纯获取知识的结果。四是"沉思自省的智慧"，让学生经历对解决问题的智慧、知识的习得、问题的解决、价值与意义等的沉思、沉淀，深入自省。五是"真正学习产生的智慧"，强调学生学习发展的"真"过程，促进由"教"向"学"的转变。"过程"必须姓"学"，而并非是教师主观预设的过程，这就要求教师在关注学生是如何"学"的同时，也要想办法"暴露"出学生学的过程、思的过程。

其中，有过程的归纳教学是重点。归纳思维，是人的一种基本思维模式。正如美国学者布鲁斯·乔伊斯所说"归纳思维，是人类最自然的活动之一。因为，创造有待检验的概念和假设，是我们与生俱有的一种内在能力。我们的专业工作，其实只是释放永藏在我们自己以及儿童中的归纳思维的潜能。我们认为，归纳探究实际上是一种天生的、自然的学习模式，而死记硬背则是违背天性和缺乏效率的"。① 归纳思维就是从特殊的具体认知推进到一般的抽象认知的一种思维方式。有过程的归纳教学强调"从特殊到一般"，即从个别现象出发，抽象出共性，总结出一般的结论，强调从经验过的东西推断未曾经验过的东西，从事物的过去和现在推断事物的未来，或者从事物的现在推断事物的过去。需要注意的是，这里的"归纳"并非狭隘的数学学科中的归纳推理，而是体现为一种教学设计的思想，强调从学生个体出发，从学生已有的经验出发展开教学。

（三）有个性

"有个性"的教学是指将"珍视群体中的每一个人"的基本价值追求贯穿于教学系统的每一个要素，尊重学生差异、基于学生差异展开的教学。有个性的教学要求少搞"一刀切"，不追求完美，体现因材施教的智慧，其内涵包括两个方面。一是"尊重差异"，尊重学生在学力、适应性、学习速度、经验、兴趣等

---

① Bruce Joyce, Emily Calhoun. 归纳教学模式 [M]. 赵健, 译. 北京：中国轻工业出版社，2003.

方面的差异，将教学起点前移，通过前测关注学生已有的经验水平。二是"基于差异"，以差异作为教学资源，制定不同梯度的学习任务，创设有利于每个学生发展的环境，依据每个学生能力的最高点灵活制定教学目标，组织和设计教学内容及资源，灵活运用个别学习、小组学习等多种学习组织方式，通过开放、弹性、自主、多元的教学机制，启发诱导学生主动获取知识、发展智能、陶冶个性，从而促进学生个性化的发展。

有根源、有过程、有个性三者互为依托、互为补充、互为条件。无论是还原知识情境，还是依循个性差异设计教学，都需要在一种动态的、交往的、可持续的学习过程中，真正地促进儿童发展。学习的过程也必须是有根源、有个性的。可以说，有过程的教学为实现有根源、有个性的教学提供了时间、空间、条件、资源等过程性的保障；有根源、有个性的教学让儿童的学习过程更加充盈、丰富、真实、灵动。有根源、有个性、有过程其核心在于课堂教学要遵循知识发生发展的规律，遵循儿童发展的规律，遵循教学方式方法演进的规律，这样的教学是有根有据的教学。有根源、有个性、有过程体现了率性教育理念在课堂教学中的实践转化，三者最终在育人目标上实现和谐统一，即通过率性教学实现儿童愿意学习、学会学习、学会成长的目标。

第二节 率性教学的着眼点

（一）情境与具象

教学始于情境，始于个别、个体的经验。情境与具象指的是教师要有目的地对知识产生的环境、原初状态进行还原，把抽象的东西具象地呈现出来，让学习变得更容易。当然，情境还原和具象是教学的起点，教学最终的目的是使学生的思维发展达到形式化、符号化、抽象化的阶段。

1. 知识是情境性的

情境学习理论提出：知识是情境性的。知识不是心理内部的表征，也不是个体头脑中静态的智力结构,而是一个包括人、工具、共同体以及运用知识的活动在内的认知过程,是个体和社会或物理情境之间联系的属性和互动的产物。换言之,知识具有个体与情境联系的属性。它产生于真实情境中,并且如同工具一样,只有在应用中才可以被理解和发展。① 情境教学的倡导者 Brown 提出:"知识只有在它们产生及应用的情境中才能产生意义。知识绝不能从它本身所处的环境中孤立出来,学习知识的最好方法就是在情境中进行。"

2. 情境拉近了学生与知识的距离

小学生学习的内容,看似具体,实则抽象,看似经验,实则先验。知识诞生于人类的生产生活实践,是人类经验不断积累的结果,知识经过挑选、组合、编排进入课堂,成为教学内容。对于小学生而言,学习内容是先于经验的,是事先规定的、预设的、他者的、陌生的、抽象的、有难度的。小学生要理解、接受这类知识,需要适当的情境还原。比如:小学语文课的阅读、写作是有难度的,语言文字难、文学难、用语言去表达世界难,语文是用抽象的词来表达具体,来表达形象。小学低年级数学学习也是有难度的,给六岁的小学生讲算理,看似简单,其实相当困难。因为学生的思维发展不能脱离操作、形象、直观,因此应该关注具象,放慢学习过程。我们不能低估小学生掌握先于经验、脱离具体情境、经过多次抽象概括的知识的难度,更不能认为通过短时间内教师的"教"可以让小学生完全掌握、理解。因此,在教学中,要尽可能还原知识产生、发展的情境,让学生经历知识、概念、原理产生的过程,让先验的知识转化为学生可经验的、可体验的、可发现的、可探究的知识,拉近学生与知识的距离,降低学习的难度。

3. 什么是好的情境

情境能有效沟通知识与事物、知识与知识、知识与行动、行动与思维以及事物与自我,好的情境具有以下表征:

(1)真实性:

张华提出学科探究教学要植根于真实的问题情境②,始终基于教师与学生的生

---

① 贾义敏,詹春青. 情境学习:一种新的学习范式 [J]. 开放教育研究,2011,17(5):29-39.
② 张华. 论学科探究教学 [J]. 教育发展研究,2014(12):22-25.

活情境和真实需要，把学科知识向教师和学生经验的转化视为课程与教学的核心。教师要善于创设孕育、引发学生思想和观念的真实的问题情境。因此，创设基于学生真实生活的情境，有助于在解决问题的过程中培育学生的核心素养。

（2）挑战性：

杜威曾经在《我们怎样思维·经验与教育》中指出：思维源于疑难的情境。疑难的情境对于学生思维发展具有重要影响。因此，教师要创设具有挑战性的情境，促进学生在问题情境的观察与思考中去发现问题、分析问题和解决问题。

（3）结构不良：

美国学者 Linda Torp 和 Sara Sage 深入研究"基于问题的学习"时发现，具有真实性且结构不良的问题情境，有利于学生学习能力的提升，能使学生增强学习动机。① 因此，教师需关注问题情境的结构，以提高学生的问题发现能力。

（二）操作与体验

操作与体验是基础教育课程改革一直强调的学习方式。儿童通过亲身体验与真实操作认识世界与改造世界，操作是儿童与世界互动的主要方式，也是儿童思维发展的重要手段。儿童获得知识的过程是动态的，不是静态的，一定要通过具体的操作活动，比如"摸一摸""试一试""探一探"展开。因此，教师要引导学生经历动脑动手活动的过程，这个过程是基于个人经验的亲身参与的过程，是发现、探究、建构的过程。

1. 在操作体验中促进经验与知识的整合

洛克认为观念是一切知识的材料，而观念之所以能被人理解，经验是唯一的途径，并强调经验来自感觉以及以此为基础的反省。② 杜威认为经验包含了被动与主动两个要素。被动方面，经验就是承受行为的结果；主动方面，经验就是尝试。这种主动的尝试，即是体验。他强调体验的要旨在于建立"尝试行动"与"对由此引发的后果的反思"之间的"联系"。③ 具体到教学层面就是应该在儿童经验和知识之间建立联系，即让儿童从做中学。因此，在操作体验中学习

---

① 高赛格. 基于问题式教学的高中地理综合思维素养培养研究 [D]. 华中师范大学, 2019.
② 洛克. 人类理解论（上下册）[M]. 北京：商务印书馆, 1997.
③ 约翰·杜威. 民主主义与教育 [M]. 王承绪, 译. 北京：人民教育出版社, 2001.

促进了学生日常生活经验与课堂认知概念的整合。

2. 操作体验即意义建构的过程

建构主义理论认为：学习不是知识的传递，而是自我意义建构的过程。学生是学习的主体，只有在积极参与学习活动的过程中才能不断得到发展。学生获得知识，必须建立在自己思考的基础上，思考能力的培养可以通过接受学习的方式，也可以通过自主探索等方式；学生应用知识并逐步形成技能，离不开自己的实践，学生在获得知识技能的过程中，只有亲身参与教师精心设计的教学活动，才能在思考、问题解决和情感态度价值观方面得到发展。因此，教师应引导学生主动地从事观察、操作、体验、验证、对话与交流等活动，从而使学生形成自己对知识的理解和有效的学习策略。要在教学中唤醒学生的自我意识，在教学中运用多种策略，给予学生自主学习的机会，在操作、体验活动中提高学生自主学习的能力。

3. 操作体验要以思考为基石

有效的操作体验不仅仅要动手，还要在动手前动脑思考。动手动脑，才是智慧学习。要注意不能使操作、体验流于形式，教师要求儿童在进行操作之前深入思考，完成明确问题、进行猜想及制订计划等一系列思维过程。要在儿童操作之前充分调动其好奇心与对操作的渴望，使儿童对希望探究的问题进一步聚焦，对探究的方向进一步明确，在充分思考的基础上，按照已有的计划进行操作。

4. 学习卡片是操作体验的指导系统

有效的操作体验需要完成"思考—体验—结果"的完整闭环，将学生在操作、体验过程中的思维过程清晰地呈现、外化，为下一步学习与反思提供依据。学习卡片就为思维的外化与呈现提供了载体，是操作体验的指导系统。学习卡片是儿童思维呈现的载体，其目的是使儿童能够将原本抽象的思维具象地呈现，使儿童能够把握自己思维的轨迹，并且通过自己思维的轨迹进行反思，使儿童在对自己的反思中进步。[①] 学生在学习指南卡、学习计划卡、学习资料卡的指导下明确操作的方法、步骤，在学习任务卡上记录操作体验过程与结论，并借助

---

① 张敬威，苏慧丽，信海凤，等. 小学科学教育中实施"有过程的思维呈现"教学研究 [J]. 现代教育管理，2019（10）：107-112.

评价卡对学习进行自我评价,在反思中使批判意识与自我意识不断发展,感受到自身的成长与进步。

(三) 对话与省思

对话、省思体现了儿童哲学的核心要义。开展互动对话,激发"对话活力"是促进深度学习的实践样态和直接表征,有效的对话可以促进学生省思能力的提升。

1. 与文本对话

学生与文本对话是个人知识意义建构的过程。教师要给予充足的个别学习时间,让每个儿童经历独立思考的过程。在个别学习过程中,学生潜心钻研,独立思考,不断地进行思维参与、行为参与、情感参与,促进了个人知识意义的建构。

2. 与同伴对话

教师鼓励学生在独立思考的基础上开展小组合作学习。学生在对话中可以更正:在尊重个人的同时,对他人的错误想法予以指正(批评观点,而非指责个人)。可以质疑:要求小组成员提供能够证明自己结论和答案的依据以及推理的过程。可以解答:借助画图、举例等方式予以解释,也可以回答别人提出的问题。可以探寻:提出深层次的问题,引发深入的思考或深层次的理解。可以指引:重述学习任务及目标,提醒跑题情况,为小组学习提供指引。

3. 与教师对话

拓展师生对话是促进深度思维的重要动力。教师要以对话者的姿态引导学生在观点的碰撞、融合和再生中,超越知道、记忆、背诵等低水平思维,向创新能力、问题解决能力和批判性思维能力等高水平思维迈进,超越个体"零散的、简单的、孤立的、不相关的事实或概念,浅显的问题"的浅层思维,提升"应用、分析、综合、评价"能力。[①]

4. 与自我对话

率性教学最终的目的是抽象的思、符号的思、想象的思、推理的思、论证

---

① 党峰. 互动对话:深度学习的实践样态 [J]. 思想政治课教学,2020 (3):38-41.

的思、逻辑的思、哲学的思，促进儿童思维发展。"一闪念"的思、偶发的思、突发奇想的思是起点，要让这种思成为一种沉思、深思，一直持续下去，变成有推理链、逻辑链、论证链的思，培养儿童好的思维品质。教师要引导学生积极开展自我对话，让学生在对话中反思，在反思中体验，在体验中感悟，在感悟中提升，从而促进学生省思能力的提升。

第三节　率性教学的设计

（一）儿童学习的起点在哪里

率性教学强调学习者中心，强调重视儿童学习的起点，主张教学活动必须建立在学生认知发展和已有的知识经验基础之上。针对学生的学习基础进行分析和了解是教学设计首先要思考的问题，学生的学习起点主要从两个方面来考虑，一是学生学习的差异性，包括在学习速度、学习进度、学习兴趣、学习能力等方面的差异，另一方面是学生在学习之前所具有的知识和经验有哪些、学生的前概念是什么等等。

以数学学科三年级"面积"单元为例，为了更好地调查学生对面积概念的理解情况，学校针对已经学习过"面积"概念的学生进行了调查。我们从"面积概念的理解、面积概念的保留性、面积公式的应用"三个维度，设计了四个难度等级的"面积单元测验卷"。通过对 120 名学生的抽样调查发现，学生在"面积概念的保留性""面积公式的应用"两个维度都可以达到较高水平，而在"面积概念的理解"上，大部分学生只能达到中等水平。据此，教师将本单元的教学重点定位在促进学生对面积概念的理解上并重新设计整个单元的教学计划。学情的分析不仅能够帮助教师明确单元教学重点，而且能帮助教师了解学生的已有知识、经验基础，从而确定教学的起点。在语文学科六年级"制作阅读手册"大单元的教学之前，教师对全班作了一个"读书小调查"的课堂前测，统计出了"步入高年级，学生最喜欢读的书"及"读书过程中遇到的最大困难"

等结果。调查结果显示,学生在读书过程中遇到的最大困难是"梳理不清楚书中的人物关系",围绕这一难点,教师将制作阅读手册的指导重点确定为如何帮助学生梳理并呈现书中的人物关系,从而让教学有的放矢。

(二) 创设恰当的学习情境

在良好的情境中,学生可以积极主动地去探究、发现自主建构符合社会规范的学习材料的意义。基于小学生学习的特点,情境的创设需要体现以下特点。第一,趣味性。情境的创设要有利于激发学生的学习兴趣,营造良好的学习氛围,使学生能积极主动、全身心地投入学习。让学习从兴趣出发,缩短学习目标与儿童心理之间的距离。如在教学一年级语文课《问银河》时,教师在黑板上贴出了星星形状的字卡,组成了银河的形状,使学生在课前就感受到了银河的神秘和美丽,激发了学生浓厚的学习兴趣。又如数学学科,在学习"分一分与除法"时,教师创设了多个有趣的分物游戏,学生在分糖果、分香蕉的过程中加深了对平均分的理解。第二,还原性。这是说对知识产生的环境、原初状态进行还原,让学生从起点开始学习,经历过程,感受知识发生发展的过程和来龙去脉。如社会课活字印刷的课堂上,教师为学生提供"活字印刷微课"及"活字印刷体验图鉴",让学生经历"排版—上墨—铺纸—拓印—揭纸"的过程,亲身体验活字印刷的过程,从而感受到中国古代造纸术发明的意义和价值。第三,真实性。情境要尽量源于现实生活,这有助于培养学生发现问题、提出问题、解决问题的能力,有助于基于生活需要发展学生的学习经验,凸显知识的现实价值和意义。例如数学学科"比的认识"这一课,教师创设了这样的学习情境:让学生动手配比相同甜度的蜂蜜水,或者将不同颜料进行混合。这样学生可以感受比在生活中的应用,而情境的设计增加了学习的任务感,让学生感受到了"比"的价值和意义。

(三) 围绕核心问题展开

核心问题能够调动和组织学生进入板块式学习状态,让学生在比较大的空间里进行思维活动,使教学的结果性目标与过程性目标都能获得更高的达成度。在关注学科核心素养落地的当下,核心问题导学具有较大的现实意义。率性教学提倡单元教学模式,以单元学习目标整体引领,在每个课时中围绕核心问题展开教学，核心问题都应是学科关键问题和核心任务，即"大概念""大任务"。学生在思考核心问题的过程中，对于核心目标、核心概念、核心内容不断体验与积累，这一过程促进了学科核心素养的培育。

（四）选择适切的教学模式

在进行单元设计时可以根据不同学科、不同学习领域、不同学习内容、不同学生的实际情况灵活选择和使用不同的教学模式，如"集体指导补充模式、学习进度模式、学习起点模式、学习顺序模式、课题选择模式"[①]。每一种教学模式都侧重关注学生不同方面的差异，又有相对固定的教学组织形式组合和教学过程。一个单元可以以一种模式为主，也可以在单元的不同阶段使用不同的模式，这也需要在制订单元教学计划时清晰地体现出来。

（五）优化学习组织形式

传统教学中，个别教学、小组教学和集体教学这三种教学组织形式占主导地位的是集体教学。率性教学过程中，学生个体的独立学习、小组的合作学习和集体学习占有同等重要的地位。没有学生个别、自主的独立学习，就很难在小组内实现充分的生生交流与合作；没有充分的组内学习与交流，就很难实现集体讨论中师生之间的深度对话与提升。因此在设计每一节课时都应该根据学习任务、学生特点等因素优化三种教学组织形式，使三者有机结合、相辅相成。

（六）提供丰富的学习素材

率性教学的核心是有过程的归纳教学，即实现从众多个别的经验、个别的事物、个别的现象归纳出具有一般意义的概念、特征、原理等。因此教师在设计学习任务和素材的时候，要努力设计出具有"类"特征和共性的多样化的学习素材。在归纳过程中，我们把呈现或搜集来的信息统称为学习素材。这些学习素材即信息的汇集，这些信息以千姿百态的形式出现，如：实物，各种形式的文学作品（如诗歌、传记），段落、句子、词，等等。儿童天生具有将感觉到的事物进行归类的能力，能够发现各类事物之间的联系。随着学生与学习素材相互作用，学生通过一个个素材的学习，进一步发现不同素材之间的相同点和

---

① 王庭波，刘艳平. 个性化教学模式的实践探索 [J]. 课程·教材·教法，2011，31（8）：24-29.

不同点，进而对素材进行分类，为抽象和归纳提供经验基础。这些学习素材，可以是教师在学生进行归纳学习之前早已设计与准备好的，例如，在教三年级的学生理解和感悟诗歌的写作手法时，教师为学生提供了《秋天来了》《我们去听秋的声音》《海浪》《读海》这四首诗作为学习素材，这四首诗歌均是抒发对自然景色热爱之情的儿童诗，具有鲜明的儿童诗特点，教师在课堂上同时为学生呈现四首儿童诗，儿童在分别对四首诗品读、感受的过程中，提出了什么是诗、诗有哪些特点等问题，教师在课堂上引导学生在观察、分析学习素材的过程中逐步归纳出"诗是什么"与"诗有什么特点"这两个核心问题。其次，学习素材也可以是在学习过程中即兴生成的素材，比如学生个体认知的建构（学生发言）、学生的课堂作品、小组梳理的观点、课堂中争论的结果等。教师可以尝试运用录音笔记录学生的发言、借助板书呈现学生的主要观点、让学生在磁力板上记录自己的观点等方式，呈现和记录学生的思考过程和结论，为归纳共性的观点提供依据和条件。

（七）让学习过程可视化

传统的学习只重视知识技能的习得，而忽视了"学习结果是如何得到的"这一过程。率性教学力求探寻学生思维的"黑箱"，将学习过程可视化。学习过程可视化是学生内化知识真正的展现，能让学生清楚地知道学习是怎样发生的，让老师了解到学生对知识的理解程度与问题原因，并及时给予个性化的指导。在教学中，教师指导学生运用批注、填写学习卡片、实验记录等方式记录思维过程与学习结果，并在个人反思、小组交流的过程中不断修改与完善。

（八）倡导多元化评价

率性教学要求以"改进与发展"为评价导向，对学生的学习活动进行"多元的、多样的、发展的"过程性评价。评价的主体包括学生、同伴、教师、家长等，主要对学生表现出的水平、状态、结果、态度等进行综合评价；评价可以是即时的，也可以是累积后延时的，可以是诊断性的，也可以是描述性的，可以是定性的，也可以是定量的；评价不是游离于学习之外的，指导、学习、评价应是一体的。

第三章 率性教学改革的顶层设计

回顾东师附小70余年的历史，我们能够清楚地看到，基于实践改进，立足于本土需要，原生态的教育实践性研究不断孕育滋养着东师附小的内生力和活力，研究已经成为这所学校生长的方式。课堂教学的改革是学校改革的深水区，也是教育改革的"最后一公里"，是一个涵盖了理念、内容设计、课程实施等多维度的综合改革。

顶层设计意指运用系统论的方法，从全局的角度对某项任务或者某个项目的各方面、各层次、各要素统筹规划，以集中有效资源，高效快捷地实现目标。东师附小率性教学改革遵循自上而下与自下而上相结合的行动路径，从学校整体改革发展的角度制定改革的核心理念与目标，强调学校内部各个要素之间围绕核心理念和顶层目标形成有关联、相匹配的有机链接，保证改革的可实施性和基本的预期效果，紧紧围绕率性教学改革的根本目的来探索新的教学内容与教学模式，将学生的率性发展真正落到实处。

第一节 基于本土化实践的行动研究

（一）从实践性问题出发

东师附小的教育研究一般以3~5年为一个周期，依托学校课题研究引领带动学校各领域协同改革。学校始终保持着教育科学研究的敏感性，密切关注国内外基础教育改革发展的趋势，探索教育实践领域中的热点和难点问题，选择和挑战我国基础教育前瞻性课题，引领学校不断发展。

从20世纪70年代进行的单科单项课堂教学改革到80年代进行的整体教育

改革，再到 90 年代初的"小主人教育整体改革实验"和"小学生主体性教育实验研究"，再到 21 世纪初，为顺应新课程改革的新理念、新变化，以综合实践活动课程为突破口，全学科联动式地开发校本课程，实现了学校课程体系的重构，东师附小的改革探索展现出一所小学对于教育改革发展中重大话题的实践性回应，体现了一所小学在教育改革与研究中的前瞻性与时代性特征。

伴随学校改革发展的新常态，我们重新梳理、反思当前学校或课堂教学中存在的共性问题，立足于课堂教学的本质、儿童发展的需要，针对教育教学过程中出现的"速成的教育""功利的教育"提出"率性教学"的实践性主张，倡导教学要体现"有根源""有过程""有个性"。"率性教学"提出"有根源""有过程""有个性"是基于对当前我国基础教育实践中存在的诸多问题的思考，是颇具问题指向意义、时代意义、生态意义的教学观念，也是对现有学校课堂教学改革具有传承、发展和创新意义的教学观念。它将成为我国学校未来课堂教学改革新的生长点，引领课堂教学改革新的潮流和方向。正是坚持了学校综合协同改革的思路，东师附小在科研引领学校发展的实践道路上，才形成了创新的内在生长力，在每一个改革发展的不同阶段，始终保有持续发展的动力！

(二) 基于教学改进的行动研究

行动研究是实现本土教育研究的基本路径。东师附小率性教学改革的行动研究基本呈现出参与、系统、改进和公开等特点。学校基于单元教学改进的行动研究不是为任何"校外研究者"提供研究证据，其目的就是改进学校课堂教学面貌，因此教学改革的目的与行动研究的目的是合二为一的。学校采用"自上而下与自下而上"双向互动的工作机制，从宏观上对单元教学开发与实施进行了顶层设计，规定了三年周期内学校教学改革试验的方向、整体目标、具体举措及保障条件。在此基础上，各学科委员会组织学科成员进行了多轮充分讨论，详细规划了本学科在课程教材建设、教师发展、学生培养方面的发展目标，改革的具体措施、推进路径，以及预期产出的成果。第三个层面的规划由每个学科下的研究团队确定。学科委员会根据学科成员的研发力量划分成相应数量的小研究团队，每个团队专门负责一个单元的设计与实施。按照"计划—行动—观察—反思—再计划……"的行动研究过程，完成教材比较研究、单元内容设计及相关资源开发、教学实施的系列准备，最后进入教学现场实施并开展研究，等等。

东师附小开展的行动研究直指教学内容的改进和教学过程的优化,关注来自教学现场的"第一手"素材的收集与分析,始终伴随着研究者有意识的、自省式的、深层次的思考,努力尝试在"规范、学术"的理论研究与"自发、随意"的经验总结之间探求一条基于问题解决、改善实践、理性反思的中间路线。

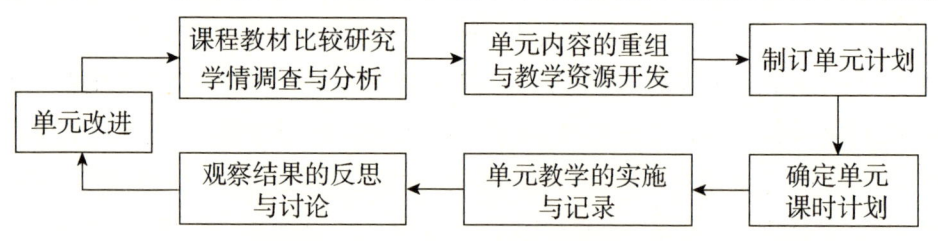

图 1　单元开发的行动研究基本路径

（三）全学科参与

在进行教学改革的过程中，学校各学科首先需要建构与率性教学理念相契合的教学内容体系。学校确立了以"大单元"为教学内容开发的基本单位，要求各学科按照课程设计的基本过程和教学设计的基本要素来改编教材内容，为学生定制属于"我"的课程内容。"大单元"开发完成后要进行教学实践，一方面是为了检验教学内容设计的科学性和合理性，另一方面是要在实践中对教师固有的教学观念、行为习惯进行深度改造，真正实现教学面貌由教向学转变。这样一种基于实践、为了改进实践的教学改革，仅依靠外力是难以取得理想效果的，因此学校引导教师在改革过程中运用行动研究的方法，带动全体教师共同参与、经历率性教学改革，并借助此过程培养教师因应改革的态度和能力。自从 2016 年以来，在率性教学理念的指导下，全校各学科教师累计开发单元课例（案例）研究共 200 多个，实现了 70%以上课程内容的优化与处理。

第二节　层级规划

（一）从学校规划到学科规划

为了保证行动研究的广度和深度，使学校率性教学改革成为全学科联动、全校教师参与的行为，学校将学科确定为进行率性教学改革的组织单位，并对学校所有教师进行了层级划分：处在教师队伍"金字塔"尖端的是各"学科委员会"成员、学校"名师工程"教师，这些教师在率性教学改革中承担着发起、策划、研究、评价等任务，在内容设计与实施中起到带动作用，是行动研究的深度参与者，这部分教师约占全体教师的三分之一。中间是学科中的骨干教师及优秀青年教师，这些教师是行动研究的中坚力量，也是重要的参与者，在教学内容实施的行动研究循环中起着重要的支撑作用，这部分教师约占全体教师的二分之一。剩余的年长教师和刚入职教师为行动研究的跟随者，他们必须在学科教学内容实施的步伐当中学习和提高，而非在一旁观望。

同时学校还出台了相关的制度，明确了各学科、各层面的教师在率性教学改革中的权利和责任，以及学校在学科、教师推进改革、开展研究过程中应给予的支持和辅助。比如：为各学科赋权增能，投入经费以保障教学内容设计中购买、翻译资料等投入，更新物质环境以保障单元实施进程；在研究节点上邀请专家"把脉"，为各学科搭建研究、展示、交流的平台；对每学期涌现的优秀教学单元、教师给予奖励。以上机制制度，有效地促进和保障了学校教师参与率性教学改革行动研究的广度和深度。

（二）如何制订规划方案

1. 发挥"规划发展力"，确定顶层行动研究规划

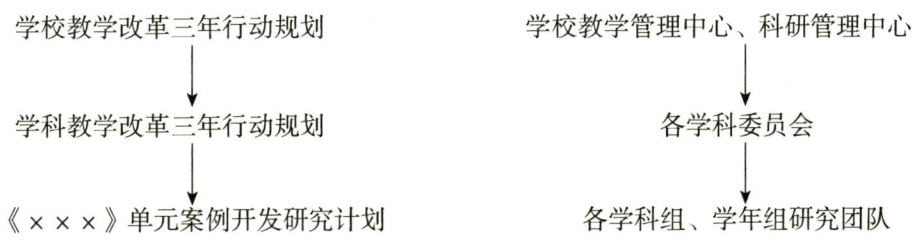

图1 东师附小顶层行动研究规划

首先是学校三个层级的团队要进行三个层面的研究规划。第一个是学校教学管理中心、科研管理中心，从学校宏观的层面，整体上对课堂教学制订三年行动规划，根据这个规划，各个学科委员会再根据学校的三年行动研究规划去制订学科三年行动研究规划。各个学科组、学年组的研究团队和实施团队还要

制订单元案例的开发研究计划,这个计划是非常具体、微观的。这是整体推进的规划层面,这个规划层面是我们研究自上而下和自下而上相结合的过程。当然,这个规划也是最考验校长领导力的部分,因为它决定了改革的方向,校长要立好这个"靶子"。

2. 制订三个层级的规划

学校制订了《率性教学改革试验行动计划》,明确了学校与学科在推进率性教学改革过程中"自上而下与自下而上"双向互动的工作机制,从宏观上对学校以率性教育理念为核心所要进行的课程、教材、教法的系统改革进行了顶层设计,规定了改革周期内学校率性教学改革试验的方向、整体目标、具体举措及保障条件。

在此基础上,各学科委员会组织学科成员进行了多轮充分讨论,达成共识后分别制订了各学科《率性教学改革试验行动计划》,详细规划了率性教学改革中本学科在课程教材建设、教师发展、学生培养方面的发展目标,改革的具体措施、推进路径,以及预期产出的成果。其中在改革的具体措施部分,各学科按照学校整体规划中规定的数量,均以学期为单位,详细规划了学科在率性教学改革周期内的教学内容设计和实施的领域及具体的单元,并说明为什么选择此领域、此单元的内容作为重新设计与实施的对象,其对学生学科素养、学习能力的培养能起到什么样的作用,以及学科率性教学改革主要破解的问题是什么。

第三个层面的规划由每个学科下的研究团队制订。由于每个学科每学期要完成的率性教学单元设计与实施的数量不等,学科委员会根据学科成员的研发力量划分成相应数量的小研究团队,每个团队专门负责一个单元的设计与实施。研究团队结合所开发单元在学期内容中的位置顺序、资源条件,按照勒温所描述的"计划—行动—观察—反思—再计划……"的行动研究过程,完成教材比较研究、单元内容设计及相关资源开发,制订单元实施的详细时间表,确定每一轮实施教学内容及负责辅助研究的教师分工,确定主要的研究问题及研究方法,进行教学实施的系列准备,最后进入到教学现场实施并开展研究,等等。一般一个单元设计在该研究团队中要经过三轮的实施才能最后被确定,而且要保证每一位教师都担任过授课教师和辅助研究教师的角色,这样研究团队的所有教师都能以"亲历者"和"旁观者"两个身份同时参与到研究中，在内容实施的同时改进教学并创生课程。

第三节　合理的研究闭环

从2016年起，东师附小以率性教学为切入点，全面推进学校教学改革的进程。为了改进学校课堂教学面貌，东师附小开展的行动研究将问题直指教学内容的改进和教学过程的优化，关注来自教学现场的"第一手"素材的收集与分析，始终伴随着研究者有意识、自省式、深层次的思考，努力尝试在"规范、学术"的理论研究与"自发、随意"的经验总结之间探求一条基于解决问题、改善实践、理性反思的中间道路，形成了一个循环的、交织的、衍生的、变化的、合理的研究闭环。

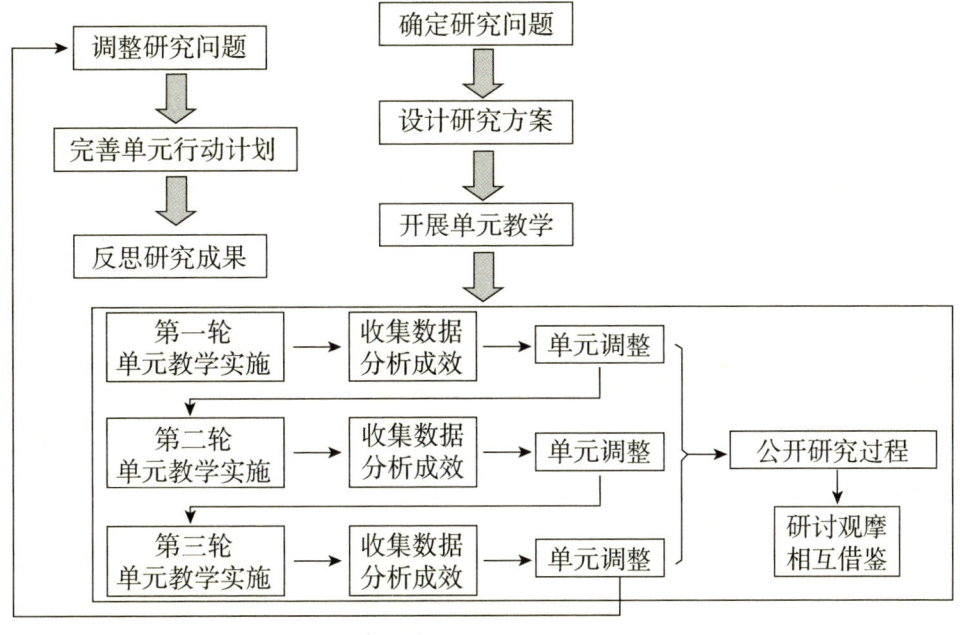

图1

（一）确定研究问题

所有的研究都是以问题为出发点的，简而言之，研究就是要回答问题、解决问题。在教学改革过程中，学校立足单元案例开发，根据学校实际发展需要，紧紧围绕国家教育教学改革前瞻性问题、破解当前教育教学实践中的难题，确定学校的研究主题。学校以学科委员会成员为研究主体，根据学校研究主题，自下而上生成三类原生态的研究问题。

（1）关于学科的研究问题，即关注教什么的问题，即根据学校的研究主题，与学科研究紧密结合，使学校研究问题在各学科内得到转换与落实。

（2）关于学生学习的研究问题，从教什么、怎么教的问题进一步转换角度，探索学生怎么学的问题。研究团队积极从学生视角出发，从关注学生的学习方式、学习规律以及如何促进学生学习的角度切入，以更好地落实学校的教育教学改革举措，进一步深化和推进学校已有的研究成果，细化学校的研究主题。

（3）关于学习资源的研究问题，为了支持教师的教、学生的学，需要如何改变有限的学习资源，提供与开发什么样的学习资源，以便更好地帮助学生搭建学习的"脚手架"，促进其自主学习，建构其自身的知识体系。

（二）设计研究方案

为保证单元开发研究系统、有序、科学推进，学校加大力度对研究过程进行规划，研究团队教师要根据研究问题，进行单元开发的设计，对研究构想、单元目标、具体研究方法、单元教学计划、教学流程、学习资源开发等实施举措进行深入思考，制订详细的研究方案。如"两位数乘两位数"单元，单元聚焦"两位数乘法算理理解类型与水平"和"学习进度模式下技能训练的设计与实施研究"，针对两个研究问题，厘清研究框架与研究方法，拟定课堂观察方法，设计和改进单元教学，设计单元开发效果评估与分析，等等。

（三）开展单元教学

边行动、边反思是行动研究的精髓。所有学科所开发的每一个单元，都必须要经历至少三轮的检验，团队教师要按照单元教学计划展开实践检验。通常第一轮行动研究的教学设计相对比较粗糙，本轮研究主要是检验这一单元框架是否合理，是否存在问题。第二轮行动研究主要针对上一轮存在的问题及整节课教学的各个部分进行调整。如学习卡片、教师板书、教学常规等问题，目的是使这一单元每一课的教学设计更为完善。第三轮研究关注细节问题，积极反思，精益求精。每一轮都遵循"计划—行动—观察—反思—再计划……"的行动研究过程。在此过程中，教师要对所教授的课程进行相关资源的开发，收集音频、视频等材料，运用调查法、比较法、课堂观察法、访谈法等多种研究方法，保证行动研究过程的科学性、有效性。同时，这一环节的核心在于反思，教师要对每一轮的实施过程进行反思、完善与修订，重新调整和完善单元行动计划，以再次检验、再次反思，形成新的行动方案，不断指向实践改进。

（四）公开研究过程

学校率性教学的改革推进实际上是一个学校、学科、小研究团队不同层级、不同周期的嵌套式的行动研究，每个学科、每个研究团队的教训、经验都是宝贵的，可能会对其他团队的研究起到立竿见影、快速推进的作用，因此公开与分享必然成为学校进行率性教学行动研究的显著特征。学校以学期为单位，强调学科小团队按照预定计划自发推进行动研究进程，同时也积极搭建研究团队之间信息沟通、交流互评的平台。如所有小团队的每一轮教学实施时间表、研究问题、团队成员的分工等信息在校内全部公开，每周更新一次，既便于同学科不同年段相互研讨和观摩，也便于不同学科之间相互借鉴相似研究问题的研究方法，等等。另外，在研究过程中穿插的各层级教研活动，无论是教师公开课前的准备，还是公开课后的评价总结，均带有一定的展示、交流、竞争之意，因此均是面向全校所有学科公开的。这些类似制度化的做法在全校营造了一种透明、开放、合作、积极学习的文化氛围，有效地促进了每一个教师都最大程度地融入到改革和研究的进程中。

（五）反思研究成果

对于率性教学设计与实施过程的研究成果，理想的情况下应"由参与者提出他们活动的书面报告，而且这些书面报告应该以适当的形式公开发表，以便接受公众的批评"。但教师以往的教学生活中缺乏明确的、需要研究的核心问题，这导致其反思必然是零散的、片段式的，其反思的结果是对课堂教学细节性的修补，不能带来课堂教学革命性的变革。在处理这种理想与现实的对立问题时，学校努力引导教师随时对自己的研究过程进行有意识的、自省式的、深层次的思考，同时也要求所有的研究团队都要在研究过程中随时为回答"研究是怎样设计的,研究是如何开展的,数据是如何搜集的,现有的数据能说明哪些问题,有哪些问题是将要继续研究的,有哪些问题是可以得出结论的"等作准备。而对每个研究团队最终形成的研究报告,学校在"规范、学术"与"自发、随意"之间探求一条中间路线,鼓励教师寻找自己的话语风格和发表形式,做到能系统、客观地回答研究问题的解决情况即可,并在每个学期结束时要求所有的研究团队面对全校教师对研究结果进行公开发表,以达成"改进"的研究目的。

第四节 如何开发一个单元

在进行教学改革的过程中,学校各学科首先要建构与率性教学思想相契合的教学内容体系。国家新一轮基础教育课程改革政策,倡导从传统的"教教材"转向"用教材教",这为学校研究并优化教材内容,为学生提供多样化、系统化的学材,推进教学改革提供了政策保障。其次,"教材单元"是每门学科教材编写的基本单位,是某一教材的部分或分节,主要是以客观的学科知识体系为依据来设计的。因此,以"教材单元"为基本单位,可以尊重学科知识的逻辑体系或原有教材的编写结构,保证教学的科学性、完整性。最后,受教师的精力、时间和能力的制约,完全打破教材结构对教材进行重新编写的难度是非常大的。而以教师骨干团队为研发共同体,把握现有教材单元,优化单元内容体系,具有更大的可行性和可能性。

学校在进行率性教学单元设计的过程中,首先要基于率性教学的基本思想,倡导在教学设计上关注知识本源,还原知识产生的原初情境,在教学过程中让学生经历从个别到一般的有归纳的学习过程,启发引导学生主动获取知识,发展智能,从而促进学生发展。其次,各学科课程标准中对学科定位的描述就是教学中需把握的学科品性的核心,因此在进行率性教学单元研制的过程中要遵循学科的基本品性,绝对不能发生偏离。所以,学校在进行率性教学单元设计的过程中既要以率性教学的基本思想为依据,又要遵循学科品性,以各学科课程标准为指导,对现有教材单元进行构建和调整,以满足学生的学习需要。

基于此,学校将率性教学内容设计聚焦在"单元"的开发与研制上,以"教材单元"为单位,从宏观的构建单元内容体系、中观的制订单元教学计划、微观的生成课堂教学过程三个层面,进行设计与实施的综合试验。

(一) 构建单元内容体系

单元设计首先要从宏观的层面构建单元内容体系,主要包括以下几点。

1. 学情调研分析

率性教学强调以学习者为中心,重视儿童学习的起点,强调教学活动必须建立在学生认知发展和已有的知识经验基础之上。这就要求我们的教学必须立足学生、从学生的实际出发组织展开教学。对学生的学习基础进行分析和了解是教学设计首先要思考的问题,对学生的学习起点主要进行两方面的考虑,一方面是学生学习的差异性,包括学习速度、学习进度、学习兴趣、学习能力等方面的差异,另一方面是学生在学习之前所具有的知识和经验有哪些、学生的前概念是什么等等。教师要通过测试、访谈等多种方式与方法,探明学生在某一年段对某一知识点的实际掌握水平与能力,准确了解每一个学生学习前的准备状态,把握不同学生的不同需求、不同水平学生的不同特点,预测不同学生对学习内容不同的理解方式。要对学生进行深入的学情了解,结合课程标准和学情,确定单元教学三维目标,并做出具体描述。

2. 教材比较研究

我国新一轮基础教育课程改革已历经多年的实践探索,课程标准已经基本达到了世界领先水平,但一些学科的教材与发达国家相比还存在着一定的差距,与课程标准的要求相比还存在着一定的距离。因此,学校在开发率性教学单元的过程中,首先要立足国际视野,通过对国内与国际的教材比较研究,博采众长,提升单元开发的质量和水平。在广泛占有国内教材资源的前提下,国际比较是学校进行教材比较的重点,以日本的教材为主要比较对象,同时也进行与新加坡、美国、澳大利亚等国家的教材的比较。因为各个国家的文化背景、教育环境、课程政策不同,所以教材的国际比较更侧重于分析该国家课程标准等政策性文件、课程编制的观念、学科课程目标、课程结构、教材内容框架、教学内容实施和评价等与学校所使用的蓝本教材以及国内通用的其他版本教材的区别，从而开阔视野，取其精华为我所用。

在单元开发的过程中，学校主要探索了两种教材单元研发模式：调适模式是以蓝本教材中的单元主题、结构框架、内容体系为主，以借鉴的对比教材或资料中的课程编制理念、教学内容重点、素材呈现方式等为补充，根据学生的实际情况对蓝本教材的单元进行调整和优化，以提高蓝本教材对牵性教学的适应性；引进模式主要是先选取比较教材中的某一个单元或主题，然后在其课程理念、课程目标、单元框架、内容结构下对单元进行校本化、本土化改造，或者进行微调后直接嵌入现行的教材体系，替换掉蓝本教材中相同或相关领域的部分内容。

3. 制定单元目标

在单元的主题确定后，各学科要结合确定的研究主题，根据自身的学科特点，深入了解学科品性，以各学科课程标准为指导，通过查阅学科课程标准，找到所研究问题涉及的知识点在课程标准中的所有描述，将其系列化呈现出来，并确定其在所处年级及相邻年级所要达到的标准，制定单元目标。如语文学科的"溪涧村的小旅馆"单元，就是根据2011年版语文课标中对中年级学生在阅读能力方面对把握作品主要内容及主题的能力的要求，确定了承上启下的、培养基于场景学习提升故事内容及主题把握的单元目标，同时，确定了中年级学生小组学习倾听、思考、汇报、讨论、评价、梳理几个研究目标。

4. 设计单元框架

为了支撑所研究的问题，达到单元目标，就需要对原有教材进行不同程度的调整与改编，甚至是颠覆性的创编。教师将本年段现有教材所涉及研究主题的相关内容，集结在一起，进行分析或重组，形成新的单元内容，或是对国内外多版教材进行对比分析，反复研磨，重新构建和替换教材，确定新的单元内容。如数学学科三年级"面积"单元，就是经过对中日教材的比较，借鉴日本教材编排中重视"量感"形成规律的做法，对"面积量感"作了进一步分解，重新确定单元目标，形成单元框架。教师在这一过程中要深入了解现有的教材体例，深入探索教材背后的编排规律，但不拘泥于现有教材，不单纯地教教材，而是活用教材，不断提升对教材的驾驭能力，促进对学科品性与内涵的深度理解。

（二）制订单元教学计划

在中观层面制订单元教学计划，是要对单元进行更为详细的规划和布局。

1. 弹性的教学时间

单元计划的课时分配不能拘泥于以 40 分钟为单位整齐切割的教学时间，应根据具体的教学内容需求和学科性质及特点，大致划分成若干个教学时间段。在具体教学时，应根据学生学习目标达成情况弹性地把握学习时间。如改变传统 40 分钟一节课的固定化时间分配制度，实行长短课时的有机结合，可以适当设计 60 分钟或 90 分钟的课时，为学生的探究、体验、合作等学习提供灵活、弹性的时间。

2. 具体的教学目标

单元教学目标要在单元计划中具体分解成每一课或每一个学习活动的教学目标。虽然此阶段的目标还没有具体到上课的每一个环节和每一个学生，但也要保证在课程标准要求的基础之上，考虑教学目标的达成区间，为制定具体学习任务目标作准备。

3. 灵活的教学模式

在进行单元设计时可以根据不同学科、不同学习领域、不同学习内容、不同学生的实际情况灵活选择和使用不同的教学模式。一个单元可以以一种模式为主，也可以在单元的不同阶段使用不同的模式，这也需要在制订单元教学计划时清晰地体现出来。

4. 多元的学习评价

评价的主体可以是学生自己、同伴、教师、家长等，主要对学生表现出的水平、状态、结果、态度等进行综合评价；评价可以是即时的，也可以是累积后延时的，可以是诊断性的，也可以是描述性的，可以是定性的，也可以是定量的；评价不是游离于学习之外的，指导、学习、评价应是一体的。

5. 丰富的教学资源

进行资源开发时要充分突出教学资源引导、组织、辅助、维持学生开展学习活动的作用和功能。既要准备相应的教具和学具，又要为学生提供丰富的、多样性的教学资源，如各种类型的学习卡片，从而起到支撑学习、推动学习、反思学习、评价学习的作用。在制订单元教学计划时，应将涉及的学习卡片进行整体规划和开发，并在教学计划中与相关的教学内容进行匹配，同时还要处理好同类学习卡片纵向上的衔接或过渡。

（三）生成课堂教学过程

中观层面的单元教学计划即使再精细，也无法在每一个环节面面俱到，只有当单元课程开发进入到微观层面的课堂中时，单元教学计划才能真正开始接近目标。生成课堂教学过程是指对课堂教学的各个要素、各个环节进行设计时，教师都要预留更多的空间，划分更多的层次，预想更多的可能，确保课堂上是学生的真实学习在主导他自己的学习进程，而非教师的意志或文本的要求。

1. 关注目标的层次性

与宏观层面、中观层面教学目标相比，课堂教学的目标应该是学生的学习目标，不仅需要考虑基本的三级目标的达成，更要指向每一个个体，预期时要有弹性，要针对不同基础、不同水平的学生进一步体现出目标的层次性。

2. 线索式的学习任务

在课堂教学设计中可以将学习内容划分成若干个学习任务，以学习任务为线索，同时将学习任务作为学习内容的载体。学习任务的数量、难易都要充分考虑学生的基础和差异，并要具有可选择性，使学生能够结合自己的实际水平，自定速度、自选方法调控自己的学习进程。

3. 兼顾多种组织形式

传统教学中个别教学、小组教学和集体教学这三种教学组织形式占主导地位的是集体教学。率性教学过程中，要强化个别教学，优化小组教学，深化集体教学。没有学生个别、自主的独立学习，就很难在小组内实现充分的生生交流与合作；没有充分的组内学习与交流，就很难实现集体讨论中师生之间的深度对话与提升。因此在设计每一节课时应该根据学习任务、学生特点等因素优化三种教学组织形式，使三者有机结合、相辅相成。

4. 教师协同合作

教师间的协同合作主要有两方面含义：一是教师组建合作团队，取长补短，共同开展教学研究，开发所需学习资源。二是在课堂教学中，教师依据个人风格、素质差异及学生需求等，相互配合，协作完成学习指导任务。

5. 规划布置空间环境

在率性教学的指导下，学校将学习环境变为学生自主、合作的"学习工坊"，为学生提供广泛的、丰富的学习工具、素材和设施设备。扩大并重新规划学校的空间环境，将教室与走廊连通，形成了一体化的学习、活动空间，为学生开展多样化的学习提供了空间环境的保证。

第四章　率性教师的意蕴

教师是培养人才的人才,是教育事业的第一资源,是学校发展的第一要素,是学校内涵发展、可持续发展的核心竞争力。一所学校的理念能不能弘扬,能不能转换,能不能切实指导学校教育教学,能不能真正在学校落地生根、开花结果,关键在教师。所以说教师是学校中举足轻重的角色,他们的素质在某种程度上直接决定着学生的成长和学校的发展。因此,率性教育体系的构建必然少不了教师这重要的一环。那么,率性学校的教师如何定位?结合学校 70 余年教师精神文化的传承和对率性教师的思考,我们树立了东师附小的"三有"教师像。学校对理想中的"率性教师"提出了有情怀、有功夫、有传承的要求,就是希望老师们能够明确自己的站位和立场,不是单纯的教书匠,不是为了教书而教书。教是为了不教,老师们要有教育家的理想和情怀。此外,"率性教师"还应在自身过硬的专业技能基础上,发挥自身独特的人格魅力,立足实际,走出具有个人风格的道路。当然,在 21 世纪倡导专家型教师的大背景下,研究能力对于教师而言同样是必不可少的,而学校、课堂为老师们提供了生动而丰富的研究资源和场域。

第一节　有情怀

有情怀,是率性教学的重要标志。这里说的"有情怀",是指东师附小的教师,在基本师德修养合格的基础上,要有"为党育人、为国育才""明大德、守公德、严私德""勇于坚持探索教育规律"的大情怀,也就是要有把整个国家和民族扛在肩上的大情怀，要有当教育家的大情怀。

(一) 为党育人、为国育才的大情怀

有情怀的教师的首要标准是有理想信念。对教育事业充满热忱，立志以教书育人为己任，有为民族振兴和国家发展贡献自身力量的大格局，有当教育家的大情怀，也有在教学改革大背景下，将个人追求与对学校办学理念的践行结合起来的大智慧，能够从国家和民族的角度认识到自己肩负的使命和责任。教师肩负着培养担当民族复兴大任的时代新人的重任，肩负着传播知识、传播思想、传播真理、塑造灵魂、塑造生命、塑造新人的时代重任。

率性教师首先要认识到自己肩负的使命。要思考如何把国家民族扛在肩上，甚至再往大了说，要思考自己能不能对人类未来、对人类共同体有贡献，有没有天人合一的大情怀。一个人若有大胸怀，视野就开阔了，就能看开许多事情，就不纠缠于某一点，就能提出或看到一些永恒的东西，就能少一些偏见。其实偏见是和狭隘连在一起的。比如单从女人或男人角度思考问题，肯定有偏见，而跳出性别的局限，从人类角度来思考就不同了，这就是理论的力量。服务中华民族伟大复兴是教育的重要使命，民族复兴需要有理想、有本领、有担当的时代新人。培养这样的时代新人，需要有一支高素质专业化的教师队伍。

对党的教育事业尽职尽责。自觉选择为国家发展、民族复兴培养更多更好的人才，并以此为人生乐趣。教师始终同党和人民站在一起，注重加强对习近平新时代中国特色社会主义思想的学习，加深对中国特色社会主义的思想认同、理论认同、情感认同，不断增强道路自信、理论自信、制度自信、文化自信，积极引导学生热爱祖国、热爱人民、热爱中国共产党。

毛泽东主席当年站在延安窑洞里，他想的是世界怎么样，世界向何处去，中国向何处去，然后我们怎么办，这就是大格局。在延安那样艰苦的环境下，他的思想，他的想法，指引着他往外走。通过毛主席我们可以看出什么是大格局、大情怀，那就是能够把国家民族扛在肩上。王逢贤老师也是这样的人，他讲课80%讲世界、讲政治、讲大格局，剩一点儿时间讲教育。

东北师大的基因在延安，可谓有红色基因。东师附小教师骨子里必然流淌着红色基因，这是一般小学没有的。1950年，《人民教育》创刊，人民教育出版社成立,东北大学易名为东北师范大学并定位为"办人民教育,培养人民教师,发展人民教育事业"。这个定位是和一般学校不一样的,东北师范大学也是在这样办人民教育的大背景下为培养人民教师成立的。所以为党育人,为国育才,立德树人,重视师德、师风,严谨求实,踏实做事,对东师附小而言是顺理成章的事。

另外,从学校在 70 余年的发展史中所担当的任务看,处于历史发展洪流中的东师附小教师,也必然要有"为党育人、为国育才"的大情怀。

1948 年,东北师范大学附属小学成立。学校从诞生之日起就具有"实验性、示范性"的独特属性。建校 70 余年来,学校始终遵循儿童的成长规律和身心发展特点,从学生的思想道德、个性特征、学习品质、社会性发展、责任担当等方面进行课程、文化、制度等方面的改革创新,努力在开放个性的文化氛围中涵养其心灵,浸润具有中国灵魂的生命底色,使其在学校的生活与体验中逐渐实现从自然人向社会人的转化,塑造"阳光自信、好问多思、手脑相长、友善乐群、敢于担当"的东师附小学生。建校 70 余年来,学校始终以改革创新为动力,以教育科研为内生力,密切关注国内外基础教育改革发展的趋势,不断追踪和探索教育实践领域中的热点和难点问题。第二任校长王祝辰先生是国内很有声望的课程与教学论专家,他以东北师范大学教授的身份主持学校工作,创建"动的教学法"理论体系,提出解放儿童、关注儿童、立足当下、面向未来的教育主张,为学校的发展指明了方向,奠定了坚实的根基。

二十世纪五六十年代,学校改革探索的重心是教育体制改革,东北师范大学教育系师生进行了"因材施教,培养特长生"的实验。这一时期,学校开展学制改革,进行劳动教育、品德教育实验。

从改革开放到 21 世纪初,学校以单科单项的课堂教学改革为突破口,着力进行学校整体改革实验探索。如语文学科"讲一读三写一"实验研究、数学学科"彩色木条实验研究"、音乐学科"乐器进课堂实验研究"等,这些单项课题研究有效提高了学科教学的质量和效益,增强了教师的科研意识和研究能力。1989 年,学校实施《全面提高小学生素质综合改革实验方案》,该项实验将提高小学生素质作为学校整体改革的基本目标,使学校课题研究向教育教学的纵深领域扩展。1994 年，学校在总结前两轮整体改革经验的基础上，进行"小主人教育整体改革实验"，将"发挥学生的主动性、创造性，培养学生的主体意识、主人翁责任感以及适应能力、自我教育能力、自我管理能力"作为改革目标，进行深入探索和研究。2001 年，伴随我国新一轮基础教育课程改革全面启动，学校进入"开放式学校"构建时期，挑战"封闭、单一、固化、被动"的传统学校特征，关注"开放、多元、弹性、自主"的教育要素，进行开放式教育的探索。开放式教育的理论与实践研究、校本课程开发与实践、综合实践活动课程的开发与实践，带来了学校课程体系的结构性突破，为开放式办学理念提供了本土化的实践路径。

2014 年，"率性教育"办学理念的提出进一步推动了学校的改革探索。基于对小学阶段儿童学习与成长规律的挖掘，按照"边研究、边实践、边反思、边提升"的策略，在教学改革中着力探索"有过程的归纳教学"，在德育中倡导"有过程、有尊重、有道理"，通过班队会活动、主题教育活动、年间大型活动、养成教育活动等培养率性学生。

从学校的整个发展历程来看，坚持实验、探索规律、科学施教、全面育人，东师附小始终走在时代的前列，进行着不断的实验和探索。学校在每个历史发展阶段，都走在时代的前列，站在为党的教育事业进行探索、为国家基础教育更好地培养人才进行探索的最前沿。作为东师附小的教师，没有这种胸襟和情怀，是无法做到每个时代都领先，都完成好实验性、示范性任务的。

另外，率性教师要有"不当教书匠，要当教育家"的大情怀，从另一个角度来说，"不当教书匠，要当教育家"也是东师附小对率性教师中优秀教师或者名师的一个要求。早在 20 世纪 50 年代初期，东北师大附中的创始人，我国著名的心理学家、教育哲学家陈元晖先生，就提出了对附中教师培养的要求"附中教师，不当教书匠，要当教育家"。受陈先生的影响，东师附小对教师培养的认识也有自己更为独特的思考。我们认为，率性教育的更有效实施，必须要依靠优秀的教师去落实。没有优秀的教师团队，再好的办学理念，实施起来也是纸上谈兵。率性教育倡导培养率性教师，率性教师、名师，是超越了日常教学的单调性、重复性、事务性，赋予习以为常的教学以学习、反思、研究、合作、创造色彩的教师。

（二）明大德、守公德、严私德的大情怀

有情怀的第二方面要求，即具体道德情操方面的要求。有道德情操，即吸收传统文化的精华，用本土化的精神，不断提升自身道德素养和人文素养，在提升自身人格魅力的同时，感染、影响和教育身边的学生。

党的十八大以来，习近平总书记对广大师生明确提出"明大德、守公德、严私德"的要求，并在考察北京大学时发表重要讲话，指出人才培养关键在教师。要把师德师风作为评价教师队伍素质的第一标准，让教师做到以德立身、以德施教。我们的教师既要有报效祖国、服务人民的大德，还要有从小事做起、管好小节，"见善则迁，有过则改"，踏实修好公德、私德。

明大德，就是率性教育中的培养社会性，即回答为谁培养人、培养什么人、如何培养人的问题。东师附小教师是从红色基因角度热爱事业，从培养社会主义接班人角度来热爱学生的，不仅是喜欢某个孩子。东师附小的文化里面就有奉献精神。东师附小教师是讲政治的，是有大局观的，所以不仅是某个人的私德，从公德来看就很好（可能有个别差的，某个人有毛病是某个人的事，总体来看，是好的）。从培养接班人的角度、从爱人民的角度、从五爱的角度（爱祖国、爱人民、爱劳动、爱科学、爱社会主义）来看东师附小教师，可以说教师们是有大格局的爱，是大爱。

守公德，就是在学生眼里，老师对孩子有仁爱之心，公平、公正、有耐心。老师是"吐辞为经、举足为法"，言谈举止都极大地影响着学生，思想政治状况也有着很强的示范性。教师道德生活中的瑕疵、价值观方面的偏颇等，会直接影响学生的道德成长和内心正确价值观、信念的形成。"教，上所施，下所效也。"《论语》有言："其身正，不令而行。"教师在学生眼中是为人的模范，学生对教师既听其言，又观其行。因此，率性教师要取法乎上、见贤思齐，不断提升人格品质，提高道德修养，用自己的言谈举止为学生树立榜样，通过人格魅力引领学生的心灵。

严私德，即加强自我修养，严于律己。"君子以顺德，积小以高大。"习近平总书记强调："师德需要教育培养，更需要老师自我修养。做一个高尚的人、纯粹的人、脱离了低级趣味的人，应该是每一个老师的不懈追求和行为常态。好老师要有'捧着一颗心来，不带半根草去'的奉献精神，自觉坚守精神家园、坚守人格底线，带头弘扬社会主义道德和中华民族传统美德，以自己的模范行为影响和带动学生。"孔子曾提倡"克己复礼为仁"，"克己"即自我进行道德修养，师德是深厚的知识修养和文化品位的体现。腹有诗书气自华，率性教师提升自我修养需要多读书、读好书，以诗书育浩然之气，用精神食粮去涵养心灵，进而认识和相信道德之理。教师的知行合一、自我修养的完善还需要在行动中磨砺。

（三）勇于坚持探索教育规律的大情怀

建校 70 余年来，学校作为东北师范大学的教育科研基地，不断深入探索教育规律和儿童成长规律，为儿童发展奠基。比如 20 世纪 70 年代末，社会曾一度刮起片面追求升学率之风。为了提高应试率，个别学校不惜加班加点，加大作业量，大搞题海战术。面对这种情况，学校认为升学率并不是衡量教学质量的唯一标准，加班加点只能解燃眉之急，并不是长远之计。只有扎扎实实进行教学改革，提高课堂教学效率，才是解决问题的根本途径。因此，学校提出"三不"，即不延长学生在校时间、不加大作业量、不频繁考试。立足于上好每一节课，不加重学生负担，向 40 分钟要质量。从倡导素质教育的二十世纪八九十年代到践行新课程改革的二十一世纪，学校以使儿童获得自由、和谐、充分、全面的发展为办学目标。

正是在秉承 70 余年办学经验和传统的基础上，结合新时代的要求，2014 年学校传承《中庸》"天命之谓性，率性之谓道，修道之谓教"的教育智慧，将办学理念创造性地转化为"率性教育"。倡导保护天性、尊重个性、培养社会性的率性教育的提出以及实施，是对教育规律不懈追求和把握的结果。因此作为东师附小的率性教师，要胸怀对教育规律的敬畏和不懈追寻，不任意践踏教育规律，逾越教育规律，要坚持不断地研究儿童、研究教育教学本质。

第二节　有功夫

有功夫的内涵包括知识功底、技能艺术、研究的功夫。

（一）知识功底

作为率性教师，要深入了解学科知识，不仅要知其然，更要知其所以然。要有深厚的基础，不满足于对表层知识的记忆，要对知识在学科中的地位、提出的背景、研究的进程等不断追本溯源、寻根问底，即一切知识懂一点儿，一点知识懂一切，具有本源、精深、广博的知识。

1. 广博、通识性的知识积淀

一个专业化的率性教师，首先应当是一个一般科学文化的"继承者"；其次应当是一个一般科学文化的"创新者"，能够在学科知识的交叉冲突中寻找到突破口，创新、丰富和发展科学文化知识；最后应当是一个"大教育者"，不仅能够开展学科专业教育，而且能够给予学生广泛的人文影响。教师的职业决定了教师应该多读一些心理学、教育学、哲学和美学等代表人类精神文明境界的通识性书籍。

为了提升我校教师的整体素质，打造学习型的教师团队，增强教师的文化底蕴，学校在每学期期末都会给全体教师布置假期读经典书籍的任务。多年来，《古希腊教育论著选》《苏霍姆林斯基教育智慧格言》《罗素论教育》《人是如何学习的：大脑、心理、经验及学校》《慢思考：大脑超载时代的思考学》，刘晓东教授的《儿童精神哲学》《儿童文化与儿童教育》和《解放儿童》，马修斯儿童哲学三部曲《哲学与幼童》《与儿童对话》《童年哲学》，等等，这些全球经典书籍陆续进入教师们的视野，开学后学校还会组织教师对所读书目进行感悟分享与交流，大家通过阅读经典，结合本学科的教学实际，对经典进行了新的诠释和解读。通过广泛的阅读，教师们收获了知识，增长了智慧，体会到著名教育家的思想，感受到身为教育者的责任。学校以读书论坛为契机，督促提示教师们在工作和学习中多读书、读好书，以书籍陶冶性情，以书籍涵养智慧，以书籍提升专业素养。

2. 各个学科本源性精深知识举隅（以语文、教学为例）

率性教师，要对各个学科的本源性知识有精深性的认识和掌握。本源性知识是指最初的原始起源的知识。它可以揭示知识产生的根源，表现原始风貌或反映演变过程。

（1）语文本源、精深知识举隅：

语文教学中合理运用本源性知识对实现少教多学、优化课堂教学有着重要作用。学校向语文教师推荐《说文解字》《说文释例》《小尔雅集释》等国学经典，用以巩固语文教师们对语文本源、精深知识的积累。

东师附小的率性教师们具备扎实的语文本源性知识，这是东师附小的优势。我校教师不仅看一般的书，还看专业化的书。比如学校要求语文老师不仅要研读《说文解字》，还要适当地读一读研究《说文解字》的书。什么叫本源性？数学老师读《红楼梦》，读人民文学出版社的一般版本就可以，但是语文老师需要读1791年手写的、带红字批注的手抄本，这叫作本源。具备本源性知识的语文教师讲《红楼梦》的时候，教师自身对《红楼梦》的理解和感觉是不一样的。笔者曾给语文老师展示过《鲁迅手稿全集》。教师翻开鲁迅的手稿，看看他改哪里了，之后再读鲁迅某一部作品时的感觉、对鲁迅的认识就是不一样的。学校鼓励语文教师们在读经典书籍时也能够追本溯源，能够买一些影印版本，比如语文老师读最初版本的《王力全集》《冯梦龙全集》，买回来看一看，收获定是不一样的。

（2）数学本源、精深知识举隅：

作为率性教师，要掌握和了解本学科本源、精深的知识。当前数学学科教学更为关注学生思维和学科本质。为此，学校向教师们推荐了《什么是数学》《数学哲学》《数学与知识的探求》《证明与反驳》《数学恩仇录》《希尔伯特几何基础》《几何原本》以及史宁中的《数学思想概论》等反映数学学科本质的经典书籍。

学校鼓励数学老师看一看徐光启、希尔伯特对几何的论述，看过后教师对图形、对空间的理解感悟会有所提升。学校向数学教师推荐的这些书籍是从先秦到清末2000多年来中国非常重要的数学著作。阅读这些经典书籍时，数学教师不仅可以接触了解数学本源知识，还可以看到最初的影印版本，如国家图书馆原馆长任继愈主编的书籍，6600页都是影印，我们能知道1000年前是怎么印书的，数学教师在读书时好像在和1000年前的先人隔空对话，这种方式的知识传承和交流是难能可贵的，对数学教师数学学科素养的提升的价值是不可估量的，这样的书，我们数学老师要多读、要精读。

（二）技能艺术

所谓的技能艺术，即要求率性教师做有绝活的匠人，做基本功扎实的匠人。匠人是技艺高超的手艺人。匠人精神是追求更高的技术，努力做事的精神。名师要有一套基于自身经验的"看家"本领，要像雕琢艺术品一样，研究、琢磨、建构自己的课堂教学。要不断拓宽知识领域，建立各学科知识之间的联系，关注教育教学改革动态，丰富教育教学底蕴，不断改善和优化教育教学方式和方法，做精心教书、潜心育人的典范。

匠人的绝活，是体现在无数的对细节的追求之中的。比如东师附小在近些年的探索中，一直强调对儿童哲学核心精神的追求，其中儿童哲学的一个重要精神就是"安全共同体"。生生之间、师生之间、家校之间，有一个安全良好的环境，孩子才能够自由、自在、自然地表达。所有的学科都需要为孩子营造这种环境，没有安全的环境，一个人很难自由地表达。学生有根据地表达、质疑及讨论、交流、倾听等技能技巧的培养都充分体现了儿童哲学精神。

为了实现安全共同体的追求，东师附小教师在无数的细节上做出了非常精密的探索。

1. 与脑力活动相协调的师生的身姿

（1）构筑若无其事的伙伴关系、若无其事的温存关系。

小组教学——构筑相互聆听的关系。

小组教学——作品放在中间，身体稍微欠起。

小组教学——身体前倾，头聚在一起。

（2）集体教学中的师生样貌（松弛、和缓、自然）。

自如利用空间和资源，从容发表。自己指，比老师帮忙更确切。通过身姿和手势，仿佛看到脑力活动。面向同学，从容发表。

集体教学——像向日葵一样转向发言的同学。

集体教学——教师触觉式的身体语言（传达与接收）。

集体教学——菅野老师引发低声讨论的身姿（感受性的熏陶）。

（3）触觉型的讲述方式——他人意识、服务精神（对人的照料）。

女教师的身姿——柔和、纤细、自然。

男教师的身姿——诚实、诚恳、确实。

2. 绵密的、不失焦的对话

要让儿童有更多的时间进行自主阅读和思考，有更多的机会带着自己明确的想法和别人对话，形成想法的过程也是对话的过程，是与自己旧经验的对话、与新知识相遇的对话。让儿童有自由交换意见的机会。儿童最好带着有证据的结论参与对话，因为自己形成了一种或几种想法，对于别人的想法就更容易理解。也是因为心中带着自己的想法，所以会对他人的意见产生钦佩和赞同。

①个别学习——学习成果的声音化、文字化、图像化。

②不要只重视"好的作品""好的发言"。

③所谓对话，应该以达到一个人所无法达到的高度为原点。

从好奇开始，倾听、核对、探索。

①倾听，首先要承认个人的局限性。

与高度注意紧密相关的是谦逊，谦逊是指一个人愿意承认自己的知识和观点是有限的和不完整的，并且行为举止也与这种态度相符。这就意味着承认小组中其他成员的发言，可能会给我们带来新的信息或是改变我们对某些重要事情的看法。具有这种品质的人愿意把所有的小组成员都作为自己潜在的老师来看待。因此，不要想着在对话中占上风，或是要"赢"。良性对话不求输赢和胜负，有的是了解彼此程度的深浅。因此，应该暂时放下自己的判断和偏见。出于好奇和渴望，把对方的话听完，以开放的心态对待变化，对待差异，承认别人的解释和观点的价值。倾听的过程具有批判性，可以认同，也可以怀疑。

对话的目的是激荡想法、生成想法、修正想法、补充想法，多数时候不是要达成共识。

②倾听，要有富有善意及同情的想象与了解。

听话的人能设身处地、尽可能地去揣测说话的人说出来的意思。投入的善意和同情越多，吸收的优点也越多。边听边予以回应，表达同感，听的时候眼神专注，自然地点头，听完后发表观点或提问。

③借助回应，进行核对和探索。

参与对话，就意味着把自己置于很多矛盾的观点之中，所以听的时候：要忙于想："我和……一样，是……。""我和……相似，是……。""我和……不同，是……。""我想进一步确认我们思考的过程一样吗？""我想听更客观的、能够支持你想法的理由和根据。"

④基本模式的训练。

首先说明赞成或反对，然后说明理由。按照意见—理由—事例这样的步骤进行说明，随着年级升高，可要求从三个及以上不同的角度说明理由。

⑤良性对话技巧。

通过相互夸奖，注意到更好的表达方法；接着对方的话尾，开始自己的表达；适时适事引用对方的话，但不是讨好；慷慨帮忙，提供证据。学生需要相互倾听，学生应当在他们的对话中引用他人的话语。

在负责任的对话里，学生聆听彼此的谈话内容，并直接做出回应。比如说，使用某一陈述作为证据，去支持某一主张；使用证据对某一观点进行反驳，证明它是与事实不符的。要想有助于彼此学习，学生不能只是简单地发表空洞的主张，他们必须提供证据支持自己的观点。

在相互提问与回答的过程中进行视域的融合，一次又一次重新梳理核检自己的主观认知，发现其中的盲点或未曾看见的角度，觉察自己先前没有意识到却更为深层的思维，创造新的思考，跨出原有的框架，扩大并丰富内在。对话的本质也就是学习的本质，就是敢于接受不同的声音，感受被批评的喜悦，震惊之余，敦促自己重新思考，更慎重、更全面地思考，使自己的想法加深和拓宽。

⑥对话中的夸奖。

倾听最好与夸奖相连接；拥有从多种角度发现优点的能力；对不同的人说一样的夸奖的话是不能让对方高兴的，要看到他特有的苦心与努力，对方会倍感高兴；人被理解的时候都会开心，所以从具体的表现入手；真心夸奖对方的优点，可以通过表情、动作传达给对方；夸奖做得好的地方，稍稍提一些要求。

⑦做自己的观众。

真正的学习应追求反思式的思考，将知识与技能发展成相互分享表现的活动，并在分享表现中再次咀嚼、吟味自己的想法。在此过程中，学生发生补充、融合、修正、发展……最终达到自我更新。

⑧非语言解释的图形教学法。

谭琦在《日本国立小学365天》一书中提到，国际班学生在学习数学时，存在语言理解的问题，所以，靠语言讲解是行不通的，于是，老师把算式含义用图形表示出来，把运算规律用图形和算式的方式写出来，让学生自己找规律，进而理解。孩子说，他觉得这样学数学很好懂，老师不说什么，只是画出来、写出来，让学生自己看，学生可以根据各自的方法去理解和推理。

率性教师的匠人精神，就在这种极其精密的细节追求之中。

（三）研究的功夫

率性教师要有研究的功夫。研究最大的功夫就是对儿童研究的功夫，研究的功夫就是教师对教育明不明白，对教育是不是真明白，对儿童是不是真理解。

王逢贤老师曾经说过：马卡连柯说你能不能用100种声音跟孩子说"你过来"。针对不同的孩子用不同的声音来说，那叫功夫。这是王老师1983年说的。不搞教育的人可能觉得这话说得抽象，但躬身于一线的老师确能有此功夫的人着实了不起，尤其是能针对儿童的特点或规律施教的人。

我们的研究，最终的目的是了解学生，达到对学生了如指掌的程度，最终更好地服务高质量的教育教学活动的开展。我们希望我们的老师对学生了解到什么程度？就像公安人员了解罪犯一样。比如有这样一部关于刑警的片子，有的公安人员很厉害，他听某些人描述就能把没有见到的那个人画出来，而且画得十分像。曾经有一个个案，一个在逃的犯人在家门口附近的电线杆上看到自己的模拟像，那个像画得太像了，跟照片差不多，他觉得自己在劫难逃，就直接自杀了。这说明公安人员对罪犯的外貌特征了如指掌。作为教师，我们对个月到 12 岁的孩子也要了如指掌。

教研相长是率性教师专业发展中很重要的一个方面，要从教学走向研究，用研究指导教学，不断提升研究能力。一线教师可以作行动研究和叙事研究。前者是基于要改进某一个教学，为了解决具体的、细节的问题所进行的研究。它不是从大理论出发，也不是从文献出发，而是从解决问题出发。后者关注的是教学情境中到底发生了什么，强调原生态的深描。教师的研究要聚焦四个关键词：原生态、生活史、大数据、小微研究。原生态就是一线教师搞研究要注意最原始的材料收集，要对学生的课堂表现作细致观察、记录或录像，同时研究要跟学生生活成长史相关。

东师附小的教师，要有原生态研究、小微研究的功夫，做接地气的研究者，做思考的行动者。比如我们有一位教师，对小学一年级阅读教学中儿童提出的 1100 多个问题进行了原生态收集、分析。她发现儿童能提出各种有趣的问题，如："小蝌蚪自己生活得也挺好的，为什么要找妈妈呢？""为什么是小蝌蚪找妈妈，不是妈妈找小蝌蚪啊？咱们人类不都是妈妈不见了孩子，着急地找孩子吗？""为什么'三更灯火五更鸡，正是男儿读书时'？女孩不读书吗？""为什么老猫说小猫'三心二意'，而不是'五心二意'？"

东师附小推动老师进行研究，很重要的一个载体是课题研究。十三五期间，学校累计主持科技部国家科技支撑计划项目 1 项、全国教育科学规划项目 4 项、教育部人文社科规划项目 2 项，省级研究项目 95 项，市级课题 36 项，东北师范大学培育项目 2 项、校级个人基金项目 90 项（详见附录）。尤其校级课题累计投入经费近 50 万，省级项目培育产出率超 1∶1。

此外，在率性教师基础上，东师附小要努力培养名师，要通过"名师工作室""孵化"名师，名师工作室就是名师的"孵化器"、教学研究共同体。名师通过自身扎根课堂的"贴地皮"研究，引领研究共同体成员开展原生态、有温度、有深度的教研活动。因为名师"出名"是为了让更多的同行受益、学生受益，名师意味着社会责任担当，意味着从成就个人走向发展共同体。

十三五期间，学校累计出版"率性教育丛书"20 部，学校教师在国家、省市各级学术期刊发表文章 128 篇，其中 CSSCI 期刊论文 15 篇，核心期刊 50 篇，学术成果奖励经费达 20 万元。

2015年至今，学校累计举办7次大型国际学术会议，充分展示了东师附小近年来的研究最新进展。其中包括五届"儿童哲学与率性教育高峰论坛"和"第二届批判教育学国际学术研讨会""第九届中国班主任研究圆桌论坛"，佐藤学教授、叶澜教授、李政涛教授等一大批海内外知名专家学者，一万余名中小学校长、教师以及多家媒体参加会议。学术会议的召开，成为东师附小教师与海内外同行进行学术交流的重要平台。尤其是"儿童哲学与率性教育高峰论坛"的举办，极大地推动了国内基础教育将研究焦点转向儿童。

第三节 有传承

所谓的有传承，是对本校传统的传承，但它不是全部，必须从大背景下重新看待学校的东西。东师附小的教师，有传承才能有创新，这也正所谓"守正创新"。

具体而言，有传承主要包括两个方面的内容，即对人类优秀教育文化传统、教育思想的传承，对本校优良传统的传承。

（一）对人类优秀教育文化传统、教育思想的传承

有传承就是这种历史的传承，一个是对中国教育的传承，往大了说，是对人类优秀教育文化传统的传承。对东师附小教师来说，他是站在人类教育文明的传统基础上来生长发展的——从人类整个教育文明，中国的教育传统，中国的教育思想，我们党老解放区和新中国的教育传统、教育思想，到东北师大和东师附小的教育传统教育思想，比如说，成仿吾、李筱琳。

从自由校区五楼走廊的教育家的画就能看出来，有中国的、外国的，有古希腊的，有当今世界的，古今中外都在这儿，它是个图腾，是个标志。而且我们始终坚持这一点，包括我们的教研活动，都是放眼世界的，有条件时我们出国，没条件时我们通过各种方式接触国内最前沿的教育思想。我们举办的学术会议也是这样，让老师站在最前沿。

东师附小的率性教师，首先要对世界上迄今为止的著名教育家的教育思想有基本的把握，要站在人类优秀教育文化传统的肩膀上开展自己的教学。这里我们列举几个主要的人类教育优秀文化传统。

比如说对古希腊优秀教育文化传统的传承。东师附小的教师都读过《古希腊教育论著选》。如书中提到了一个重要观点，就是受过教育的人和没有受过教育的人的本质区别。这个观点是《理想国》原话，柏拉图通过"洞穴的比喻"说明了这个问题。我们可以从中外教育史来考察"什么是受过教育的人"，由此来进一步挖掘"什么是教育"，包括教育的功能、教育的本质，尤其是"核心素养"。受过教育的人和没有受过教育的人的核心素养是有差别的，虽然不同时代核心素养的内涵会有区别。柏拉图讲，让一个人接受教育不见得都是愉快的过程，就像一个人长期在黑暗的洞里待习惯了，忽然间看到太阳光会觉得刺眼，可能会说"你不要拽我上来"。所以我们提到什么是教育，经常说教育是"唤醒"。雅斯贝尔斯就有这样的观点：教育是唤醒。有的人被唤醒，他高兴，因为他睡着了；而有的人睡得香，被唤醒他就生气。在睡梦当中、在麻木当中可能还有幸福的感觉，什么时候痛苦呢？醒了痛苦，有人宁可死在麻木状态。所以受过教育的人和没有受过教育的人的区别会引发教师们对"什么是教育、受过教育的人和没有受过教育的人的本质区别"这类核心问题的深入思考。

比如赫尔巴特（1776—1841）的教育思想。赫尔巴特的思想简单地总结为一个原则，教育性教学原则（或教学的教育性原则）。赫尔巴特提倡在教学中一定要对学生进行思想道德教育；赫尔巴特倡导以伦理学和心理学作为教学论的理论基础。这也是我们将赫尔巴特划分到传统教学论阵营的主要原因。

比如皮亚杰的教育思想。皮亚杰重视儿童的智力发展、思维能力与创造教育。皮亚杰认为，教育的主要目的就是培养学生的智力和思维能力，教育的最高目标就是培养逻辑推理能力和掌握复杂抽象概念的能力。智力训练的目的是训练智慧而不是储备记忆。理解即发明。同时他强调让儿童主动、自发地学习。皮亚杰认为人和世界是互动的关系，人能认识世界是因为人能通过活动将主体和客体联系在一起。智慧来自活动，而不仅仅来自天赋与环境，对儿童来说活动非常重要，活动是智慧的源泉。

比如维果茨基的"最近发展区"理论。维果茨基的社会建构主义一定程度上克服了个人建构主义的弊端，其强调他人和文化在个人知识建构中的作用，通过师生、生生、生本之间的互动，修正个人建构主义中片面、零碎的知识。此外，维果茨基的"最近发展区"理论也对我们的教学具有很大的启发意义。所谓"最近发展区"，即学生已有的发展水平和在别人的帮助下所能达到的发展水平之间存在的差距。比如，老师在课堂上提问了一个问题，但学生回答不上来。大多数老师可能就让学生直接坐下，但是懂得运用"最近发展区"理论的老师会通过给予"脚手架"的方式引导、帮助学生将知识串联起来，使学生能够做到"跳一跳，摘桃子"。

比如马克思的关于人的全面发展的重要教育思想。马克思主义是重要的理论资源，可以这样说，作为人类的重要思想，叫遗产也好叫宝库也好，马克思主义是值得特别关注的。比如他对人的未来、对社会的未来的看法，对我们来说是一笔财富。只要人的异化存在、社会的异化存在，只要有压迫和剥削存在，马克思主义就不会过时，因为他在很早之前就提出了人的梦想，那就是个人的自由全面发展。从马克思作为人类的伟大思想家的角度来看，这也是教师们武装头脑的一个重要理论资源。

从我们看到的材料、看到的现象以及我们的思考来看，西方小学的公立教育可以给我们的教师开阔思路，它们给孩子们的是宽松和自由，强调选择，而且不拘一格，这是值得我们借鉴的。西方的自由和宽松可能使一些孩子成为天才，因为它有助于一个人的个性发展。

我国的传统文化中值得借鉴的优秀传统更多。比如说《中庸》的重要思想。东北师大教育系的创始人陈元晖先生说《中庸》是中国最早的教育哲学书籍。《中庸》里有三句话是中国教育哲学思想的核心，它说"天命之谓性，率性之谓道，修道之谓教"。天命之谓性，我们叫禀赋、遗传、人性。率性之谓道，你的天性才是天下大道，人间正道，符合人性。不能违背人性，更不能违背孩子的天性。符合天性的这种修养才是教育。这说出了教育的根本。

比如说东北师大原校长史宁中的教育思想。史宁中校长谈到："人和动物的区别在于人具有'抽象'和'想象'。"比如儿童学习算数，知道一个苹果再加一个苹果等于两个苹果，但如果换成1加1等于2，可能就不能理解了，这就是抽象的结果。东师附小的教育都是"搭梯子"的，借助实物模型，逐渐由具体到半抽象再到抽象。如果不"搭梯子"，孩子虽然也能记住5加3等于8，但不理解其中的抽象意义。靠记忆学习的学生随年级升高会越来越糟糕。只有靠思维理解学习的学生才能理解抽象，才有想象。

（二）对东师附小"解放儿童"的优良文化传统的传承

总体来看，东师附小在70余年的办学历程的每个阶段所做的主要工作就是"解放儿童"。东师附小作为一所实验学校，始终站在教育改革的前列，用世界上先进的理论指导实践，而且注重研究儿童，为儿童的身心健康成长而殚精竭虑。东师附小各阶段的发展，都在前人的基础上不断进行深入的探索与实验，以"解放儿童"为核心目标，给予儿童更多的自由和爱。王祝辰"动的教学法""小学语文教学法"的改革尝试，20世纪80年代李筱琳校长带领东师附小进行"单科单项改革试验""整体改革试验""小主人教育整体改革实验"，熊梅校长带领学校实施的"开放式学校"构建改革实验，都是一脉相承、一贯如此的。"解放儿童"已经成为东师附小的文化传统。

比如东师附小初建时候对"解放儿童"的尝试。王祝辰先生是东北师范大学附设完全小学的第二任校长，也是东师附小教育灵魂的奠基人。王祝辰先生对基础教育的理论与实践研究影响最大的可能是他提出的"动的教学法"，"动的教学法"具有杜威式基因。他于沈阳求学期间曾现场听过杜威的讲学①，深受杜威实用主义教育学的影响，"动的教学法"便由此萌生；之后任辽宁一师附小校长时开始探索实践，1926—1933年尝试"动的教学法"的学理研究，1936年开始北平市立师范学校附属小学的实验，并形成了系统的教育思想理论体系。同年，由北平市北师附小出版《动的教学法之尝试》一书。《动的教学法之尝

---

① 1919—1921年，杜威来华期间，曾访问考察过奉天（今辽宁）、直隶（今河北）、山西、山东、江苏、浙江、江西、福建、广东、湖北、湖南等11个省和北京、上海两市。到奉天期间，因为留存的文字史料较少，因此不能确定到奉天期间是否作了演讲。王祝辰校长在奉天听过杜威的演讲，其信息来源于王祝辰先生的自述文章《我对实验"动的教学法"的初步检讨》。文章载于《东北师大学报（自然科学版）》1956年第3期。其中自述文字为：我当时……和亲身听到杜威等在沈阳的"讲学"。

试》一书是王祝辰先生一生教育实践的理想及经验总结，为后人，更为东师附小人留下了一笔宝贵的财富。王祝辰先生通过对国内外生理学、心理学、教育学等学科的先进理论的长期钻研，形成了广阔的国际视野。他在书中所倡导的种种教育方法与理论，并非凭空产生，也非盲从他人，而是经过了严密的论证推理而来的。东师附小从建校之初就能有这样的视野和专业水准，也就为后来成为国内一流学校奠定了良好的开端、铺就了厚实的底色。

"动的教学法"提倡保护天性。《动的教学法之尝试》一书中对儿童的天性特点进行了详细的阐述："我们知道儿童天性是活泼的、快乐的、向前进取的，他们好比春花怒放，又好比旭日东升，整天总是表现着充分的活力，所以近世的儿童学家和心理学家，都承认儿童是冲动的，或说他们具有许多无定向的'动'。这话也就是说：儿童有'动'的本能，'活泼好动'是'儿童天性'。所以我们在学校里常看到数十千百儿童，绝无一刻静止的时候。那么，我辈从事教育者，便应当顺应或利用儿童这种固有的自动力，使之动而不宜使之静；动则生机勃发，自然勇猛精进，将来能得优美之成绩，而收宏大之效果；静则凝滞性灵，增高死率；如此不但儿童个人无发展的可能，社会国家也将没有生长进化的希望。"① 从动的教学法中关于儿童天性的阐释来看，我们可以非常明显地感受到当时探索对静的教学的反对，对儿童天性的保护所作的努力。

现如今学校实施的"率性教育"，其核心思想与目的也仍然是解放儿童，让儿童的童年过得像童年而不是过度的成人化，是让儿童得到更多的自由和爱。

因此，作为率性教师，要对东师附小发展过程中所形成的"解放儿童"的传统有较好的传承。解放儿童，应该成为各代教师们共同的教育愿景，成为教师们不断努力完成的教育追求。

---

① 王祝辰. 动的教学法之尝试 [M]. 北平：北师附小，1936：5.

第五章 率性教学改革的条件与保障

作为师范大学的附属学校，东师附小从它诞生之日起，就肩负着教育研究与实验的历史使命。过去 70 余载，研究、实验已然融入这所学校的血液。学校在空间打造、氛围营造、制度管理等方面，注重人本，尊重个性，关注差异，形成民主、开放、和谐、向上的氛围，为率性教学改革提供了必备的条件和有力的保障，使其成为学校变革的行动保障。

第一节 学校愿景：营造儿童本位的成长空间

学校的理念是学校办学的灵魂，是学校发展的内在动力。一所学校的样态是学校教育理念的价值体现。学校是基于率性学校的愿景以及对"儿童是科学家""儿童是哲学家""儿童是艺术家""儿童是梦想家"多学科研判而确立的。我们认为率性的学校是有利于学生发展的场所，是尊重学生自身成长规律的空间。

1. 儿童喜欢的"慢步调自由空间"

儿童从很小的时候就愿意琢磨一些事情，有着与科学家一样的爱思考、爱钻研、爱创造的精神，喜欢并在不断的假设猜想中寻求解决问题的办法。儿童的这种智慧产生于婴儿期早期。儿童有自己的节奏，有对一件事情的执着思考，并在这样的思考和探索中，不断发展生活的智慧。率性的学校，能够让儿童慢下来集中精力去思考、去探索，有一整天、一周乃至更长时间的沉思体验。因此，率性的学校是能够让儿童有沉思空间、探索环境和自由研究时空的地方，是儿童喜欢的"慢步调自由空间"。

2. 儿童兴趣发展的"沃土"

兴趣是儿童学习最好的老师。儿童喜欢涂涂画画，用画笔通过涂鸦的方式舒畅地表达自己对世界的理解是儿童本能的愿望。儿童也喜欢游戏，他们通过游戏认识世界、理解世界，并在游戏中满足自己的需求，丰富和完善自己的能力，不断成熟和发展。因此，率性学校是充满涂鸦、童趣和游戏精神的地方，是儿童兴趣发展的"沃土"。

3. 儿童体验探究的"智慧之家"

好问与探究是儿童之天性，也是智慧之源。儿童的好问与探究是创造教育的起点。要鼓励儿童大胆地问、大胆地想，培养、激发和保护他们发现问题、提出问题、动手动脑的意识。对于儿童来说，好奇与好问是自主学习发生的起点，是持续学习、持久思考的内在动力。因此，率性学校是能保护好儿童提问与探究欲望的地方，是儿童可以体验探究的"智慧之家"。

第二节　物质保障：打造自由、安全、开放的学习场域

1. 空间开放

率性教育实施对空间环境最核心的要求就是开放，给予儿童更多的自由空间。学校拥有国内一流的现代化教育环境和教育建筑，尤其是一体化、开放化的走廊空间与普通教室，专业教室内包括移动桌椅、小组合作学习桌椅在内的便捷式学习环境布置，图书馆、各学科的专业教室、移动数字教室、养殖区、展览区域等可移动的、数字化的、多样化的教学资源环境，为率性教育实施提供了便利条件。

图 1　学校开放空间举隅

图 1　（续）

2. 时间弹性

率性教学强调学生学习的过程性，因此在学生的课时设置上我校增加了弹性课程时间，例如，各学科课程安排等依据具体课程内容设置长课时，保障学生有充分的学习时间，让其经历完整的学习过程，让学生能够进行探究、体验、操作，让学生的学习真实发生，为率性教学的实施提供时间保障。

第三节　制度保障：建立健全各种管理制度

1. 优师培养工程："赛—研—培"一体的校本研究模式

学校在管理方面，注重人本，尊重个性，关注差异，形成民主、开放、和谐、向上的氛围。学校以东师附小"率性教育"办学理念为指导，以深化率性教学"有过程"的教学研究为目标，遵循国家义务教育各学科课程标准（2011年版），引领各学科开展基于原生态的实践研究，深入推进基于核心素养的各学科课程与教学改革，深化"赛—研—培"一体的校本研究模式。学校依托名师工程梯队，以"青蓝杯""希望杯""名师汇报课"3个工程为载体，展开主题式教学研究。

目前，全校有70%的教师在"优师阶梯工程"的培养序列。优师阶梯工程分为三个部分："青蓝工程""希望之光工程""名师工程"。刚参加工作的青年教师处于教师专业发展的适应生存期，这一阶段，教师更加关注如何尽快适应教师的角色要求，因此，教龄不满5年的青年教师参加"青蓝工程"的培养。度过适应期，青年教师就进入了教师专业的发展阶段。这一阶段，教师关注的是如何扎实发展、稳步提升，如何形成独立开展研究的能力。教龄在6年到8年的青年教师，进入"希望之光工程"的培养序列，学校为他们配备了具有高级职称的教师任导师，希望通过3年的专项培养，让这些教师能掌握更多的课堂教学技巧，具备一定的独立反思、独立研究的能力。对于"青蓝工程""希望之光工程"的教师，学校在每学期初都会为进入该工程的教师配备教学师傅，每一次的研讨、公开课、教学展示活动都需要组建以教师和师傅为核心的小型研究团队。这样，"青蓝工程""希望之光工程"教学活动能够引发更多教师群体的关注、参与，进一步提高优师阶梯工程在教师群体之中的影响力。

随着教龄的增长，教师逐渐积累了一定的教育教学经验，此时他们更加关注如何在教育教学过程中形成自身的独特风格，实现自我超越。学校推选出一批教育理念先进、业务素质过硬的教师进入"名师工程"。此项工程设有"首席教师""学科带头人""学科骨干"3个层次，这些教师的教龄一般都在10年以上。进入"名师工程"的教师，具有独立开展自主研修的能力，能独立确定每学期的研修内容，并定期开展自下而上的研究活动。

在横向上，"优师阶梯工程"以教师的校本行动研究为主要方式，深入开展同学科、异学科的集体备课活动，推进TT合作，拓宽教师的研究视野；在纵向上，通过名师引领，团队协作，开展自下而上的自主研究。我校教师围绕率性教学理念的常规转化，进行有效的探索与尝试。我校以赛促培、以赛带培，增强教师从教学理念到教学行为的转化，体现了开放、民主、合作的教研氛围。

2. 学科委员工作机制：突破教学改革瓶颈问题

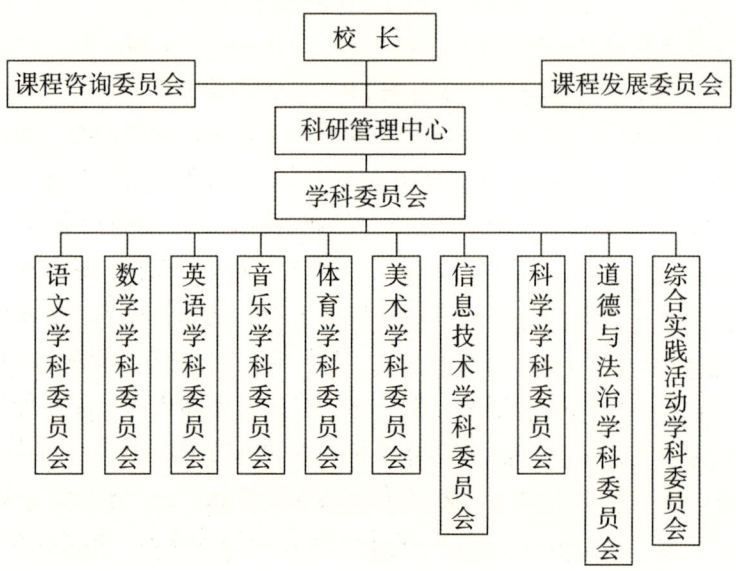

图1 学校学科委员会组织机构

学科委员会的成员聘任有着严格的规定，成员均由学校统一聘任、考核与管理，实行任期制，每个任期为3年。目前学科委员会有12个学科，成员167人，占全校教师总数的42%。学科委员会规模的扩大，更加激发了教师参与教育研究及学科发展的积极性与主动性，充分发挥了教师的主体作用。

学科委员会是承上启下的学术组织，是学校课程教学改革理念与决策转化为教师实践行为的桥梁和纽带，是研究和决定学科课程教学改革、教师队伍建设、学科建设等事项的咨询和决策机构。由科研管理中心负责学科委员会日常的领导与管理，教学管理中心、学生管理中心密切配合、协同参与；自下而上的运行机制是指学校对各个学科充分下放权力，赋予学科"自主决定、自主规划、自主研究、自主实施"的权力，学科委员会根据学校学科建设与发展的总体规划，结合学科实际，自主研究制订本学科建设与发展规划，并自主组织实施，引领学科建设与发展。具体的工作职责有四点：一是执行学校课程教学改革决策；二是开展学科课程教学研究与交流，推进学科课程教学改革；三是促进学科建设发展，打造学科特色；四是提高学科教师专业素质。在率性教育理论与实践研究方面，依托学科委员会，构建教师研究共同体，破解教育教学改革难题，推进率性教育研究的进程。

（1）量力而行，明确着力点。

根据学科特点以及课程实施现状，结合"率性教学"的内涵，确定本学科研究的切入点，深入研究，引领学科未来教学的发展方向。本轮研究集中精力破解率性教学的有效策略，故暂不进行其他校区的成果辐射。

（2）立足经验，体现继承性。

梳理本学科课程教学改革中所取得的成果及优势，以校本课程开发和个性化教学成果为基础，以"率性教学"为引领，寻求新的研究点，在继承中发展，在发展中继承。

（3）上下结合，加强指导。

学科委员会主任要对本学科各个课例（单元）研究整体把握，全面了解，及时指导；学校教科研等管理人员要积极主动参与各个课例（单元）的研讨，通过讨论、听课、培训等方式加强指导，引领方向，上下互动，营造民主、开放、合作的教研文化。

（4）相互协作，经历过程。

研究中，对于研究工具开发、数据收集与分析、资料整理、研究报告撰写等工作，各研究团队要分工明确、相互配合，经历严谨完整、循环往复的行动研究历程，逐渐完善课例（单元）。

3. 个人基金课题：项目式推动形成教师成长共同体

学校鼓励教师大胆探索，认真钻研，求实创新，不断挑战自我、发展自我和完善自我，依托个人基金项目使教师梳理教学经验、探索教学方式，不断向教育家型教师迈进。教师个人科研基金项目致力于挖掘教育教学研究的生长点，突出"微观视角、原生态证据、重在实效"的特点，运用人类学以及深度的课堂观察和访谈等研究方法开展原生态的教育研究。

（1）微观视角：

教师们研究的问题是微观视角的"真"问题。问题多数立足于对学校教学改革与实验研究在本岗位的深化与推广，有的是立足于日常教育教学的难点问题。教师根植于教育现场，开展基于"证据"的研究，关注教育过程中的"儿童"，为学校教育教学改革中现实问题的破解提供了新思路。

（2）原生态证据：

教师依据行动研究的经验，广泛借鉴教育学、人类学、心理学的研究方法，在研究过程中，教师注重通过深度课堂观察、作品分析、调查、访谈等研究方法收集原生态的证据，还原真实的教育教学现场，进而进行深度分析。

（3）重在实效：

课堂项目研究旨在改进具体的教育教学工作，反思和提炼个人的工作经验，提高个人的职业素养。参与项目研究直接提升了教师对教育教学规律的把握能力，促使教师从原有的基于经验的感性生长方式走向理性自觉的专业发展。在研究过程中，教师通过"发现问题、组建团队、确定研究方法、开展研究、总结发表研究成果"的过程，逐渐提升研究能力和水平，成为学校发展的中坚力量。

4. 研究发表会：每年一次的阶段性研究成果发表

研究发表会以东师附小为发起者和研究主体，以学科委员会为主体，依托教育研究发表会，扩大学术交流的深度及广度，每年一次，在区域、全省乃至全国进行率性教育的阶段性研究成果展示。其发表内容围绕学校研究的主题或课题，将学校、学科和教师每年的阶段性研究成果，面向校内外教育界同行，进行报告、发表、展示、观摩、交流。其核心价值在于全面提升学校的研究水平和办学品位。每年9月中旬是学校研究发表会时间，来自全国乃至世界各地的教育专家、同仁都将围绕率性教育的理论探索与实践转化彼此交流心得及意见，为我校率性教育的持续性发展提供建设性的建议。

图 2　2016—2020 年教育研究发表会

（1）学科展示：

学校各学科将围绕本年度率性教学在课堂教学中的探索情况以观摩课的方式进行展示，观摩课意图从课堂教学层面折射率性教学落实过程中如何进行学科转化，如何采用有效的教学组织形式促进学生学习，如何将教学理念转化为教学行为，围绕各学科的典型课例，引发与会专家、学者、教师的思考，发现率性教学推进过程中的问题，为率性教学的深入研究提供多元的建设性意见。

（2）专家报告：

研究发表会不仅是学校教学改革成果的阶段性发表，也是邀请国内外顶级专家、学者分享学术观点的重要平台。学校借助国内高校的优势资源，与高端学者开展深度的对话交流，为东师附小的课堂教学现状提供具有针对性的指导建议，促进率性教学研究的理论构建和实践路径研究。

每年一届的教育研究发表会，既是东师附小坚持走"科研强校"之路的历史继承与创新，也是学校对"科研强校"这一办学理念的践行，还是学校得以全面发展的动力源泉。

5. 成果转化：搭建平台制定成果奖励办法

学校关注教师的教学成果的理论转化，在行动研究中关注教师对原始资料的收集与整理，学校鼓励教师进行教学成果的梳理与总结。以公开出版物——校刊《率性教育研究》为平台，总结学校研究过程中产出的高质量成果，及时收录和发表学校率性教育研究的阶段性成果，公开出版"率性教育研究"系列丛书，系统整理率性教育研究成果。学校围绕"率性教学"的田野研究，梳理出教师田野笔记、教师工作手记等原生态研究成果。率性教育的研究成果本着在行动中研究、在研究中行动的理念，在不断的田野实践中验证理论构想，在理论的丰富与完善中积淀实践的经验。通过这些途径，为研究和实验搭建推广和交流的平台，形成小学教育原生态研究的良性环境。

图3 "率性教育研究"系列丛书

此外，学校每年设立教师研究成果资助出版及学术论文奖励基金，用于资助学校教师学术著作、各学科校本教材出版及教师发表学术论文。学校每年资助3~5本高水平学术著作或教材等高水平科研成果，并对公开发表的文章进行认定后按级别进行资助奖励。这有助于落实学校"做人师、培优师、树名师"的目标，打造研究型、专家型的教师团队，鼓励教师积极投身教育教学研究，营造浓厚的教育科研氛围，不断推进学校的教育科研工作向高层次、高水平发展。

案例篇

语 文

三年级"小蜗牛观察日记"单元案例

一、设计亮点

人民教育出版社义务教育教科书语文三年级上册第五单元的主题是"留心观察",单元的语文要素是"体会作者是怎样留心观察周围事物的",习作要求是"仔细观察,把观察所得写下来",评价要点是"观察是否细致"。

我校三年级学生当时的科学课正要开始"蜗牛"单元的学习,学生陆陆续续养起蜗牛,对这一单元的学习充满期待。同时考虑到蜗牛动作慢,不会对孩子有伤害,易于近距离、长时间观察,所以研究团队结合实际情况决定调整教材内容安排,以持续"观察蜗牛"、连续写多篇"小蜗牛观察日记"作为本单元的课外观察实践活动,进行单元教学设计。

为了进一步探索"有过程的归纳教学"对中年段习作教学究竟有何益处,我们选择"观察蜗牛"作为习作材料,此外还有两点原因:

一是,学生有同样的学习背景和兴趣。

对于观察对象的选择,其实完全可以按照教材中的要求,让学生各自选择喜欢的事物或场景进行观察和习作。但是相较于大家都来观察小蜗牛,在交流观察所得、分享交流经验的过程中,每个学生各自选择观察对象所获得的经验很难唤起其他同学的共鸣。

从11月8日开始写第1篇观察日记,到12月9日写第8篇观察日记,与小蜗牛的相处历时一月有余。因为大家都有喂养小蜗牛的经历,都积累了相当丰富的经验,在交流和分享的过程中,真实而亲切的交谈自然发生。而细致观察的能力,将观察所得记录下来的能力,就在与伙伴平等交流观察经验、互相欣赏日记的过程中慢慢获得了。

二是，有机会找到习作的规律和乐趣。

细致观察和清楚地写下观察所得，其实是有方法的，但是这些方法对于刚入三年级的学生来说，是先于经验的，要了解和运用这些方法，需要时间，需要环境，需要累积和转化的背景。

因为有长时间的观察实践，每个学生的观察日记中都有了 6~8 篇的记录，这些观察记录是片段化的、零散的，也是鲜活又极具个性的，这为学生探索如何观察、如何把观察所得清楚地记录下来，提供了前提和可能。与教师直接讲述所不同的是，"有过程的归纳教学"让学生有机会通过众多的作品分享，通过与同学的交流和切磋，归纳出细致观察和生动描写的小妙招，获得可以内化的经验。

因为对小蜗牛充满好奇，大部分学生渴望运用他们所有的感官进行观察，尽管观察经验十分有限，但是每个学生都会观察到一些细节，都可能观察到其他同学没有观察到的现象，都会获得自己独特的观察体验，这就是多彩而生动的个性。有过程的归纳教学强调"从特殊到一般"，即从个别现象出发，抽象出共性，总结出一般的结论。在交流观察所得、分享观察心得的过程中，学生会从大量的观察细节中发现共性，梳理"细致观察"的妙招，并将自己片段化的观察体验转化为有意义的观察经验。

二、内容分析

教科书中的单元内容编排如下：

表1　教学要点和课时安排（原单元）

分类	内容	课时	教学要点
课文	《搭船的鸟》	2	1. 认识10个生字，读准1个多音字，会写26个字，会写26个词语。 2. 感受作者观察的细致，体会留心观察的好处。 3. 能和同学交流自己观察到的动物、植物或场景及其变化情况。
	《金色的草地》	1~2	

续表

分类	内容	课时	教学要点
交流平台 初试身手		1	1. 能结合课文内容，进一步体会作者观察的细致，梳理总结留心观察的好处。 2. 初步了解可以调动多种感官进行观察。 3. 能尝试写一写自己的观察所得。
习作 例文	《我家的小狗》	1~2	1. 能了解作者是怎样观察的，进一步体会作者观察的细致。 2. 能继续仔细观察一种动物、植物或一处场景，把观察所得写下来。 3. 能展示观察所得，与同伴分享自己的观察感受。
	《我爱故乡的杨梅》		
习作	我们眼中的缤纷世界		
合计		5~7	

由教学要点及课时安排的设计，可以看到本单元的教学目标：以"留心观察"为主线，意在围绕年段习作目标"观察周围世界，能不拘形式地写下自己的见闻、感受和想象"，借助"精读课文""习作例文"，感受观察的细致，体会留心观察的好处，借助"交流平台"，梳理、总结、分享留心观察的好处、细致观察的方法；借助持续的课外观察实践，获得初步的观察结果，运用细致观察的方法进行观察，与同学交流和分享观察感受；借助"初试身手"和"习作"，体验并运用细致观察的方法，尝试写下自己的观察所得，将自己的观察感受形成经验。

从教材内容的纵向编排来看，本单元以"观察"为主要内容。本单元的教学建议，从"观察"时间方面，强调"可给予学生较长的时间"，可进行多次课外观察实践。从习作的要求来看，强调"初试"，"让学生初步尝试写下对一个事物或一处场景的观察所得，不做字数、质量等方面的限定"；强调习作的交际功能，"和同学交流观察所得""与同伴分享自己的观察感受"，使学生在与人交流的过程中提高习作能力；关注习作的兴趣，"乐于书面表达，增强习作的自信心"。

三、学情分析

1. 学生观察兴趣浓厚，但是观察比较粗疏

学生的第一篇观察日记是在未经老师指导、未和同学交流的情况下完成的，从第一篇观察日记中可以看到，学生对蜗牛充满了喜爱，感觉十分新奇，因为爱不释手，所以观察的时间足够长。但是观察不同于"看看"，从日记内容中可以看出，学生把看到的每个方面都写了下来，名字、外壳、触角、肉肉，怎么和蜗牛玩，等等，但都还不够细致，比如："一只叫黄欢欢，因为全身是黄色的；一只叫黑白相间，因为外壳是黑色和白色的。""美美螺的壳那么光滑、好看，黄海螺却很害羞。我看见美美螺爬到了黄海螺的身边，我想，它是要向黄海螺炫耀吗？""今天我给它换了菠菜叶，它一会儿就把菠菜叶咬了一圈。"

2. 发表、交流、归纳的学习活动促进了观察能力的发展

从买回蜗牛写下第一篇观察日记开始，学生每天在学校的课间都会无拘无束、兴致勃勃地交谈喂养蜗牛的经历、发现的新鲜事，所以从第二篇日记开始，大量地出现了"听同学说""同学们都说""我也有一个重大发现""今天我也做了一件伟大的事"等说法，比如"听同学说，蜗牛的嘴是'X'形的，等到十点钟，小蜗牛吃生菜的时候，我也看到了""同学们都说蜗牛的肉肉不是总那么软和，有的时候是硬的，干燥的时候还变黄呢，今天趁它把脖子伸出来的时候，我也轻轻摸了一下，哎呀，是青色的脖子那一块儿，摸起来很 Q 弹""我也有一个重大发现，蜗牛的黏液干了以后，轻轻一搓，像橡皮渣""今天我也做了一件伟大的事，给蜗牛吃黄瓜心，它吃得还挺香的，咽下去的时候，一节一节绿色的东西从它透明的脖子里经过"。

第一次发表会之后，学生的每一篇日记几乎都聚焦一个方面来写，最多是两个方面，也是相互关联密切的内容。一半以上的学生都为每篇日记命了题目，即使没有题目，也会在第一句话或某一句话中做一个主要内容的交代，比如"蜗牛的外壳""蜗牛的肉肉""蜗牛的大餐""蜗牛串门""粉色的便便""叠罗汉""给蜗牛洗澡"等等。

四、教学目标

表 2

单元教学目标：
1. 结合两篇课文和两篇习作例文的内容，发现作者细致观察的妙招，梳理总结留心观察的好处。
2. 持续观察蜗牛，通过观察日记，写下观察所得。
3. 通过交流和对话，获得细致观察以及将观察所得记录下来的妙招，累积细致观察以及记录观察所得经验。

课时教学目标：
第 1~4 课时：
1. 学习《搭船的鸟》《金色的草地》，认识 10 个生字，读准 1 个多音字，会写 26 个字，会写 26 个词语。
2. 感受作者观察的细致，体会留心观察的好处。
第 5 课时：
学习习作例文《我家的小狗》《我爱故乡的杨梅》，结合"交流平台"，进行第一次集体交流；通过两篇课文和两篇习作例文的内容，发现作者细致观察的妙招，梳理总结留心观察的好处；了解可以调动多种感官进行观察。
第 6 课时：
结合在课后时间完成的 4 篇"小蜗牛观察日记"，进行第一次发表和交流。交流"细致观察蜗牛、记录观察所得"的小妙招。
第 7 课时：
结合在课后时间完成的第 5 篇至第 7 篇"小蜗牛观察日记"，进行第二次发表和交流。再次交流"细致观察蜗牛、记录观察所得"的小妙招。

课后时间完成	第三次习作 小蜗牛观察日记 （第 8 篇）	运用发表会上学习到的"细致观察蜗牛、记录观察所得"的小妙招，完成第 8 篇"小蜗牛观察日记"。

五、单元教学设计

重点呈现体现"有过程的归纳教学"的第 5 课时、第 6 课时、第 7 课时。

表 3

课时	学习内容	学习目标	学习活动	学习资源
第 5 课时	习作例文《我家的小狗》《我爱故乡的杨梅》	了解作者是怎样观察的,体会作者观察的细致。	1. 再一次默读两篇课文和两篇习作例文,围绕学习任务"探寻作者细致观察的妙招",通过精读、跳读、浏览等阅读方式,经历分析、概括、归纳等思维活动,呈现自己的发现。 2. 在学习卡片上填写自己的发现,并记录哪篇课文的作者使用了这些妙招。 3. 发表"我的发现",并举例说明哪篇课文的作者用到了这个妙招。 4. 认真倾听别人的发现以及举例进行的说明,通过倾听,丰富自己的想法,或反思、重构自己的想法。 5. 和同学一起汇总"我们共同发现的妙招"。	教材 学习卡片
	第一次集体交流(交流平台)	1. 能结合两篇课文和两篇习作例文的内容,发现作者细致观察的妙招,梳理总结留心观察的好处。 2. 了解可以调动多种感官进行观察。		
第 6 课时	"小蜗牛观察日记"第一次发表会(在"第一次集体交流"后进行)	结合在课后时间完成的 4 篇"小蜗牛观察日记"进行发表和交流。交流"细致观察蜗牛、记录观察所得"的小妙招。	1. 发表"我的观察日记",分享"我的小妙招"。 2. 认真倾听同学发表的日记内容和"细致观察的小妙招",回味自己"细致观察"的妙招。 3. 听完同学的发表后,补充他没有发现的"小妙招",用概括的语言表述出来,并把和这一妙招对应的日记片段读给同学听。 4. 回味自己的作品是否也用到了这些"细致观察的妙招"。在老师的引导下进行学习的回味和反思。	观察日记 学习卡片

续表

课时	学习内容	学习目标	学习活动	学习资源
第7课时	"小蜗牛观察日记"第二次发表会：聚焦同一类描写，鉴赏"清楚表达"的妙招	结合在课后时间完成的第5篇至第7篇"小蜗牛观察日记"进行发表和交流。再次交流"细致观察蜗牛、记录观察所得"的小妙招。	1. 一类一类浏览作品片段。 2. "默读"一类描写的每一个片段，通过观察、比较、分析、概括和归纳的思维活动，将比较之后发现的清楚表达的方法用自己的语言进行概念化。 3. 倾听老师的总结，边听边回味"清楚地表达"的技巧。 4. 准备运用学习到的方法完成新的日记内容。	作品墙 记录卡片
课后时间完成	第三次习作 小蜗牛观察日记（第8篇）	运用发表会上学习到的"细致观察蜗牛、记录观察所得"的小妙招，完成第8篇"小蜗牛观察日记"。	完成第8篇"小蜗牛观察日记"。	观察日记

六、率性教学的展开过程

1. 第一次归纳：阅读例文，探寻作者"细致观察"的妙招

对于三年级的学生来说，从内容各异的四篇例文和有关片段中，指出最主要、最本质的细致观察的方法是很难的，而且他们没有能力察觉本单元的例文是具备一类特征的不同特例。研究团队受到"有过程的归纳教学"思想的启发，在这一单元的阅读教学部分安排了第一次"归纳"，力求实现"以读带写"。

教材中原来的安排是，先学习《搭船的鸟》《金色的草地》两篇课文，之后安排了一次"交流平台"，以期结合两篇课文内容，引导学生进一步体会作者观察的细致，梳理总结留心观察的好处。其中也隐含着"归纳"的思想。

"交流平台"之后安排了"初试身手"，让学生自由观察生活中的动物、植物或场景及其变化情况，用几句话写下来。目的是，运用从两篇课文中获得

的方法，记录观察所得。

"初试身手"后，再安排两篇习作例文，期望学生通过例文的启发，完成习作"我们眼中的缤纷世界"。尽管没有安排明确的"归纳"学习活动，但是在例文后安排了思考题，通过填表格等形式梳理与细致观察有关的方法和内容，以进一步体会作者观察的细致。其中仍然隐含着"归纳"的思想。

调整后，在学习《搭船的鸟》《金色的草地》两篇课文之后，继续阅读两篇习作例文，在连续阅读四篇例文的基础上，安排了一次"交流平台"，让学生通过交流，共同梳理作者细致观察的妙招，总结留心观察的好处。这样调整更利于学生从一类例文中、从更多的"个别"中发现规律，同时也让学生为归纳出来的妙招找到更多的例证。

"归纳性学习发生在探究的过程中"，连续阅读了四篇例文后，我们安排了两次学习活动：一是个别学习，让学生通过填写学习卡片，梳理自己的发现。二是集体学习，让学生在个别学习的基础上，通过对话交流，形成"我们的发现"。

在个别学习过程中，学生要有自己的发现，需要围绕学习任务，经历默读、跳读、浏览等阅读方式，以及观察、分析、抽象等思维活动，每个学生都或多或少地发现了一些规律，并努力用自己的表达方式加以抽象处理，使之概念化。

生1：看到什么，就写什么，要真实。举例来说，《搭船的鸟》里，就写了雨点、船篷、船夫、翠鸟，这是作者看到的，看到了什么，就写了什么。

生2：观察要有耐心，不能看一眼就行了。比如《搭船的鸟》，要不是耐心观察，作者就不会把翠鸟的羽毛、翅膀、长嘴都是什么样的写下来。

生3：观察要有耐心，还要细心，《金色的草地》的作者正是因为很有耐心、很细心，才发现早晨的草地是绿色的，中午的时候是金色的，傍晚的时候草地又变绿了。也是因为细心，作者才发现蒲公英的花瓣是合拢的，花朵张开时，花瓣是金色的，草地也是金色的。

生4：要长时间地观察，才能看到更多。比如翠鸟是怎样捕鱼的，作者就写了翠鸟一连串的动作。

生5：观察的时候不仅要看，还要去摸摸、闻闻，有的可以尝一尝。作者就是这样观察杨梅的。

生6：得喜欢它，才能观察得细致。《我家的小狗》的作者喜欢"王子"，才愿意看它，愿意和它玩，才能观察到更多。

生7：不光要观察，还要猜想它这是要干什么、这是怎么回事，这样写起来才更好玩，别人也愿意看。《搭船的鸟》《我家的小狗》里，作者都猜想它们要做什么。

个别学习后，每个学生都有了自己的发现，接下来集体学习的意义在于：通过相互聆听"我的发现"，串联并转化为"我们的发现"；通过咀嚼每一篇文章的妙招，发现一类文章共同具有的妙招。

2. 第二次归纳：回顾前四篇日记，整理自己"细致观察"的妙招

是不是从例文中发现了细致观察的方法、准确表达的技巧，就马上能够运用呢？显然不是。从阅读别人的文章转换到自己要观察、要记录的时候，那种类比是要重新经营的。对于三年级的小学生来说，如果不经老师引导，他们甚至觉得"探寻别人的妙招"和"自己观察并记录观察所得"，是毫无联系的两件事。

学习《金色的草地》后，我们便开始让学生每天观察小蜗牛，并通过观察日记记录下自己的观察所得，可以一日一记，如果当天对蜗牛的观察没有新的发现，可以等有了新发现再记。因为是"初试身手"，这个观察过程和记录过程是自由的，老师并没有提任何要求。

观察蜗牛、写观察日记都在课后时间完成，伴随着这个过程，学生还在做一件事，就是每天课间交流喂养蜗牛、观察蜗牛的各种新鲜事，自由翻阅彼此的观察日记。语言的复杂程度和思维的复杂程度是相关的，从学生交流的内容中，我们发现，他们观察细节的兴趣和能力在不断发展。当第4篇观察日记完成的时候，我们组织了第一次"小蜗牛观察日记发表会"，利用发表会，让学生交流、分享日记内容，归纳整理自己"细致观察"的妙招。

（1）第一阶段：发表"我的观察日记"，分享"我的小妙招"。

师：同学们已经写了4篇小蜗牛观察日记了，你们把小蜗牛写得太有趣了！如果不读你们的日记，老师真的不知道，蜗牛有那么多秘密，有那么多可爱的

地方。

师：你们都是怎么观察到的呢？怎么才能写得那么有意思呢？现在就来说说你们的小高招、小妙招，行吗？

生1：我有6个自己的小妙招。第一个，就是你得细致观察，你得观察它长什么样啊，壳、触角、肉、眼睛，都长什么样啊，这些在我的第一篇日记和第二篇日记里就写着呢。除了观察它长什么样，还要观察它让你惊讶的地方，比如，它的黏液呀，它的便便呀，这个在我的第三篇和第四篇日记中都写到了。还有它喜欢吃什么，它是怎么爬行的。这些都要细致观察。

我的第二个妙招是查资料。因为蜗牛是怎么吃东西的，我看到了，可是我一直看不到它的牙齿，我就想，它的牙齿长什么样呢？我查了资料才知道，蜗牛的牙齿和我猜的一点儿都不一样，所以我在日记里写了它的齿舌。蜗牛的腹足也是我查资料知道的。

师：观察的时候遇到自己不明白的事情，那就查一查资料，这样会知道得更多，因为知道是怎么回事了，所以观察的时候就有了更大的兴趣，比如知道了蜗牛的牙齿很特殊，是齿舌，所以你看它吃菜叶的时候，就会想，它在用齿舌磨菜叶、碾菜叶呢，多有意思啊！还有谁也是这样一边观察一边查阅资料呢？

……

师：除了查资料，刚才还说到要观察自己感到惊讶的地方，这招可是我第一次听说的，有谁在观察蜗牛的时候发现了让自己惊讶的地方？我们互相看日记的时候，可要好好读读呀。

生1：我的第三个妙招是一边观察，一边猜想小蜗牛的感受。比如第一篇："我对周围环境非常敏感，昨天小主人带我回家的时候，外面好冷啊！我把身体和头一股脑地缩进壳里，一动不动。过了一会儿，感觉渐渐暖和起来，我迫不及待地伸出两只触角认识我的新家，小主人给我洗了淋浴，我小小的触角闻到了菜叶大餐的味道，不过，我可没什么胃口，我要美美地睡上一觉。"——这就是小蜗牛刚到我家，喂它菜叶，它不敢吃，我想它想要睡上一觉。这就是我猜的小蜗牛心里怎么想的。

师：这就是猜想啊。

生1：这也是我的小妙招，就是得把蜗牛当成朋友或者家人，总想着保护它，担心它，好好照顾它，所以我能猜到它在想什么，它一举一动都想要干什么。然后呢，用第一人称把它写下来，就像小蜗牛来到班级和大家说一样。

师：谁也用到了这一招？

生2：我的也是。大家听我读第4篇：我给小蜗牛洗完澡，它把触角从壳里伸了出来，慢慢悠悠的，一直伸，一直伸，像伸了一个长长的懒腰，真享受啊！

师：享受的样子是小蜗牛告诉你的，还是你感觉到的，你想到的？

生2：哦，是我想到了它的感觉。看到小蜗牛的样子，我自己想象的。

生2：我的小妙招是在观察小蜗牛动作的时候，仔细观察半个小时以上，因为蜗牛是行动缓慢的动物，所以要细心、耐心地观察。我都是把它放在学习桌上，方便我看得更细致。

生2：把它的动作捕捉到，一个接一个的动作，把这几个动作连在一起写下来。还有吃的东西和吃东西的动作要放在一起写。因为它身子在动，靠近食物；触角在动，好像用鼻子辨认；吃的时候，嘴在动，一抿一抿的。蜗牛也用了很多感官辨认黄瓜，它好像很挑剔，一般的食物满足不了它。

（2）第二阶段：聆听"你的日记"，补充"你的小妙招"。

学生写观察日记的时候，凭借的是对蜗牛的新奇感和兴趣，观察和记录的过程是无意识的，看到什么就记录什么，想到什么就写什么，并未有意识地迁移和运用从例文中归纳的观察方法和写作方法。在向同学发表日记内容的时候，有很多方法，学生自己都没有意识到那是"妙招"，是"高招"。因为必须向别人描述他们所观察到的，所以合作的环境可以提高学生的语言能力、分析能力、抽象与概括能力。

师：同学们听得真认真啊，那你们觉得在他的日记中，还有哪些"妙招""高招"，是他自己都没有发现的？

生3：我觉得他还写出了蜗牛的变化，你看"我发现要是不给它们洗澡，它们就不把头和腹足伸出来，在壳里面一动不动。冲澡后它就会把触角和腹足伸出来，慢慢蠕动"。冲澡前一个样，冲澡后一个样，这要不是仔细观察，看一眼就走了，哪里还能写出这样的变化呀！

师：好，现在都回忆一下自己的4篇日记，哪一篇里也写到变化了？

生4：我写了，写触角的变化了。

生5：我也写了，写肉肉颜色的变化了。

生6：我写它吃生菜叶的样子和吃苹果条时候的样子不一样了。

师：是啊，不细心、不花时间观察，哪里能看出这么多变化啊。这是"妙招"，更是"高招"啊！在下一篇日记里，一定有很多同学愿意尝试写蜗牛某一方面的变化！

生7：我觉得他不仅写了看到的，还写了摸蜗牛肉肉的感觉，还有蜗牛在他手指上爬的时候，他自己是什么感觉。我想再读一下："在非常放松的情况下，它会把身体和触角拉得特别长，爬的时候，先把身体挪一下，再把壳往前挪，我碰它的脑袋，它就迅速缩回去。"这是看到的。

生8：接下来就写了摸到的，比如"渐渐熟了以后，它就不怕我了。有一次我把手放在它旁边，它居然探头探脑地爬到我手上，小肉肉有点儿凉凉的，它先用嘴吸住我手指，再一点儿一点儿咬，我觉得像挠我，痒痒的"。这写到了蜗牛肉肉摸上去的感觉，还有小蜗牛爬他手、咬他手时他的感觉。

师：真是太有意思了！要写得这么有意思，咱们得怎么做呀？

生9：不仅要看，还可以摸摸它。

生10：还要闻，闻它的身体，闻它的便便。

生11：听听它吃食物时发出的声音。

生12：还要和它玩，给它洗澡，换菜叶。

师：谁的日记里写到小蜗牛吃东西的声音了？

生13：我写到了，如"它们晚上吃东西的时候还会发出咔哧咔哧的声音"。

师：是啊，看看、听听、摸摸、闻闻，这样才能观察到别人不知道的细节，发现蜗牛更多的秘密！

在归纳自己的"妙招"的过程中，每个学生都展现了自己特有的探索方式，都会或多或少地发现一些规律，虽然在成人眼中都不是什么重大发现，但是对于每个学生来说都是新的。重要的是，经历了过程，学生是自觉自愿地、在有内在动力的情况下,通过自己的探索,发现了某些规律。"每个孩子发现的事实对他自己都有十分重要的意义——对他继续学习的进程的推进,对他的自信感的建立,以及从知识不容易忘却的角度来说都是重要的。"这也是在习作教学中尝试"归纳"的意义。

3. 第三次归纳:聚焦同一类描写,鉴赏"清楚表达"的妙招

本次习作的另一个重点是在细致观察的基础上,记录观察所得。如何清楚地写下观察所得?"有过程的归纳教学"的思想给了我们很多启发。当每个学生都已经完成7篇观察日记的时候,我们组织了第二次"小蜗牛观察日记发表会",这次发表会的内容是让学生从所有的日记中摘录同一类描写进行发表,在发表的过程中咀嚼一类描写的不同片段,在观察和比较中分辨"清楚地表达与大致模糊地表达""粗疏地表达与细致地表达"的不同,以此相互借鉴"清楚表达的妙招"。

以对蜗牛的"便便"的描写为例。

作品1:我发现小非拉的便便是绿色的,很像芥末。它拉完的便便粘在了玻璃上。

作品2:它的便便很奇怪,总是粘在盒子上,它是怎么做到的呢?原来它先把便便拉到自己身上,再用腹足上的黏液,把便便粘到盒子壁上,之后就跑掉了。

作品3:我发现蜗牛的家里有几条长长的青虫子,这是怎么回事呢?原来是小蜗牛的便便。这些便便既不像小兔子的像黑枸杞一样的便便,也不像小鸡的像黄泥巴一样的便便。这些"青虫"是从蜗牛壳下面的小洞洞里排出来的,而且味道还怪怪的。嘻嘻!真是羞死人了!

作品4:它的便便是绿色的,上面还有一些黑点点。便便的样子像绿色的弯弯曲曲的蛇。我看见的时候,它的便便是贴在笼子上的,看上去黏黏的。

作品5:它们喜欢吃菜叶,拉出的是黑色的便便,很柔软,像橡皮屑。

作品6:我还观察到了它排便,它从吸盘的后面排泄。它的便便是绿色的一长条,像肠子一样弯弯曲曲的。

作品7:它的便便很奇怪,颜色随着它吃的东西不同而变化。它吃黄瓜时,

拉绿便便，便便是细长的，不会断，用牙签一挑就出来了，真像一根香肠啊！

作品8：小蜗牛的便便是长条形的，像一条小蚯蚓，吃不同的食物会拉不同的便便。上次它吃西红柿，拉出了红色的便便，吓了我一大跳，我还以为它生病了呢！

作品9：今天小蜗牛拉了一泡屎。呸呸……真的特别恶心，你看了一定恶心得想吐。蜗牛拉屎的过程你知道吗？不知道的话，你就听我讲讲吧！蜗牛拉屎时把自己固定好，由于它是爬行动物，不能像人一样站立起来，所以它的屎就粘在身上。屎沾上了黏液，就留在了它爬过的地方。蜗牛的屎也有花样，时而是黑色，时而是绿色。

……

在这个学习过程中，学生专心"默读"一类描写的每一个片段，从中发现了"清楚表达"的技巧，可以写"便便的颜色""便便什么形状""便便像什么，比喻一下""是软的还是硬的""吃的东西和便便的颜色有什么关系""从哪儿拉出来的，不知道的话就一直观察""为什么黏乎乎的，黏液怎么会在上面"，还可以"用上叹词、语气词，表示你的疑问和惊奇""把自己的担心、恶心也写出来""猜猜小蜗牛拉出便便以后的心情，如感到害羞、不好意思，和我们人一样"。在经历了观察、分析、概括和归纳的思维活动以后，学生将比较之后发现的这些方法用自己的语言加以概念化。

之后，学生借鉴其中的方法，继续完成第8篇观察日记。这其实是"个性表达—共性梳理—个性表达"的过程，以描写蜗牛的便便为例，这个过程可以是"我这样写小蜗牛的便便—我们都写了小蜗牛的便便—我们写的小蜗牛的便便都不同"。

执 笔 人：艾庆华
研究团队：艾庆华、于晶、王议洽、张岩、曹阳、吕鹏宇、任燕、付春虹、俞欣言

三年级"古诗中的儿童"单元案例

一、设计亮点

"古诗中的儿童"这一教学单元通过学习 7 首带有儿童意象的古诗,进行有过程的归纳教学,将原本零散的、庞杂的教学内容,以"儿童"这一意象为核心重新构建,体现一种建构的思想。

1. 赏析诗中儿童玩乐之趣,关注学生审美的提升与创作

本单元在设计与实施的过程中始终关注学生语文核心素养的提升,特别是对于"审美的鉴赏与创作"这一取径的关注。学生们从相似的内容中提炼出"儿童"意象,通过对"儿童"的行为分析与鉴赏,体会"儿童玩乐"时所蕴含的"趣"。从"儿童之拙"到"儿童之趣",认识转变的背后是学生审美鉴赏能力的提升。在随后的诗歌创作中,学生们通过创作以自身趣事为素材的诗歌,聚焦"态"的描写,运用鲜活的细节塑造形象,营造清新的意境和灵动的画面,用简洁传神的语言塑造形象,实现一种有审美的创作。

2. 逐步探究诗中"儿童"意象,关注学生高阶认知能力的提升

本单元在设计与实施的过程中,关注学生思维和认知的持续发展,以链条状结构建构课程内容,带领学生进行一种纵向的深度学习。学生以理解 7 首古诗词的大意为基础,逐步探究作者的写作目的,感悟意象背后丰富的象征意义与情感寄托。学生在对"儿童"意象的不断探究过程中,实现"知识习得与巩固的知晓层面—知识意义理解层面—运用创作层面"的完整闭环。通过一个单元的学习,学生的"分析、评价、创造"等高阶认知能力均得到显著的提升。

正是由于教师在设计与实践的过程中始终着眼于学生思维的发展与核心素养的提升,本单元的课程才有了更为清晰的理论框架与实践依据,学生对学习内容的分析与选择才有了更多、更深入的思考。

二、内容分析

儿童形象在古今中外的文学作品中常被视为至真至纯的美好意象代表,甚至被看成崇高的精神追求。由于儿童欣欣向荣的生命,很容易得到自发的欣赏,因此古诗词中的儿童形象也被视作具有直接传递美好感受的意象的功能。

学生学习的语文教材中的古诗篇目中常出现儿童的意象,多表现为对儿童的外貌、心理、语言的描写,突出儿童的好奇心、对成人的依恋心理、游戏天性、喜欢模仿等特征。

对学习者而言,其学习态度与学习感受都是其学力发展的重要背景。而对于一名9岁左右的儿童而言,其内在的学习态度与学习感受的作用更为突出。如何能够促成学生与文本、与自己的对话是教师教学中的重要命题。本单元聚焦"玩童"形象正是顺应学生天性的选择,学生天性好玩,很容易与文本中的儿童形象形成共鸣,这是促进学生深入学习的理想切入点。但在常规教学中,学生在面对文学作品中的玩乐儿童时常常表现出一种拟态成人的审视,体现出一种利益至上的俗世之味。因此关注古诗词中的"玩童"形象既是对文本意象的一种深入发掘,也有助于学生已有审美情趣的提升。因此,我们最终筛选出7首古诗词为本单元的学习材料,如表1所示:

表1

| 清平乐·村居
[宋] 辛弃疾
茅檐低小,
溪上青青草。
醉里吴音相媚好,
白发谁家翁媪?
大儿锄豆溪东,
中儿正织鸡笼。
最喜小儿无赖,
溪头卧剥莲蓬。 | 小儿垂钓
[唐] 胡令能
蓬头稚子学垂纶,
侧坐莓苔草映身。
路人借问遥招手,
怕得鱼惊不应人。 | 所见
[清] 袁枚
牧童骑黄牛,
歌声振林樾。
意欲捕鸣蝉,
忽然闭口立。 | 宿新市徐公店
[宋] 杨万里
篱落疏疏一径深,
树头新绿未成阴。
儿童急走追黄蝶,
飞入菜花无处寻。 |

续表

| 幼女词
[唐] 施肩吾
幼女才六岁，
未知巧与拙。
向夜在堂前，
学人拜新月。 | 池上
[唐] 白居易
小娃撑小艇，
偷采白莲回。
不解藏踪迹，
浮萍一道开。 | 古朗月行
[唐] 李白
小时不识月，
呼作白玉盘。
又疑瑶台镜，
飞在青云端。 | |

三、学情分析

在开始本单元的教学之前，研究者运用访谈法，就学习古诗词的兴趣及已有学习基础两个维度对 44 位同学进行了调查。调查结果如下：

（1）大多数同学喜欢学习古诗词，访谈班级中有 33 位同学表示喜欢古诗词，8 名同学表示对学习古诗词的喜欢程度为"一般"。

（2）从古诗的内容来看，同学们大多喜欢写景的古诗词。访谈班级中 59% 的同学表示喜欢写景的古诗词，41% 的同学喜欢记事的古诗词。

（3）同学们已掌握了一些学习古诗词的方法，大多指向的是对古诗词大意的学习，在被访谈的 44 名同学中，有 28 名同学谈到经常使用注释法，12 名同学则会借助插图理解诗词意思。

从上述的调查结果中可以看出，同学们对于古诗词已具备一定的学习基础且对古诗词继续学习很感兴趣，继续追问，我们发现大多数学生是因为古诗词的文辞之美与其可被运用到作文中提升分数的实用价值。作者选材和立意的角度常常被学生忽略，但是古诗词的魅力却恰在其通过语言文字所传递的意境之美，因此在进行本单元的设计与教学时，除了带领学生进行知识积累外，还应引导学生发现古诗词创作时的立意以及意象中所蕴含的深思与情感。

从学习经验来看，大部分同学已经积累了一定的学习古诗词大意的方法，大多数同学都比较熟悉注释法，因此在进行教学时，在古诗词文本中，对于从教材外引入的古诗词内容也应配有重要实词的注释，以便提升学生的学习效率，为后续对古诗词意象的分析提供更多的学习时间。

四、教学目标

（1）感悟诗词中儿童玩乐意象之趣。
（2）掌握诗词中意象的创作方法并尝试创作一首带有儿童玩乐意象的古诗词。

五、单元（课例）教学设计

基于上述教学目标，结合教师的教学实际与各班不同的学力水平，将本单元划分为3个板块（建议5~6课时），并形成相应的教学设计，如表2所示：

表2

课时	学习目标	学习内容	学习活动	学习资源
第1课时	精学《清平乐·村居》，习得借助注释及插图学习古诗的方法。	一、回忆导入 复习《乡村四月》，引出本课描写乡村劳动、生活的词——《清平乐·村居》。 二、了解词的知识及作者 三、读准字音 四、整体感知词 人常说"诗中有画，画中有诗"，想象这首词中的画面。 五、赏词析句，落实方法 PPT出示学习任务：默读课文，想一想，在这幅由文字组成的画卷中，你能看到哪些景、哪些人、哪些画面呢？ 学习提示：除了文字，你还可以借助插图想想看。运用你的想象，可以丰富你看到的画面。 六、梳理画面 PPT出示：这词人来到这村居前，首先看到的是＿＿＿＿，用词中的话说是＿＿＿＿；接着词人走近一听，听到的是＿＿＿＿，定睛一看，啊，＿＿＿＿，他环顾四周看到＿＿＿＿。 七、根据画面总结体会 八、为词选择合适的曲子，配乐读词	学生背《乡村四月》。对比诗、词的题目，学习词题目构成、长短句。 明确字音：剥（bō），蓬（péng）。 发挥想象，自由描述头脑中浮现的画面。在整体感知的基础上从人、景、画面三个维度将词进行细化，根据注释和插图深入理解字、词、句的含义，从而实现对本词的精学。根据老师的引导，再次感受词中自然清新的画面，并根据画面进行词的背诵。配乐感受词的意境，理解词人的有感而发。	PPT

续表

课时	学习目标	学习内容	学习活动	学习资源
第2课时	1. 运用所学方法学习六首古诗大意，归纳学习古诗大意的多种方法。 2. 初步归纳所示古诗的特点，聚焦儿童意象。	一、回顾上节课所学习的方法 回顾方法，明确学习内容。 二、运用注释法和图像法学习新诗 PPT出示学习任务： 个人学习任务（建议10分钟） 1. 自由朗读六首古诗，圈画出自己不理解的内容。 2. 借助书下注释及插图，解决自己的问题。 小组学习任务（建议10分钟） 1. 组内依次交流组员未解决问题。 2. 组内合作解决组内同学的问题。 3. 将小组有异议及未能解决的问题梳理到磁力白板上。 三、明确归纳的类 找出六首诗的共同点。明确归纳的类，揭示本次大单元的研究内容。	明确这节课的主要目的——应用注释和插图理解古诗。 个人学习：运用注释和插图理解古诗，疏通古诗大意，将不理解的字、词、句圈画出来。 小组学习：交流解决个人学习没有解决的问题，梳理有异议及未解决的问题。 由个人学习到小组交流，熟练应用注释和插图理解这几首带有儿童形象的古诗。 发现这几首诗中都有儿童出现。	PPT、六首古诗学习卡片

续表

课时	学习目标	学习内容	学习活动	学习资源
第3、4课时	1. 阅读七首古诗词，感知诗词中的儿童形象，归纳玩乐中的儿童意象。 2. 运用还原法，出示作者背景材料，归纳作者的写作意图。 3. 对七首诗词二次分类。前三首：体会选材所带来的"趣"。后四首：体会"炼字"所带来的"趣"。	一、总体感知儿童形象 自由读七首诗词，学生进行头脑风暴，谈这些诗词中的儿童给自己留下了怎样的印象，为什么会有这样的印象。 二、聚焦"玩"，圈画归纳材料，进行浅层归纳 在学习卡片上圈画描述儿童在玩的诗词句，思考作者为什么会写到"在玩的儿童"。 三、出示材料推进思考 出示作者小资料，出示学习任务1：默读《幼女词》《池上》《小儿垂钓》三首古诗中描写儿童玩乐的句子。思考这三首诗中的玩乐的儿童有什么相似之处，批注在学习卡片的相应诗句处。 在其他诗词中寻找"趣"，出示学习任务2（建议6分钟）：默读其他诗词中描写儿童玩乐的句子。圈画出让你感觉到有"趣"的字、词、句，并在旁边批注出理由。 四、出示儿童画，知识迁移与运用 出示画家笔下的正在游戏的儿童 五、结束语 你们在玩中创造，也在玩中传递了快乐，因此无数文人墨客无不羡慕你们的美好童年。	熟悉本课课文，整体感知儿童形象，发现这些儿童都在玩。 圈画、思考并畅所欲言：这些作者为什么不约而同地都写到儿童的玩？——喜欢玩，是儿童的天性。 预设：有的孩子发现儿童"笨""天真"，进而发现"趣"。 批注其他诗词中的"趣"，前三首都是以"拙"写趣，而这几首诗词的妙趣无限体现在一个又一个的小小的动作的修饰上。感悟诗人炼字。 欣赏画家笔下正在游戏的儿童，珍惜童年时光的玩乐，意识到自己所在年龄段的美好。	PPT、七首古诗词学习卡片

续表

课时	学习目标	学习内容	学习活动	学习资源
第5课时	1. 集体创作：寻找"童年拙事"，形成创作素材，转换为古诗，创作后在教师指导下"炼字"，习得创作方法。 2. 独自创作：对照经典进行仿写创作。	一、发现自己的感觉。关注的是"拙"的情节 学生分享古诗词中没有的娱乐项目，具体说当时是怎么玩的。 全班围绕该素材写诗词，全班分享后，教师有针对性地进行指导。 学习任务：试着将同学的经历变成一首诗或词，写在学习卡片上。 二、关注炼字的训练 结合自己或他人的生活经历，在学习卡片上试着创作一首诗或词。 三、结束语 中国是诗词的国度，无数蕴藏于诗词中的文化还等待着各位去发掘，就让我们继续努力握紧诗词这把智慧秘钥，去探寻那些穿越千古的璀璨文化。	回忆、分享自己玩的经历。 个人创作：选择一个孩子的经历，将他的经历写成诗或词。 小组交流：推选小组最喜欢的作品。每个人根据自己的或他人的经历再创作诗词。引发创作动机和对诗词文化的无限热爱。	PPT、古诗词创作学习卡片

六、率性教学的展开过程

（一）顺学而导，引发多维对话

本单元在教学时始终遵循学生身心发展规律与认知能力发展规律。根据马尔扎诺从"学习维度"对学习进行的分层看，第一维度是学习的态度与感受。其中学习态度牵涉到来自教师与伙伴的接纳感受。作为整个单元学习的背景，学习态度与学习感受始终影响着学生们的后续学习。同时，由于课程内容的挑战性与开放性，学生自然会在学习中出现失误与偏差，如果教师只考虑课堂的时效性问题而对学生进行简单直白的否定，将使后续不断深入的教学难以维系。因此营造平等、和谐的课堂氛围成为单元教学不能忽略的题中之义。而放任学生的错误也会使学生头脑中的认知出现偏差，因此在具体的教学中应顺应学生发展规律，通过生生间观点的碰撞与教师恰切的介入逐渐修正学生思考的偏差，

具体的课堂实录如下:

师:通过前几课时的学习,我们了解了七首古诗词的大意,也发现了这些诗词的共同特点,还记得是什么吗?

生:都写到了儿童。【黑板中间位置板书:儿童】

师:下面就请同学们自由读一读这七首诗词(《清平乐·村居》《幼女词》《池上》《小儿垂钓》《宿新市徐公店》《所见》《古朗月行》),谈一谈这些诗词中的儿童给你留下了怎样的印象。

生1:我觉得这几首诗词里的小孩都是有理想的。【板书:有理想】《清平乐·村居》里的小儿是"无赖"的;《幼女词》里的小孩在"拜新月";《小儿垂钓》里的小孩在钓鱼;《宿新市徐公店》里的小孩在"追黄蝶";《古朗月行》中小时候的李白就特别喜欢月亮。

师:(慢慢地说)所以你认为诗词中的这些儿童都是有理想的。

(众生疑惑、蹙眉说:"有点儿不恰当。")

师:为什么这么说?

生2:我感觉这些都属于他们的一个爱好。【板书:爱好】《池上》中的孩子迟早要被抓到;《幼女词》中的孩子也有一个时间的问题,只有在夜晚能拜。

师:看来对于"理想"这个词,我们还要进一步理解。你有理想吗?你的理想是什么?

生3:当医生。

生4:当兵。

……

师:听了同学们的发言,再来想想用"有理想"形容这些孩子是否合适。

生5:他们说的都是孩子的行为,而不是理想。【擦掉"有理想/爱好"的板书】

师:现在看这些孩子的行为和爱好,再想想他们给你留下了什么样的印象。

生1:我感觉他们有点儿幼稚!因为他们都像三四岁小孩那样,做的事也比较幼稚。【板书:幼稚】

(二)逐级归纳"儿童"意象,为学生提供学习的"脚手架"

在本次的单元教学中,通过循序渐进的教学,为学生搭建学习的"脚手架"，最终达成学习目标。因此本单元的归纳学习过程呈现出的是一种逐级上升的特点：学生发现儿童意象—发现"玩童"意象—归纳"拙事"中的"趣"—迁移学习收获。

本单元第一板块末尾及第二板块中，通过归纳"古诗词中的相似处"这一任务的驱动，使学生对文本进行浅层的检索，归纳出"诗词中都有儿童"与"诗词中的儿童都在玩"，明确了本单元的研究领域。但想要再深入归纳出"玩童"形象的趣味却需要学生从本就抽象的文字中进一步抽象出其象征的意义，这样的过程对于处于具体运算阶段的儿童来说是很难的，很难维系后续的学习。因此在设计中我们首先调整问题的切入角度，顺应学生好问的天性，将这一教学难题转化为对作者写作意图的分析，最终破解了这一问题，以下是这部分教学的教学实录。

师：老师在备课的时候一直有一个问题，那就是作者为什么要写这些在玩的儿童呢？

生：孩子天生爱玩。

师：懂了，作者这是尊重事实。那为什么作者要选择写在玩的儿童，而不是在做其他事情的儿童呢？

生：作者只看到了爱玩的儿童。

（显然学生已经无法进行更深入的分析，但此时学生还没有对这一问题产生共鸣）

师：为了研究这一问题，老师查找了几位作者的资料，同学们读读看有什么发现。（出示作者成就和世人评价）

生：这些作者都是很了不起的诗（词）人。

师：现在再想想我们的问题，诗（词）人为什么会写玩乐中的儿童呢？

生：（陷入沉思，有些疑惑）……

生：只看到了爱玩的儿童。

（教师：出示学习指南。引导学生读《幼女词》《池上》《古朗月行》，再看相似之处）

生：他们都做了"拙事"，不懂什么是巧与拙。

师：这么看，作者是想讽刺儿童吗？

生：不是的，这样的孩子才最有趣。

师：【板书："拙"与"趣"】（出示：施肩吾《效古词》）读一读，你又有什么发现？

生：作者就喜欢这样的玩游戏的儿童，因为他们有趣。

生：就像《清平乐·村居》一样。

师：原来这些"玩童"也有自己的魅力。

正是对玩童形象的层层归纳，为学生搭建了学习的梯子，最终实现了学生对意象的进一步抽象。

(三) 立足于学科品性的归纳与验证

《标准》中明确指出："语文课程是一门学习语言文字运用的综合性、实践性课程。"[①] 因此，本单元的学习聚焦学生对于语言文字的推敲、运用，当学生归纳出文人之趣后，通过设计验证归纳结果的任务，帮助学生进一步对语言文字进行学习，具体教学实录如下：

师：经过刚刚的学习，我们发现了"玩童"之趣，那其他古诗词似乎没有写到儿童的"拙事"，如何体现这种趣呢？请看学习任务。

教师出示学习任务（建议6分钟）：

(1) 默读其他诗词中描写儿童玩乐的句子。

(2) 圈画出让你感觉到有"趣"的字、词、句，并在旁边批注出理由。

给出学习提示：可以从以下角度批注。

我仿佛看到了……因此我认为这里写得有"趣"。

我仿佛听到了……

这让我联想到了……

生：从《清平乐·村居》中的"卧"字中，我看出了趣，我想到儿童可能躺着也可能趴着，还可能翘着腿剥。

生：从《宿新市徐公店》中的"急"字中，我看出了趣，我仿佛看到了小

[①] 中华人民共和国教育部. 义务教育语文课程标准（2011年版）[M]. 北京：北京师范大学出版社，2012.

孩急急忙忙追赶，着急的表情。

……

在这一教学过程中学生通过对已归纳的"玩童之趣"进行验证，完成了从选材到"炼字"的过渡，这不仅为日后学习古诗词提供了学习途径，也为第三板块的学习提供了思考角度。

本单元以诗词意象为切入点，带领学生进行同类对比、层层归纳，深入挖掘作者创作的内在逻辑，关注知识形成过程的逻辑性。带领学生不断探索，发现作者选材及文字背后的秘密，既符合"新课标"中倡导的探究式学习，也有利于提升学生对语言文字的鉴别能力。从选材及炼字两个维度为学生提供解读古诗词的思考途径，为学生日后学习古诗词提供帮助。对选材及文字筛选的过程也有助于学生写作能力的提升。

学生在经历本单元的学习与古诗词创作后，不再将古诗词视为神龛中圣物。这更有利于学生在阅读和想象中获得别样的感受，让学生在日后面对不同文本类型及经典作品时不再"望而却步"，更有利于学生通过阅读获得审美体验，促进学生个性发展。

执 笔 人：孙勍、刘欢

研究团队：赵艳辉、脱中菲、周晶、孙勍、刘欢、李岩、刘佳、于晶、王晓雯、邢国红、郭敏、阮程、赵子敬

六年级"走进小说"单元案例

一、设计亮点

(一) 构建折线图,形象揭示小说三要素的相互关系

"走进小说"是统编版教材第十一册的文体单元,语文要素是"理解情节和环境对塑造人物的作用",教材的表述点明了小说的三要素:人物、情节与环境。为了引导学生深入体会这三者的相互关系,师生共同构建了小说折线图,折线图以情节发展为横轴,以读者心情为纵轴,形象地表现出小说情节的跌宕起伏,主人公的形象在一波未平一波又起的情节中不断叠加逐步丰满,而在每一次的情节推进中,都会出现环境描写,它的推波助澜,使主人公的形象更加鲜活生动,呼之欲出。

(二) 对比阅读,发现小说背后的创作规律

在东师附小近两年"有过程的归纳教学"理念的引领下,教师构建了"N+X"阅读单元模式,"N"是指教材中的课文,"X"是指补充材料,这次大单元开发仍然采用了这种模式,目的是使学生在对比阅读中,发现并归纳出小说创作的基本规律。

在教学《桥》时,教师引入了四年级学过的课文《哈尔威船长》(长春版语文教材),学生阅读后就发现它们虽然是不同国家不同作者创作的小说,但是故事的内核完全一致,它们的故事情节都是:突遇险情—英雄出现—发生意外—果断指挥—安全脱险—英雄逝世。人物形象都是:忠于职守、舍己为人、沉着镇定、指挥有方。这就是英雄小说的基本创作模式。

在教学《穷人》时,教师引入了小说《盼》。学生阅读后发现,这两篇小说都是通过大量的心理活动描写,体现了普通人的善良,情节在主人公的思想波动中前进。学生还发现《盼》与本单元三篇小说的很多不同:一是《盼》是以

第一人称叙述的小说，而本单元三篇小说都是以第三人称叙述的；二是《盼》中的"我"既有善良的一面，又有爱虚荣的一面，是一个有优点有缺点的人物。教师相机指出，这种性格复杂的人物，在小说中被称为"圆形人物"。而像哈尔威船长、老汉这样从出场到结束性格单一的人物，在小说中被称为"扁平人物"，他们都有着独特价值。恰到好处的点拨提升了课堂教学的质量，凸显出文体单元的教学特色。

在教学《在柏林》时，教师引入了电影《金刚川》片段，它们都讲述战争故事，但是视角不同，《在柏林》通过后方的情况反映战争的残酷，《金刚川》则围绕着金刚川上的木桥，从架桥的工兵、过桥的士兵、炸桥的美军飞行员、守桥的高炮连战士四个不同视角向观众展示了这场残酷的战斗。学生感受到，即使是同一个故事，从不同角度来叙述，也会有不同的效果。这为接下来的单元归纳与习作进行了铺垫。

（三）运用密码，创编小说，打开读写通道

本单元教学，充分体现了"有根源""有过程""有个性"的率性教学思想。学生经历了完整的阅读过程，在阅读中思考、在阅读中比较、在阅读中发现、在阅读中归纳，发现了小说创作的基本规律。接着，学生运用规律改写本单元的三篇小说，小试牛刀后从教材给出的三组话题中选择一个创编小说，最后独立创编小说。在由易到难、层层递进的学习过程中，学生将自己对生活的观察、理解、感悟、想象融入到字里行间，创作出各具特色、异彩纷呈的小说作品，展现出独特的个性风采。

二、内容分析

小说的历史悠久，表现力强，与诗歌、散文、戏剧并称"四大文学体裁"。统编版教材在高年级编排了"中国古典名著单元""小说单元"和"外国名著单元"，旨在让学生了解阅读小说的方法，"小说单元"的价值是引导学生理解情节推进和环境描写对塑造人物形象的作用。

通过本单元学习，学生能初步发现小说创作的基本规律，如：小说情节分为开端、发展、高潮、结局，叙述人称有第一人称、第二人称、第三人称，小说中的人物可以分为圆形人物与扁平人物，等等。教师不讲专业理论，只是在学生的阅读、发现中稍加点拨，为学生打下烙印，为学生的后续学习进行铺垫。

教研团队在准确定位教学目标后，精心采编了以下学习材料：

（一）文本教材的使用

本单元的三篇课文为《桥》《穷人》《在柏林》，几篇课文都是短篇小说的经典之作。《桥》叙述了在山洪突发的紧急时刻，老汉指挥村民有序逃生，自己和儿子牺牲的故事。大雨倾盆，洪水肆虐，这既是故事发生的原因，又不断营造出紧急的情势，凸显出老支书的可贵品质。《穷人》出自俄国文学家托尔斯泰之手，自然环境的描写表现出穷人的艰辛，家庭环境的描写反映出穷人的勤劳，收养孤儿的义举彰显出穷人美好的心灵。微型小说《在柏林》则通过社会环境描写，通过老兵的三个儿子战死，老兵的妻子发疯，老兵也要奔赴战场的悲剧，以点带面，表现出战争对人民的戕害。三篇课文虽然短小，但是人物特点鲜明，环境渲染自然，情节曲折起伏，悬念丛生，冲突不断，结尾往往出人意料，充分体现了"小说大多是虚构的，却又有生活的影子"这一单元导语，是供学生破译小说密码的优质素材。

（二）对比"文本"的引入

为了更好地引导学生发现小说创作规律，教师在教学《桥》时引入了《哈尔威船长》，在教学《在柏林》时引入了电影《金刚川》片段，在教学《穷人》时引入了《盼》。《盼》是铁凝早期的一篇小说，统编版第十一册节选了其中的一部分，编入了习作单元，教研团队则将它的全文印发给学生作为阅读材料，整篇小说讲述了妈妈给"我"买了一件新雨衣，"我"想穿到学校去炫耀，特别是要把赵小芸的雨衣比下去。在接连的晴天后，终于下雨了，"我"非常开心，在穿着新雨衣去学校的路上遇到了收发室的张伯伯，张伯伯正带着孙女去车站，两人没有打伞，"我"经过激烈的思想斗争，最后将新雨衣给了张伯伯，"我"回家取了旧雨伞去上学。这篇小说与《穷人》一样，体现了主人公思想的摇摆，这种摇摆正是小说情节发展的动力。

三、学情分析

（一）学生有较充分的小说阅读经验

在课内阅读层面，学生已经学习过《哈尔威船长》《草船借箭》《景阳冈》等脍炙人口的小说，初步具有通过语言、动作、心理来理解人物形象的能力，为进一步探究人物、情节、环境的关系打下了良好基础。在课外阅读层面，学生喜欢阅读的《西游记》《哈利波特》等都属于小说，可以说学生的阅读经验比较丰富。

（二）学生有较丰富的单元学习经验

该年级学生从三年级开始进行大单元学习，迄今为止，已经完成了 5 次完整的学习，分别是"中国民间故事""中国寓言故事""中华传统文化中的马""中外寓言故事比较研究""学写说明文"，在学习中，学生的语文素养和思维水平同步提升，具备了研究小说的能力。

关注儿童已有的经验，教师可以搭建层层递进的脚手架，帮助学生探寻小说背后的机关，破译小说创作的密码，再引导学生利用分析所得进行小说创作，进行读写结合，实现不同起点学生都在单元学习中得到提高的目标。

四、教学目标

（1）整体把握小说的主要情节，初步认识小说情节设置的规律特点。

（2）紧扣情节中人物的语言、动作、心理描写，感受人物形象，了解人物类型。

（3）留意环境描写，体会其多重作用。

（4）初步感知小说中人物、情节、环境的相互关系。

（5）能够展开想象改写故事或创编故事，把故事情节写完整，通过环境或心理描写体现人物形象。

五、单元教学设计

表1

课时	学习目标	学习内容	学习活动	学习资源
第1~2课时	学习生字、词语，正确朗读课文。厘清三篇课文的主要情节。	《桥》《穷人》《在柏林》	学生谈论对小说的认识，教师介绍小说的发展历程。 朗读三篇课文，学习生字生词。 概括三篇课文的主要内容，厘清主要情节。	《桥》《穷人》《在柏林》
第3~4课时	1. 紧扣人物的语言、动作、心理描写，体会老汉的人物形象。 2. 留意环境描写，体会环境描写的作用。 3. 通过《桥》《哈尔威船长》的对比阅读，进一步体会人物、环境、情节的交互作用，知道小说是对现实生活的反映。	《桥》	1. 画出描写老汉动作、语言、神态的句子，体会老汉的形象，填写表格。 2. 总结归纳情节与人物的关系，感知情节对塑造人物的作用。 3. 找到环境描写的句子，体会其作用：引发故事、渲染气氛、引导人物出场、凸显人物特点。 4. 绘制折线图（即"小说要素图"），发现情节的"动态平衡"，总结小说中人物、情节、环境的关系。 5. 体会小说《桥》的高妙之处，重点品析小说结尾的精彩。 6. 比较《桥》《哈尔威船长》的相同之处，发现英雄小说的创作规律。	《桥》《哈尔威船长》

续表

课时	学习目标	学习内容	学习活动	学习资源
第5~6课时	1. 结合具体语句体会桑娜和渔夫的人物形象。 2. 体会环境描写的作用。归纳环境描写的类型。 3. 对比阅读《穷人》和《盼》，发现叙述人称的种类、人物类型的不同。	《穷人》	1. 借助《桥》的折线图，简要回顾小说中人物、情节和环境的关系。 2. 结合具体语句，体会桑娜和渔夫的形象。 3. 找出环境描写的语句，归纳其类型及作用。 类型：自然环境、社会环境。 作用：渲染气氛；展现人物性格；预示人物命运。 4. 对比阅读小说《穷人》《盼》，通过寻找它们的相同与不同之处，发现小说创作的规律。 （1）特殊天气在小说中的重要作用。 （2）人物内心摇摆是情节发展的推动力。 （3）小说的叙述人称：第一人称、第三人称。 （4）小说人物的类型：扁平人物、圆形人物。	《穷人》《盼》
第7课时	1. 关注小说的情节和环境，体会人物形象。 2. 通过比较，体会社会环境描写的作用。 3. 引入电影《金刚川》片段，体会小说叙述角度的多样性。	《在柏林》	1. 借助《桥》和《穷人》的折线图，学生回顾学习收获。 2. 运用前两课的学习方法，自主学习《在柏林》，绘制本课折线图。 3. 学生交流分享学习成果。 4. 对比前两篇文章的环境描写，发现本课新出现的环境类型——社会环境，并体会其作用。 5. 学生观看《金刚川》片段，归纳总结出小说的叙述角度多样的特点。	小说《在柏林》、电影《金刚川》片段

续表

课时	学习目标	学习内容	学习活动	学习资源
第8课时	1. 总结单元学习收获。 2. 归纳小说阅读的方法。 3. 初步探究小说创作的技巧。	《桥》《穷人》《在柏林》	1. 回顾小说知识，归纳阅读方法。 2. 讨论小说与叙事文的区别，明确小说特点。 3. 初步探讨并梳理小说创作的基本技巧。	《桥》《穷人》《在柏林》的学习收获卡
第9课时	1. 了解改写小说的方法。 2. 完成小说片段的改写练习。	学习改写小说的方法，并改写《穷人》片段	1. 结合上节课板书，重温本单元三篇小说中的主要人物形象。 2. 教师引导学生讨论：在不改变小说主题的前提下，还可以从哪些角度讲述故事？ 3. 以《穷人》为例，指导学生学习在改变讲述故事角度的前提下，如何确定故事的叙事主线。 4. 学生改写《穷人》的开头。 5. 交流赏析。	《穷人》
第10课时	探索小说的创作方法，并创编一篇小说。	单元习作：笔尖流出的故事	1. 回顾本单元三篇小说的共同点。 2. 教师指导学生结合教材中给出的三组材料，讨论确定故事的主人公。 3. 小组选择一组材料，合作想象故事的情节。 4. 引导学生讨论具体刻画人物形象的方法。 5. 出示习作任务，任选其一完成： （1）选择本单元任意一篇小说，尝试从不同的角度进行改写。 （2）在教材给出的三组材料中选择一组，创编故事。 （3）自己创设一组人物、情节和环境，创编故事。	单元习作：笔尖流出的故事
第11课时	创编或改写一篇小说。	学生自由创作	学生任选一项或几项习作任务，自由创作。	

续表

课时	学习目标	学习内容	学习活动	学习资源
第12课时	1. 交流评价学生创作的小说。 2. 在赏评基础上，修改完善自己的作品。	阅读班级小说集，进行交流赏析	1. 回顾单元学习历程。 2. 师生共同归纳小说评价标准： （1）人物、情节、环境的联系是否紧密； （2）主题是否鲜明； （3）题目、开头、结尾是否新颖。 3. 赏析、评价作品。 （1）阅读班级小说集，结合小说赏析卡，在小组内交流自己喜欢的小说。 （2）师生围绕印象深刻的人物形象、精彩的故事情节、恰当的环境描写等方面，交流同学们创作的小说。 4. 总结单元学习收获。	班级小说集

六、率性教学的展开过程

（一）以《桥》为例，感受情节和环境对塑造人物的作用

为使学生感受情节和环境对塑造人物的作用，教师设计了表格，学生借助表格，发现人物形象是随着情节的发展逐步丰满起来的，而突发的危险的环境，更能衬托出老汉的忠于职守、从容镇定。

师：（一边总结一边绘制折线图）同学们，结合表格不难看出，小说的故事情节存在着多次矛盾冲突，人物是矛盾冲突的关键点。洪水来袭，村民慌乱，这是第一次矛盾冲突，情节出现了不平衡；老汉出现，组织村民有序过桥，冲突消失，达到平衡；小伙子不守规则，被老汉揪出，发生争执，又产生冲突，由平衡转向不平衡；小伙子排到最后，冲突解决，又归于平衡；当村民过桥后，小伙子和老汉相互推让，被洪水卷走，又出现冲突，平衡转向不平衡；最后揭示二人的关系，冲突消失，又平衡了。在洪水突袭的危险情境中，在跌宕起伏的情节变化中，老汉的形象全景式地呈现在读者眼前，这种英雄形象，不是贴

标签式的简单呈现，而是逐渐丰满立体起来的，让我们看到老汉在对人民群众的大爱中，也深藏着一个父亲对儿子的舐犊之情。

此环节依托折线图，引导学生从对文本内容的感知走向对文本特征的探寻，体会人物、情节、环境之间的关系，实现单元目标。

表2

情节发展	老汉	老汉给你留下的印象	心情变化	环境描写
山洪暴发、村民慌乱、老汉出现				
老汉指挥、排队过桥				
揪出小伙子				
推让过桥、双双遇难				

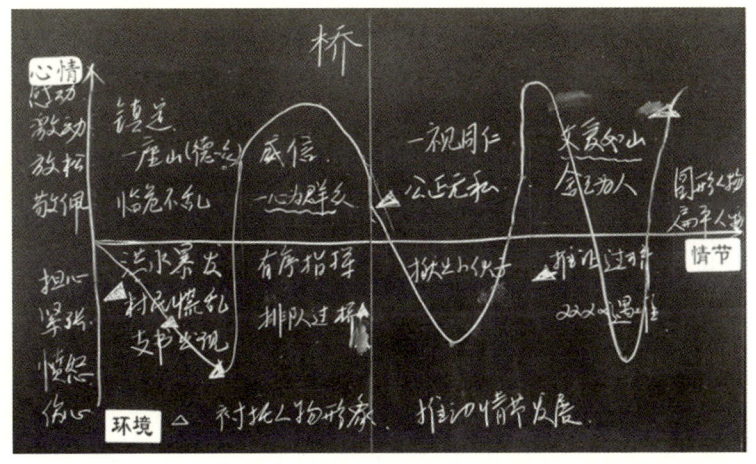

图1

接着,学生对比阅读《桥》《哈尔威船长》,发现两篇小说惊人相似:有相同的人物形象、情节设置、矛盾冲突、环境描写。这就是英雄小说的内核,在归纳中,学生破译了此类小说的创作密码。

(二)以《穷人》为例,发现环境描写的类型、小说人物的类型、叙述人称的不同及其作用

1. 运用《桥》的学习方法,验证情节与环境描写对人物形象的作用

与《桥》的学习方法相同,学生先阅读《穷人》,填写表格,进行交流。教师梳理学生的学习成果,绘制《穷人》的折线图,再次验证情节与环境对人物形象的塑造作用。学生还发现《穷人》中除了有对自然环境的描写,还有对家庭环境的描写,丰富了认知。

表3

情节	(描写)桑娜	(描写)渔夫	留下印象	我的心情变化	环境描写
桑娜等夫 (盼夫归来)					
抱回遗孤 (抱回孩子)					
渔夫归来 (丈夫归来)					
达成一致 (决定收养)					

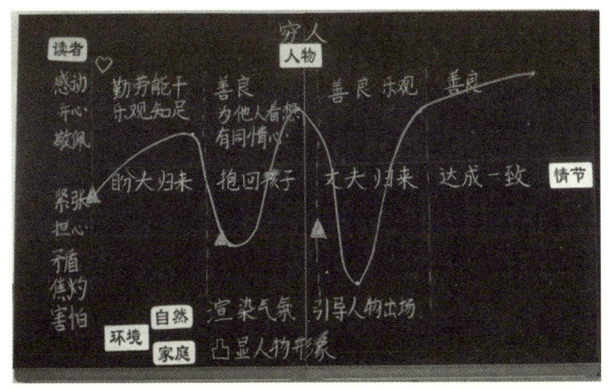

图 2

2. 对比阅读小说《穷人》《盼》，发现小说人物的类型和叙述人称的不同

学生阅读小说《穷人》和《盼》，发现两篇小说的异同。

师：这两篇小说有哪些相同和不同呢？哪个小组先来说说你们的发现？

小组1：我们发现，两篇小说的主人公都很善良，桑娜收养了两个孤儿，"我"把雨衣让给了张伯伯祖孙俩。

师：说得很好，除了善良，两个主人公的性格还有什么特点？

生1：桑娜除了善良，还非常勤劳。《盼》中的"我"除了善良，还有点儿虚荣、自私，"我"想把赵小芸的雨衣比下去，还不想把新雨衣借给张伯伯，当然经过一番思想斗争，"我"还是把雨衣借给了张伯伯。

师：同学们很善于发现！小说中的人物有的性格复杂、多样，有的性格简单、单一。因此，英国20世纪的杰出小说家福斯特把小说中的人物分为"圆形人物"和"扁平人物"。大家猜猜哪种是"扁平人物"，哪种是"圆形人物"呢？为什么？

生2：我认为性格单一的是"扁平人物"，比如桑娜；性格多样的是"圆形人物"，比如"我"。

师：非常好！在以前读过的小说中，你们还读到过哪些扁平人物和圆形人物？

生3：葛朗台是个扁平人物，他是个非常贪财、吝啬的人。

师：这个例子举得好，葛朗台已经成为了吝啬鬼的代名词。

生4：《三国演义》中的诸葛亮是个扁平人物，他总是那样神机妙算。

生5：曹操是个圆形人物，他既爱惜人才，又狡诈多疑。

师：同学们说得非常棒！福斯特认为，"圆形人物"的艺术性要强于"扁平人物"，因为真实生活中的人本身就是复杂的、矛盾的。在那些优秀的文学作品里，更能打动我们的往往就是那些具有复杂精神内涵的人物。当然，"扁平人物"也并非没有价值，他会让读者读完之后，获得一种鲜明的爱憎。

通过对比阅读，学生除了发现小说人物可以分为扁平人物和圆形人物外，还发现了小说创作的很多规律，比如英雄人物和普通人物的表现各异、人物内心摇摆是情节发展的推动力、特殊天气在小说中具有重要作用、小说的叙述人称有第一人称和第三人称等，极大提高了学习品质。

（三）以《在柏林》为例，归纳社会环境描写的作用，发现小说叙述角度的多样性

在前两篇小说的学习基础上，学生自主绘制《在柏林》的折线图，发现这篇小说的环境描写与前两课截然不同。教师顺学而导，引导学生发现社会环境描写的作用。

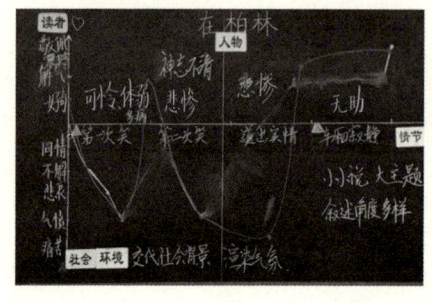

图3　　　　　　　　图4

师：同学们，老师把这三课的环境描写整理到一起了，大家比较一下，你有什么发现？

生1：我发现《桥》这篇小说只描写了自然环境，《穷人》这篇小说既写了自然环境，也写了家庭环境，《在柏林》写的是当时社会环境。

师：非常好，大家再想想，社会环境描写与其他两种环境描写作用有什么不同呢？

生2：《桥》中的自然环境描写和《穷人》中的家庭环境描写都是为了突出主人公的性格特点。而《在柏林》中"一列火车缓慢地驶出柏林，车厢里尽是妇女和孩子，几乎看不到一个健壮的男子"的环境描写显然没有这个作用，它是为了告诉读者当时的战争很残酷，健壮的男子都去当兵了。

生3：结尾处的环境描写凸显了一个"静"，这不是单纯指环境安静，还指车厢里的每个人都想到了战争中自己的悲剧与苦难，其实也是暗示战争的残酷。

师：你们分析得真好，社会环境描写的作用就是直接交代或间接暗示当时的时代背景。

为了使学生理解小说叙述角度的多样性，教师引入了电影《金刚川》片段，通过对比，学生很快明白了，即使是同一个故事，也可以从不同的角度来叙述，这就为后续的改写小说埋下了伏笔。

(四) 归纳小说三要素之间的互动关系，初步探讨小说的创作技巧

在本单元阅读板块结束后，教师引导学生归纳总结小说三要素之间的关系，形成关系图。

师：同学们，经过小说单元前几个课时的学习，你对小说有了哪些新认识呢？

生1：小说的情节是跌宕起伏的，小说中的环境描写可以分为自然环境描写、家庭环境描写和社会环境描写。

生2：小说的情节可以反映人物形象，同时人物的性格也推动了情节的发展。

生3：小说的环境描写可以烘托人物形象，人物形象还可以改造和影响环境。

生4：环境是情节发展的依据，情节的不断推进又对环境产生了影响。

生5：小说是对现实生活的反映，它是作者在真人真事的基础上虚构的。

师：正如单元导语所说，"小说大多是虚构的，却又有生活的影子"。通过学习，大家了解了小说三要素及它们相互之间的关系，这对我们今后阅读、欣赏甚至创作小说都大有益处。

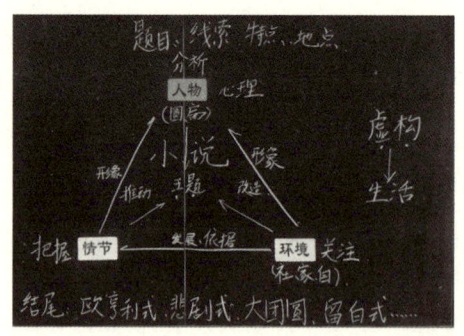

图 5

这个环节是对整个阅读板块的大归纳，学生对小说这种文体的特点及小说三要素之间的关系有了较为清晰的认知。同时，这个环节也为学生今后更好地进行小说阅读提供了方法。

接下来，教师以"你觉得课本中的这几篇小说的成功之处或者说吸引你的地方是什么？"为问题，引导学生品析小说的题目、开头、结尾，使学生了解了小说的很多创作技巧。这些技巧将会为学生接下来的小说创作提供帮助。

（五）从"改写"到"创编"，单元习作拾阶而上

本单元的习作内容是教材中的"笔尖流出的故事"，从单元开发的整体性、目的性考虑，增加了一个选项：选择本单元的一篇小说，进行改写。这有助于学生拾阶而上，体现表达训练的层次和梯度。

1. 改写小说

改写，是本次单元案例开发中读写结合的"点"。在改写的过程中，学生既可以更深入地理解小说的要素，又可以发挥想象，体验创作的快乐。在小说的改写教学中，教师先请学生畅谈还可以从哪些角度来叙述故事，接着以《穷人》为例，带领学生理清故事主线。学生当堂以渔夫的角度来写《穷人》的开头，通过交流，学生初步感受了小说创作的方法，体会到小说创作的乐趣。

2. 创编小说

本单元的习作内容"笔尖流出的故事"，要求学生选择教材中给出的材料，展开想象，创编故事。首先学生结合材料确定故事的主人公，然后每个小组从中选择一组材料，想象故事情节，用文字或者图的方式写在大纸板上，张贴于

黑板。同学们互相观看后进行集体交流，教师相机点拨。

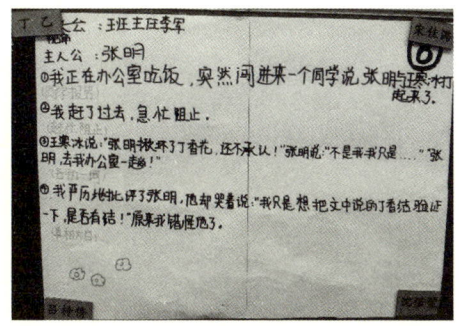

图6

师：你觉得哪组的情节最吸引人？

生1：我最喜欢第八组的故事，他们的情节主线很清晰，同学报告—赶去阻止—各执一词—真相大白，这个情节很吸引人。

生2：我也喜欢这个故事，尤其是他们能把学过的课文《丁香结》的内容巧妙地融入故事里，让原本调皮捣蛋的人物形象立刻发生了反转，使读者恍然大悟。这个情节想象得太好了！

师：那老师来采访一下第八组的同学，你们对于这个情节设计的初衷是什么？

生3：我们最初讨论的情节是"张明不守纪律，王寒冰管他。但张明不听，两个人吵起来了，班主任去教育，最后他们和好了"，但感觉太平淡了，生活中这样的事太多了，没什么新意。后来我就想到咱们刚学过的《丁香结》，如果设定张明是因为想研究"丁香是不是有结"而去摘花的话，那就变得很有意思了。

师：你们这个设计非常巧妙，做到了学以致用。这就照应了"小说来源于生活，又高于生活"的特点，虽然故事是虚构的，但它却提示着生活的真实。

师：老师还有一个疑问。对于材料中给出的"开满丁香花的校园"这个环境，你们在故事中想怎么体现？

生4：我们打算在两个地方加入环境描写，一处是王寒冰和张明发生矛盾的现场，另外一处是结尾"校园里的丁香花开得更艳了，那香气沁入到每个人的心里"。这样设计是为了暗示故事美好的结局。

教师在指导时,始终围绕着"人物、情节、环境"展开,使学生关注小说的三要素,将它们融为一体,共同构成精彩的故事。

(六)制作班级小说集,习作共赏,分享单元学习收获

教师将学生创作的小说作品打印装订成册,每个同学一本。学生利用课余时间阅读,选出自己喜欢的作品进行批注。在课堂上,师生构建评价标准,然后学生针对自己感兴趣的作品进行全班交流。学生推荐后,教师推荐了同题异构的两篇小说,学生感受到小说世界的绚丽多彩。最后,学生畅谈本单元学习所得,教师鼓励同学们阅读并创作出更多更好的小说。

执 笔 人: 丁嫄嫄、宋军校、田佳鑫、季芳、史国峰、吴影、钱璐璐、辛艳

团队成员: 王廷波、王语、王俊杰、丁嫄嫄、宋军校、田佳鑫、季芳、史国辉、吴影、钱璐璐、辛艳、喻瞳、吴维维、王丽萍、龚纤、任云童、王凤侠

数　学

三年级"混合运算"单元案例

一、设计亮点

（一）有过程的归纳教学设计可以加深学生对运算顺序的理解

运算能力是小学生数学素养的重要组成部分，以往学生的学习往往侧重计算练习，忽略了对运算顺序本身的理解，而对混合运算顺序合理性的理解恰恰是这个单元的难点。史宁中教授《基本概念与运算法则》一书中详细地介绍了为什么混合运算要先乘除后加减。史宁中教授指出"混合运算顺序法则是在对一定数量现实问题的分析和理解的基础上，抽象和归纳出的共性规律。"

因此，本单元的学习内容是培养归纳推理能力的典型知识载体，教学设计的明线是逐步归纳运算法则的过程，暗线就是学生经历归纳推理的过程，教师在教学中要有意识地进行归纳推理的教学设计：每次在学习解决不同类型的问题后，都要进行运算顺序"小归纳"；随着"小括号"的学习，再进行混合运算顺序的"大归纳"。几次归纳的过程，不仅有利于实现本单元教学目标的实现，还可以很好地发展学生的学科素养和创新能力。

（二）创设丰富的情境帮助学生抽象、归纳运算顺序

教学中教师提供真实、丰富的问题情境，让学生以解决问题为主线索，先在一个问题情境中对混合运算的顺序进行初步的猜想，然后解决多个类似问题并根据算式寻找生活中的例子，根据自己的生活经验编故事，通过列算式解决问题，最后教师引导学生观察和思考这类混合运算的顺序，从而使学生意识到，归纳混合运算顺序是解决问题的需要，是十分必要的。

学生在积累解决问题经验的过程中，感受到在每一个特例中，对于运算顺序的规定都是源于解决问题的需要，都是合理的。当然，混合运算顺序这一规则的制定也是数学内部发展的需要，教师可以根据本班学生的实际情况，利用运算的意义说明混合运算顺序的合理性。

二、内容分析

四则混合运算是小学阶段培养学生运算能力的重要课程内容，是解决生活中现实问题的基础，是提高数学综合能力的前提。运算能力发展的重要内容是由法则到算理的思考，所以我们期望引发学生"为什么这样算"的思考，引导学生在理解四则运算意义的基础上，理解四则混合运算顺序的合理性，使运算从操作的层面提升到思维的层面。小学阶段的四则混合运算一般不超过三步，而三步计算是对两步计算法则的简单拓展，因此两步四则混合运算的学习是小学阶段培养运算能力的关键。

我们对比了人教版和北师大版两个版本，发现教材都强调在丰富的现实情境中学习，对"小括号"的编写差异较大：人教版教材在一年级下册加减混合运算中引入了小括号，然后将其拓展到四则混合运算中；北师大版教材在三年级上册两级混合运算中引入小括号，然后将其拓展到了四则混合运算中。北师大版教材三年级上册"混合运算"单元需要同时学习两级混合运算顺序和小括号的认识两项内容，是对运算顺序的学习最为集中的一个单元，其核心目标直接指向学生数学学科素养——运算能力的培养。教师开发适宜学生的学习任务，引领学生经历运算顺序归纳的过程，显得非常必要。

三、学情分析

本单元混合运算法则的学习分为两部分，即无括号的两级混合运算和有括号的两级混合运算。为了准确把握学生对此知识的接受程度，我们对我校二年级的两个班级共76名学生进行了三次前测，要求学生计算若干道两步混合运算的计算题。统计结果如表1：

表1

题目	正确	错误	
		顺序	计算
①3+4×5	19	46	11
②4×5-6	73	0	3
③6÷2+1	65	0	11
④10-4÷2	8	59	9
⑤（3+4）×6	66	0	10
⑥36÷（4+5）	52	12	12

从统计数据可以看出：尽管二年级学生此前没有学过有括号的两步混合运算，他们却对括号产生了明显的视觉效应，自发地将括号内的算式优先计算；而对于无括号的两步混合运算，他们在计算时往往依据之前学习的连加、连减、加减混合运算的经验，从左到右依次计算。这使得在完成测试题目①和④时，分别有60.5%和77.6%的被测试学生由于运算顺序错误而计算出错误结果。

接下来我们开始分析问题情境对学生理解运算顺序的辅助作用。我们为第一次测试题目配了数学故事，制作了第二次测试卷（图1），并用其对被测试（一）班进行测试。具体题目为："1个饼干5元，1杯果汁3元，笑笑买了4个饼干和1杯果汁，应付多少钱？"经统计，有13份测试卷计算正确，20份出现了运算顺序错误所导致的错误，这个数据相比第一次测试略有提高，但不是特别明显。测试教师觉得被试学生阅读能力较弱，阻碍了他们对测试卷的理解，部分学生不明白算式是从这个故事得来的，二者是一个整体。

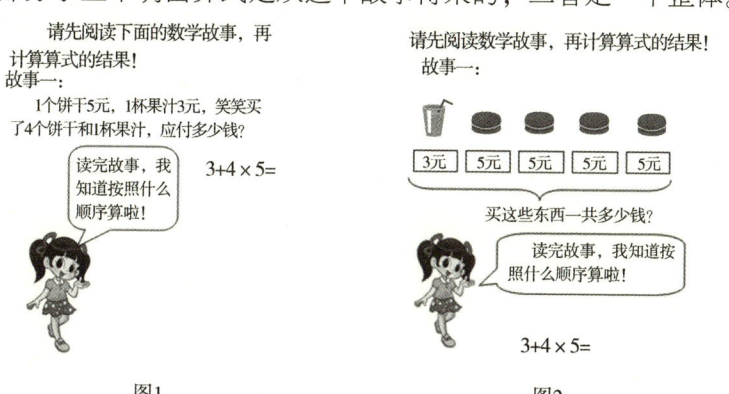

图1　　　　　图2

为了方便学生理解情境，从而真实地分析情境对运算顺序的支撑作用，我们又将数学故事以图的形式呈现出来（图2），进行了第三次测试。

经统计，38份测试卷中有23人正确，正确率明显提高。通过对一次测试结果错误但此次测试结果正确的学生进行访谈，我们发现图片对学力水平不同的学生都有明显的作用，但其作用原理不同。学力水平较低的学生，他们往往是将图中数据连加得到正确结果。而学力水平较高的学生，他们能够通过图片分析出4×5表示4个5相加，能明白4×5是一个整体，需要放在一起优先计算。

从调研结果可以看出：第一，对于初次学习四则混合运算规则的小学生来说，小括号的知识比较容易掌握，而对无括号的四则混合运算的掌握相对比较困难。第二，对运算顺序的理解离不开情境，而画图的方法可以支撑这种理解。这为我们教师的一线教学带来启示，"先乘除后加减"的规则不是一教就会的，学生需要通过真实情境积累大量的经验，理解规则本身的合理性，才能正确运用。所以在进行教学设计时，要引领学生在情境中理解综合算式的意义，感受到混合运算顺序的制定与解决实际问题的密切联系，经历归纳的学习过程，体会运算规则制定的意义和价值。

四、教学目标

知识与技能：会用分步列式或综合列式解决实际问题，理解两步混合运算的意义，掌握运算顺序，体会"先乘除后加减"的合理性以及小括号在混合运算中的作用，正确进行两步混合运算。

过程与方法：在解决现实问题的过程中，初步学会借助直观图等方式分析、表示数量关系，抽象出混合算式；归纳运算法则，理解运算法则的合理性，经历从"特殊"到"一般"的归纳推理过程。

情感与态度：感受解决问题策略的多样性，能有条理地叙述自己的思考过程，逐步积累经验，提高解决问题的能力，激发运用数学知识解决实际问题的兴趣。

五、单元教学设计

(一) 单元内容框架

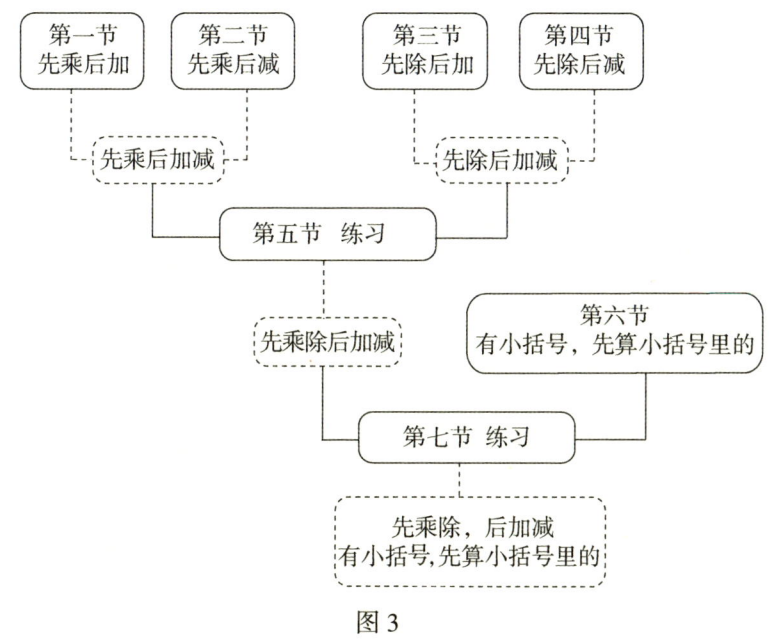

图 3

(二) 教学设计

表 2

课时	学习目标	学习内容	学习活动	学习资源
第1课时 小熊购物 (一)	1. 感受画图策略的意义和价值，体验混合运算中"先算乘法，再算加法"的合理性。 2. 会按照"先算乘法，再算加法"的运算顺序正确地进行计算。 3. 初步尝试借助直观图表示乘加等实际问题的数量关系，发展分析和解决问题的能力。	先乘后加	活动一：一块蛋糕6元钱，一个面包3元钱，胖胖要买4个面包和1块蛋糕，应付多少钱？ 活动二：把分步算式合并成一个综合算式。 活动三：自己编一个数学故事，解决这个问题的算式必须是一个有加法和乘法的综合算式。	PPT、学习卡片

案例篇 率性教学的思与行

续表

课时	学习目标	学习内容	学习活动	学习资源
第2课时 小熊购物（二）	1. 结合分步解决"小熊购物"问题的探索过程，体验混合运算中"先算乘法，再算减法"的合理性。 2. 会按照"先算乘法，再算减法"的运算顺序正确地进行计算。 3. 初步尝试借助直观图表示乘减等实际问题的数量关系，发展分析和解决问题的能力。	先乘后减	活动四：饼干每包4元，壮壮有20元，买3包饼干应找回多少元？ 活动五：结合小熊购物图，说说每个算式的意思，再算一算。 20-2×7 5×3-4 4×6-20	PPT、学习卡片
第3课时 买文具（一）	1. 结合解决"买文具"问题的探索过程，体验按照"先算除法，再算加法"的顺序解决两步运算问题的合理性。 2. 理解并掌握除加混合运算的运算顺序，能正确进行计算。 3. 进一步学习借助直观图分析数量关系，发展解决问题的能力。	先除后加	活动一：一本英文本4元，3本作文本一共18元，笑笑买了1本作文本和1本英文本，一共需要多少元？ 活动二：算术本5本10元，文具盒每个5元，要买1本算术本和1个文具盒，共需多少元？	PPT、学习卡片
第4课时 买文具（二）	1. 结合解决"买文具"问题的探索过程，体验按照"先算除法，再算减法"的顺序解决两步运算问题的合理性。 2. 理解并掌握除减混合运算的运算顺序，能正确进行计算。 3. 进一步学习借助直观图分析数量关系，会解决除减混合运算的实际问题，发展解决问题的能力。	先除后减	活动三：钢笔每支7元，淘气上次买了2支钢笔，花了16元。淘气买的钢笔比现在文具店里的钢笔每支贵多少元？ 活动四：结合上面的情境说说下面算式的意思，并算一算。 12÷3-2 5-12÷4 活动五：在混合算式中，应该先算什么再算什么？	PPT、学习卡片

续表

课时	学习目标	学习内容	学习活动	学习资源
第5课时 练习（一）	1. 通过练习将前4课时的结论归纳整理，得到先乘除后加减的混合运算规律。 2. 进行一定量的脱离情境的混合运算的练习，将算理和算法有机结合。	总结先乘除后加减	活动一：回顾前4课时的学习内容，总结提炼"先乘除后加减"的运算顺序。 活动二：完成练习卡。	PPT、练习卡
第6课时 过河	1. 结合"过河"情境，经历解决实际问题的过程，认识小括号，体会小括号在混合运算中有改变运算顺序的作用。 2. 理解并掌握带有小括号的混合运算的运算规律，正确进行计算。 3. 通过对多个混合运算算式进行归纳，得出有部分实际问题需要改变先乘除后加减的运算顺序，可以使用小括号解决这一问题，初步培养归纳能力。	小括号的使用	活动一：男生29人，女生25人，一条大船坐9人。都坐大船，需要几条船？ 活动二：发明符号，保证算式的运算顺序与解决问题的思路相同。 活动三：每条大船能坐9人，每条小船比大船少坐3人。如果54人都坐小船，需要多少条小船？ 活动四：大车限乘46位乘客，小车限乘8位乘客，一共70人，先坐满大车，剩下的坐小车，至少需要多少辆小车？ 活动五：总结在混合算式中，先算什么，再算什么。	PPT、学习卡片
第7课时 练习（二）	1. 将前6课时的结论进行进一步归纳整理。 2. 根据归纳整理后的运算顺序进行一定量的脱离情境的混合运算的练习，将算理和算法有机结合。	先乘除后加减，有括号先算括号里的	活动一：回顾前6课时的学习内容，总结提炼"先乘除后加减，有括号先算括号里的"的运算顺序。 活动二：完成练习卡。	PPT、练习卡

六、率性教学的展开过程

(一) 创设探究情境，在解决问题过程中，促进对混合运算顺序的理解

本单元学习两步混合运算顺序这一运算法则，通过创设丰富的现实情境，引导学生在解决问题的过程中感悟混合运算顺序制定的合理性。

1. 分析题意，寻找等量关系，发展初步的推理能力

学生已经掌握了四则运算的意义，并会分析一步计算能解决的问题，对于两步计算能解决的问题，可以引导学生找出中间的条件，从而使其转化成一步计算的简单问题，培养学生初步的推理能力。

"小熊购物（乘加混合运算）"是本单元也是三年级上册教材的起始课，教师细致引导刚刚升入三年级的学生经历整理信息、表述题意、分析信息和问题、寻找等量关系的过程，养成良好的解决问题的思维习惯。

师：根据小熊要买的商品，你能完整地把信息和问题说一说吗？

生：一块蛋糕6元钱，一个面包3元钱，胖胖要买4个面包和1块蛋糕，应付多少钱？

师：应付的钱数分为哪两部分？能不能用一个等式表示出来？

生：面包钱+蛋糕钱=应付的钱。

这一等量关系是最基本的等量关系，也是直指问题的等量关系，但它和题中的信息并不完全对应，先求出来面包钱，才能将两步混合计算转化为一步的简单计算。一节课的学习都是以等量关系为线索，根据等量关系，学生才能理解混合运算顺序的归纳，这样能够保证无论是分步算式还是综合算式都有相同的解题思路。

2. 分步算式合并为综合算式，感受混合运算顺序制定的必要性

本单元学习的混合运算顺序是针对两步计算的综合算式，学生之前接触的都是一步计算的算式，因此学生在解决问题时，往往采用分步列式的方法，教师利用学生已有经验，引导学生将分步算式合并为综合算式，为混合运算顺序的学习作好铺垫。

师：黑板上是用两个一步算式计算的方法，你能把它们合起来，变成一个

算式吗?

生1:3×4+6=18,我就是把第一个算式和第二个算式直接加起来了。

师:有多少同学和他的方法相同?谁能再说说你们把两个算式合在一起先算什么呀?

生2:我合起来之后仍然先算的3×4,先求的面包钱。

师:你们太厉害了,自己就完成了把两个一步算式合起来的任务。你们知道吗?这是我们人类经过很长时间的学习和研究才做到的。我们把用两个一步算式解决问题的这种方法叫作列分步算式解决问题,把这种合起来的方法叫作列综合算式解决问题。

师:有没有同学也完成了列综合算式的任务,但形式和他们的不一样的?(没有)

师:可不可以写成6+3×4呢?

生3:我认为可以,用面包的钱加上蛋糕的钱和用蛋糕的钱加上面包的钱得到的结果是一样的。

生4:不对,放在后面就不能先算3×4了,就得先算6+3了。

生3:那不是呀,3×4合在一起表示面包的钱,它们不管放在前面还是放在后面都应该先算,它们是一起的。

师:在这个情境中3×4的意义是什么?

生3:是3个4。

师:你的意思是3×4表示3个4合起来是一个整体,它们应该优先于加法计算。

生3:对!

师:根据我们刚刚的分析,你觉得将一步加法和一步乘法的算式改写成综合算式时,我们应该先算什么呢?

生5:我觉得应该先算乘法。

在现实情境中,为了保证综合算式解决问题的思路与分步算式一致,混合算式运算顺序就有了产生的必要,尤其是当学生写出6+4×3的算式时,教师结合解决问题的情境关注并指导学生明白当乘法在后面的时候也要先算的道理,从而引导学生理解"先乘后加"的合理性，提出"先乘后加"的猜想。

（二）经历多次归纳，螺旋上升，归纳两步混合运算顺序

本单元对混合运算顺序的学习，建立在细化的单元结构基础上，用4课时分别学习不同类型的问题的解决方法，并分别归纳出针对具体类型的混合运算顺序；在第5课时回顾前面的学习，做一次阶段性的归纳，总结出没有小括号的混合运算顺序；然后再通过后续的学习，归纳有小括号的混合运算顺序。整个归纳过程，递进式逐层深化，结论的得出言之有理，水到渠成。

1. 编数学故事，从"个别"到"一般"，归纳同一类型的混合运算顺序

在第1课时"小熊购物"教学中，学生体会到既有加法又有乘法的混合算式的运算顺序，但仅仅通过几个例子就得到一个数学结论是不严谨的，所以教师设计了编故事写算式的学习任务，请学生仿写乘加的算式。

师：有这么多同学都有这样的猜想，认为有乘法又有加法，要先算乘法，真的是这样吗？想不想验证一下自己的想法对不对？

生：想！

师：今天的作业就是请大家自己编一个数学故事，解决这个问题的算式必须是一个有加法和乘法的综合算式。

（第2课时前8分钟汇报故事）

师：谁愿意来给大家讲一讲你编的故事？

生1：小熊去超市买东西，买了4包花生和1袋糖果，花生每包7元，糖果每袋5元，小熊一共花了多少钱？我列的算式是4×7+5。

（类似例子5个左右）

师：我们能不能用一句比较简短的话来总结既有加法又有乘法的混合算式中应先算什么，再算什么？

生：先乘法，后加法。

让学生用自己熟悉的生活经验编故事，可以调动学生的个体经验，使其进一步体会乘加的运算顺序，而在学生汇报过程中，大量事实的呈现也使学生验证运算顺序的合理性，初步经历了从众多例子中归纳出一般规律的过程。

第1课时《小熊购物》的教学模式延续到第4课时，学生积累了大量的解

决问题的经验，在第5课时学生归纳出"先乘除后加减"的运算法则。

2. 应用验证，体会小括号的作用，逐步完善归纳结论

在"过河"一课中，学生将归纳的无括号的混合运算顺序法则应用到解决问题情境中时，发现归纳的运算顺序与实际需要发生了矛盾，此时需要对已有结论做进一步补充。

老师出示问题情境：男生29人，女生25人，一条大船坐9人，需要几条大船？布置学习任务：列综合算式解决问题。在独立学习开始3分钟后，学生的学习进程出现了困难。

师：我发现有很多同学在完成任务时遇到了困难，进行不下去了。谁愿意把自己遇到的困难跟大家说一说，看看我们能不能一起找到解决的办法！

生：我先列的分步算式25+29=54（人），54÷9=6（条），然后我把它们合起来就变成了25+29÷9；按照我分步计算的思路，我想先算加法，可是按照我们之前学习的运算顺序，我需要先算29÷9，但是29÷9除不开呀！

师：停下来的同学都是这样的问题吗？

生：是。

师：你们都想先算加法？

生：对！

师：那么我们想个办法让25+29÷9的运算顺序发生变化，你自己想一个办法，最终实现先算加法，后算乘法。

学生在独立解决问题的过程中，发现运算顺序与之前所学运算顺序产生了冲突。学生列出的算式往往是29+25÷9，根据前几节课归纳的结论，有除法又有加法的算式，应该先算25÷9，但解题思路是先算29+25。此时给学生独立解决这个问题的机会，让学生自己想办法解决需要先算加法的问题。学生发明出各种不同的符号来让加法优先，例如在29+25下面画横线，不管学生发明的符号形式上有什么不同，它们的实质都是改变原来规定的运算顺序，是对原有归纳结论的补充，是归纳思想方法的全面实践。

师：请你来设计，想办法先算加法，再算乘法。谁设计好了？

生1：我在25+29下面画了横线，我先算画横线的部分。

生2：我把25+29圈起来了，我先算圈起来的部分。

生3：我用小括号把25+29括起来了，我先算括号里的部分。

师：谁能找到他们三个方法中的共同点？

生：他们都是用一个符号标注出了要先算加法。

师：你们又完成了一个很伟大的发现，我们在将分步算式改写成综合算式时，要先乘除后加减，但由于一些具体问题需要先算加减，经过长时间的研究，刚开始大家的符号也是各式各样的，一段时间后统一为"括号"。

师：既然这个方法这么好，我们能不能在原来学过的算式里也用一下呢？比如第1课时我们学习的3×4+6，是不是应该写成（3×4）+6？

生：我们原来就规定了先算乘法，不写括号也先算乘法，乘法外面的括号就多余了呀。

师：也就是说这么写的缺点是？

生：不简单/麻烦。

师：通过这次的学习，我们可以感受到在归纳总结规律的过程中往往不能一次就完美，可能存在这样那样的不足，我们可以在后续的研究过程中对原有的想法进行不断修改和补充。

学生通过本单元的学习，体会到在实际问题解决的过程中，我们往往对运算的顺序有着特定的需求，制定统一的运算顺序变得尤为重要。学习任务的完成，伴随着对大量以类为问题解决单元的归纳，学生充分地体会了现行的运算顺序的合理性，并能够利用混合运算顺序准确计算，实现了算法和算理的统一。

执 笔 人：王丹、王春英

研究团队：王春英、王丹、马炳清、顾思、于雪

四年级"图形分类"单元案例

一、设计亮点

如何按照一定的标准对图形进行分类是本单元的核心目标。分类其实就是对共相和异相的概括,这是一个归纳推理的过程。有过程的"类"的归纳,有助于加深学生对图形本质的理解,能够帮助学生独立解决其他的数学问题,提升学生数学素养。基于以上分析,本单元的设计亮点聚焦于基于"类"的有过程的归纳教学,具体体现在以下两个方面:

1. 突出对图形特征共相和异相的归纳过程的展开

本单元内容是图形的分类,在分类的过程中最重要的就是让学生感悟如何合理地制定分类的标准,学会如何遵循标准合理地进行分类。这个标准就是对不同类型的图形的共相进行概括,然后再根据异相进行分类。无论是单元的整体设计,还是每个课时的设计,核心就是对共相和异相的概括过程有层次、有序地展开。这不仅对数学是有意义的,对日常生活和生产也是同样重要的。一个好的分类是很重要的,它能使观察到的千差万别化为较少数的具有清晰特征而且能妥善安排的类型[①]。

2. 经历"具象—观察(操作)—体验—猜想—验证"的过程

图形本身是直观的,但图形边和角的特征则是抽象的。如何组织学生通过对直观图形的观察,聚焦图形抽象的特征,是本单元教学的难点。学生按照归纳过程展开对图形分类的学习,有助于从具象的图形中归纳出抽象的特征。有过程的归纳教学强调"具象—观察(操作)—体验—猜想—验证"的过程,选择或设计适切、有针对性的学习材料是分类展开的重要前提,对具象材料的操

---

① 波利亚. 数学与猜想:数学中的归纳和类比(第一卷)[M]. 李心灿,王日爽,李志尧,译. 北京:科学出版社,2001.

作是必要条件，有序地观察、反思并归纳一般特征是分类的核心环节，普适并验证的过程是必要环节。学生经历了基于归纳推理过程的图形分类，有助于加深对图形本质的理解。掌握了这样的思考方法，学生能够独立解决其他的数学问题，提升数学素养。

二、内容分析

本单元节选自北师大版小学数学四年级下册"认识三角形和四边形"，原单元的内容和思维框架见图1。

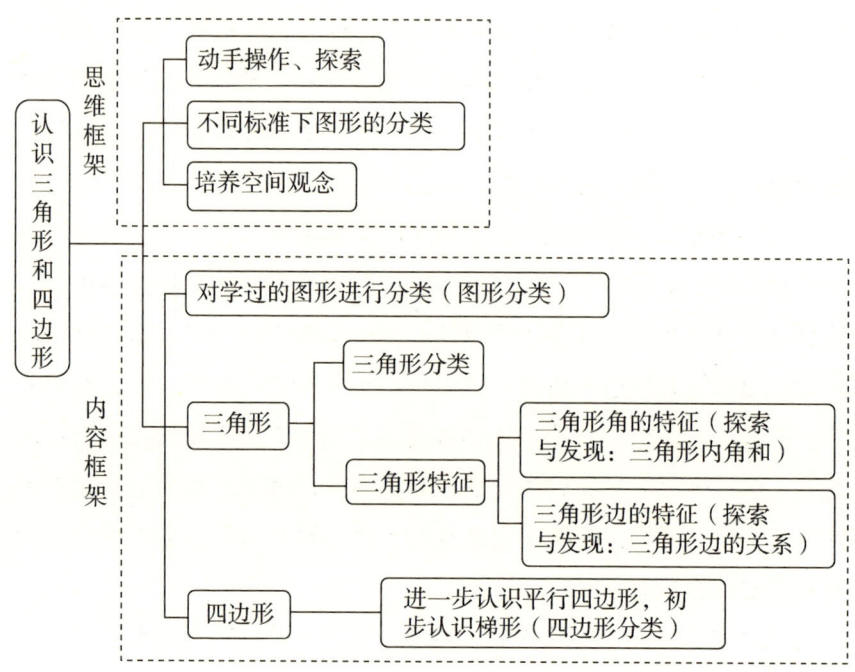

图1 "认识三角形和四边形"单元内容和思维框架

这个单元有三个突出的特征：

（1）突出分类思想在认识图形中的作用，强调在分类中认识图形的特征、建立图形间的联系。

（2）强调以直观操作作为前提，探索图形特征、积累认识图形活动经验。直观操作是学生认识图形，探索性质的基本方法。图形的特征、内部联系，只凭观察是难以认识到的，需要通过操作活动进行探索，把动作的逻辑内化为思维的逻辑。

(3)重视图形知识内部之间的联系,强调有层次地展开对图形知识的学习。从分类开始,逐渐延伸至图形的认识、图形的性质、图形的度量。

基于以上的分析,与分类有关的三个课时是本单元学习的主体,更是关键,三个内容层层递进,因此我们将这三个课时作为一个整体进行研究,构建了"图形分类"单元。本单元共有三次分类活动:第一次是"图形分类",通过对学过的立体和平面图形层层分类,体会分类方法在认识图形中的作用;第二次是"四边形分类",通过按照边的平行关系对四边形进行分类,认识平行四边形和梯形;第三次是"三角形分类",通过按不同标准进行分类得到不同的分类结果,使学生理解不同的分类方法,以利于学生从不同的角度认识三角形。认识图形不仅仅是为了让学生知道图形的名字,学会区分图形,更重要的是让学生学会对图形分类。认识某种具体图形的教学只是个案,只有让学生理解图形的分类才使教学具有一般性[1]。分类的过程还能培养抽象能力,因为分类既要关注共性也要关注差异,共性和差异都是抽象的结果[2]。

三、学情分析

本单元并非学生第一次进行与分类有关的学习活动,已学过如扣子分类、物品分类等等。对于确定一定标准,学生已经有了一定的经验,那么本单元图形的分类对于学生而言,难点又是什么呢?我们对学生进行了学习前的学情分析,结果如下:

1. 对差异大的图形分类有一定基础,而对差异小的图形分类逻辑关系不清晰

91.9%的学生对立体图形和平面图形能准确区分,但对四边形进一步分类的时候,学生基本是没有思路的。可见,学生对差异明显的图形进行分类是比较容易的,通过原有的直观经验或对图形进行初步观察就可以判断。但当差异变小时,学生因为缺少直观经验而变得逻辑关系不清晰。

---

[1] 史宁中. 基本概念与运算法则:小学数学教学中的核心问题[M]. 北京:高等教育出版社,2013:5,57.

[2] 同上.

2. 学生普遍认为特殊图形不能一般化处理

在选择哪些图形是四边形时，只有 21.6% 的学生认为正方形、长方形是四边形。通过访谈得知，他们觉得一个图形只能有一个名字。由此可见，本单元有关图形内部联系的内容将是单元学习的重点。例如：正方形是特殊的长方形，长方形是特殊的平行四边形，等边三角形是特殊的等腰三角形。这也许源自于我们以往的教学中，对特殊（个性）关注得多，而对一般（共性）关注得少，使得学生认为"特殊"就不是"一般"了。

3. 学生对本单元所涉及的部分概念存在迷思

认为长得像梯子的就是梯形，这是学生从字面意义进行的归纳或判断。再比如对三角形进行分类时，有学生认为图形（3）、（4）、（6）（见图2）是锐角三角形。通过访谈知道，他们是觉得这三个图形的锐角尖尖的，特别突出。这些都是学生在单元学习之前对概念的迷思，了解这些能够使我们的设计更有针对性。可以考虑借助"迷思"制造冲突，引发学生的探究欲。

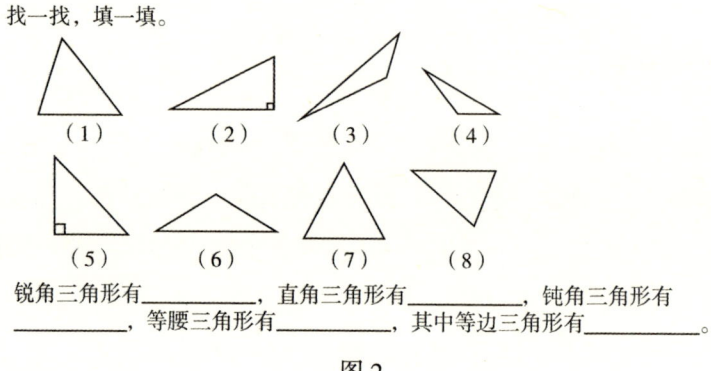

图 2

四、教学目标

（1）经历量、摆、拼等直观操作活动，认识三角形、平行四边形和梯形的特征以及图形之间的关系，进一步发展空间观念。

（2）在亲历图形分类的过程后，体会不同的分类标准在图形分类活动中的意义，感受量、摆、拼等直观操作活动在探索图形性质中的作用。

（3）能运用所学知识解释生活现象，感受数学与生活的紧密联系。

五、单元教学设计

表1

课时	学习目标	学习内容	学习活动	学习资源
第1课时 图形的分类	1. 经历对已学过图形分类整理的过程，体会分类思想方法。 2. 认识多边形，并能够按照一定的标准对多边形进行分类。 3. 能运用所学知识解释生活现象，感受数学与生活的紧密联系。	多边形的分类	1. 借助扣条任意拼出不同的多边形。 2. 观察用扣条拼出的各种不同的多边形，寻找共性进行分类。 3. 学生独立思考，结合用扣条拼多边形的活动经验和日常生活经验解释生活中的现象。	扣条、学习卡
第2课时 四边形的分类	1. 经历四边形分类的过程，进一步认识平行四边形，了解梯形的特征，知道长方形、正方形是特殊的平行四边形。 2. 经历观察、比较、分类的活动，培养学生动手操作、探索的能力。	四边形的分类	1. 借助扣条任意拼出不同的四边形。 2. 按照合理的标准对四边形进行分类。 3. 认识平行四边形和梯形。 4. 填写学习卡片，观察概括平行四边形、长方形和正方形的关系。	扣条、硬纸板、学习卡
第3课时 三角形的分类	1. 经历三角形分类的探索活动，能够准确按角或边对三角形进行分类。 2. 结合分类的过程，认识直角三角形、锐角三角形、钝角三角形、等腰三角形、等边三角形。 3. 通过分类活动，培养观察、比较、操作的能力，发展空间观念。	三角形的分类	1. 在格子图中画三角形。 2. 任意拼出不同的三角形，并尝试分类。 3. 观察课件演示，思考：你有什么发现？	格子图、扣条

六、率性教学的展开过程

（一）由易到难的分类，"类"的归纳逐层递进

根据课前学情分析的结果，本单元的三个课时安排的基本原则是按照分类标准由丰富到封闭的顺序。"图形分类"标准比较容易找到，对于学生来说比较简单，利于学生在原有的分类经验基础上建构新的学习。"四边形分类"相对于"三角形分类"而言，分类的角度要多一些，"三角形分类"相对而言比较难一些，不容易找到分类的标准，而且分类标准容易交叠。对于"类"的归纳不可能是一蹴而就的，按照分类由易到难安排教学，可以帮助学生积累丰富的分类经验，还可以激发学生学习的兴趣，调动积极性，提升分类的自信心。第1课时"图形的分类"，学生对多边形进行分类时，分类方法可以说是天马行空。

生1：我按照能不能动（稳定性）的原则，将多边形分为稳定的多边形和容易变形的多边形。

生2：我按照特殊和一般的原则，将多边形分为一般的多边形和特殊的多边形（三角形、正方形、长方形、平行四边形等）。

生3：我按照边是否全部相等的原则，将多边形分为全都相等多边形（正多边形）和不全相等多边形。

生4：我按照边的多少的原则，将多边形分为三边形、四边形、五边形等，我还发现，边越多越像圆形。

生5：我发现除了三角形，其他图形的角都可以凹进去，凹进去了还是多边形吗？

……

多边形的分类激发了学生丰富的想象力，教师通过组织学生讨论分类的合理性，帮助学生明确什么是较为科学的分类标准，如课上教师组织的关于"特殊多边形"的"特殊"是否科学的讨论，还有关于分几类的讨论，只能分两类吗？还可以分三类或四类吗？教学时学生分两类的居多，因为分两类只需要确定一个清晰的"类"的界限，比较容易。鼓励学生尝试分三类以上，是图形分类的一次有意义的挑战。有了这样的质疑、争论，"四边形分类"和"三角形分类"就显得更加科学，表述也更加清晰有条理。基于教学由浅入深、由主观到客观、由模糊到严谨的分类过程，学生才从基于经验的生活分类逐渐学会较为

科学的数学图形分类。

(二) 从"用眼分"到"用脑分",从个别到一般的"类"的归纳

每一课时的展开,都是按照"拼一拼、分一分、论一论"三个环节展开的。"拼一拼"就是用扣条拼出要分类的图形,"分一分"就是对拼出的不同的图形按照一定的标准进行分类,"论一论"就是讨论这样分类是否无遗漏、不重叠。如果说"对扣条的拼一拼、分一分"是"用眼分",那么"论一论"就是一个"用脑分"的过程。看得见的图形永远都是有限的,不可能容纳所有的个别,所得到的猜想也只能是凭经验的,但通过思辨、争论是否所有图形都在"类"中,才是真正意义上的归纳推理的过程。下面是"三角形分类"一课的教学片段:

生1:可以将三角形按照边的长短分为三类,三边相等的一类,两边相等的一类,三边不等的一类。

生2:三边相等也包括两边相等啊。

生1:那就改成只有两边相等。

生3:也可以分为两类,有相等的边的分为一类,三边不相等的分为一类。

生4:我之前听说过,三边都不相等的叫不等边三角形。

在这个片段中,学生对于三角形如何按照边分,产生了争论,在上面的讨论中,学生明确了分类的标准不能有交叉,一个图形只能属于一类。

在按照角分的时候,教师引发了一场有关"类"的争论。

生1:我按照三角形的角是什么角,将三角形分为锐角三角形、直角三角形和钝角三角形。

师:任意一个三角形都一定属于其中的一类吗?没有平角三角形吗?

生2:不可能有平角三角形,那就不是三角形了。

生3:三角形的三个角中至少要有两个锐角。

师追问:为什么?

生3:(用扣条比画)如果不是两个锐角,那么另外的角就不存在了。

生4:对,任意一个三角形都一定有两个锐角,另一个角是什么角,就是什么三角形。

师:其他同学还想说吗?这个同学说得特别好,我们可以借助多媒体帮助大家听懂他的意思。

（三）化抽象为具象，创意学具助力"类"的归纳

1. 扣条为"类"的产生提供了直观支撑，让"类"看得见

图形看似直观，但其实有关图形性质层面的内容对于小学生而言是很抽象的。过去这个单元的教学是通过让学生观察已有的图形，测量边的长短或角的大小来对印在纸上的图形进行分类，这样的教学往往将更多的时间浪费在了角和边的度量上，学生还容易在误差问题上纠结，这些不仅分散了图形分类教学的重点，而且不能帮助学生聚焦图形的本质特征。借助扣条拼成的多边形是不需要度量的，每种颜色的扣条都有标准的长度。更重要的是学生是对自己拼装的五颜六色的图形进行分类，这调动了他们学习的主动性，激发了他们学习的积极性，每个学生都异常兴奋。

2. 扣条为归纳提供了充足且千变万化的"个别"，让"类"更丰富

不同颜色、不同长度的扣条可拼接成不同的多边形，即使是同一种拼法也会有千变万化的结果，这为归纳提供了丰富的观察素材，让归纳有的放矢，为学生提供了多样化归纳的可能性。分类标准要比以往多得多，学生之所以概括出这么多分类的标准，源自于扣条让抽象的"类"成了看得见的颜色、长度，可体验的稳定、易变形等直观的体验和感受，而这些就是分类的标准。

3. 扣条激发了学生的创造力，让归纳更深刻

如"图形分类"一课，一个学生发现四边形易变形，这个时候一个孩子提出，在中间加一条边就稳定了（见图3）。有学生提出"是不是任意三根扣条都能拼成三角形"等问题。在扣条的帮助下，学生思维异常活跃，得出的结论更深刻。

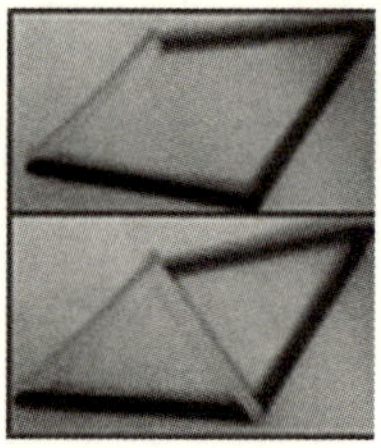

图3

数学中的大部分定理和法则都是始于归纳的，有过程的归纳教学的深度思考，让数学课堂焕发出了奇异的色彩。孩子们敢说、敢想，更清楚了说什么，往哪儿想，有过程的归纳教学就是要让归纳成为学生思维中自然而然的思维模式。

执 笔 人：薛春波

研究团队：刘仙玲、高秀凤、伏凯、李延春、尹淑萍、吴瞳

六年级"百分数的认识"课例

一、设计亮点

率性教育指向经验与知识教育，指向归纳过程中抽象能力的培养。"百分数的认识"一课是小学数学阶段一节非常重要的数学概念教学课。如何引导学生借助已有生活经验，挖掘知识内涵，体会知识本质呢？如何引导学生在归纳中抽象出百分数的概念，体会百分数的意义呢？对此我们进行了本节课例的研究。

（一）追本溯源，立足统计视角创设百分数产生的现实原型

数学知识的产生有两个途径，一方面源自于生产生活的需要，另一方面则产生于数学内部的逻辑推理。显然，百分数的产生属于前者，它能够满足生产生活中更精细化表达的需求。这是百分数作为特殊的分数所特有的地方。孔企平教授也提出，"百分数不是一般的分数，而是一个重要的统计量"，这道出了百分数的根源。

我们看到，教材中提供的选择哪名球员去罚球的情境，也是立足于对数据进行统计比较的视角设计的。但我们更希望学生能够在真实的大数据背景下，体会百分数便于比较的特性。试着回忆一下，我们平时生活中都在哪里能见到百分数呢？比如衣服的材质有很多，纯棉的（成分：棉100%）比其他材质更舒服；再如国家统计局网站上众多的百分数，这些都是百分数在现实生活中的广泛应用，都是在用百分数处理大量数据，便于人们比较和分析。因此，从统计视角切入，探寻百分数这个抽象数学知识的来源，创设一个现实生活原型引导学生感受百分数的统计意义，成为我们情境设计的出发点。

那到底什么样的百分数生活原型更适合我们的教学呢？在众多具有统计学意义的百分数中，经济学中的恩格尔系数给了我们很大启发。19世纪德国的统计学家恩格尔，提出了一种判断家庭生活水平高低的方法，即食品支出占家庭

总支出的百分比越高，说明用于基本生活的支出占比大，也就是生活水平比较低。这里边食品支出占家庭总支出的百分数也就是恩格尔系数，它是衡量一个国家或地区生活水平的百分数。这样的百分数情境，和学生的家庭支出情况有关，贴近生活，可这个情境一定是在大数据统计中应用的，那我们在教学过程中如何使用呢？如果直接引入，对于六年级的学生来说，在理解上会有很大难度。所以我们决定从学生熟悉的三位数学老师的家庭生活支出的统计数据出发，在解决比较谁家的生活水平更高一些的问题中，讨论得出百分数。

为了给学生创设情境的真实感，老师们提前一个月开始记录家庭的支出情况（用手机记账软件）。同时为满足学生探究的需要，对所搜集的原始数据进行了简单的加工。从三家的数据引入，边讨论谁家的生活水平高，边尝试计算、理解，当我们要比较更多家庭时，就需要更便捷的比较方式，这就产生了对百分数的需求。

"有根源"的率性教学，就是要挖掘知识本质，让我们的教学有据可依。我们虽然选择了一个容易节外生枝的开放情境，但却是一个信息来源真实、数据搜集真实的"真情境"，把数学问题还原为真实任务，找到知识的生长点，在大数据背景下，百分数的现实意义则体现得更为明显。

（二）经历从特殊到一般的多次归纳过程，建构百分数的概念

从知识本质上看，"百分数的认识"一课主要是让学生认识什么是百分数，这是一节概念课。对于概念教学，《数学学习的心理基础与过程》一书提到"概念形成过程实质上是抽象出某一类对象或事物的共同本质特征的过程"。要形成概念首先要对多个事物区别分类，再对具有同一类属性的个体进行特征归纳。可见，概念的形成过程即归纳的过程。

不论是从学习者（学生）自身的发展规律，还是从知识本身的角度去考虑，本节课的内容都比较适合开展有过程的归纳教学研究。所以，对于百分数意义的归纳与建构，是本节课的重中之重。

1. 问题引领，明确归纳起点，抽象百分数知识本质

史宁中教授在一次题为"数学核心素养和小学数学教学"的报告中指出："数学抽象是指舍去事物的一切物理属性，得到数学研究对象的思维过程。主要包括：从数量与数量关系、图形与图形关系中抽象出数学概念及概念之间的关

系，从事物的具体背景中抽象出一般规律和结构，并且用数学符号或者数学术语予以表征。"也就是说，要想建构百分数的意义，就离不开从现实生活原型中归纳、抽象出百分数的知识本质的过程。在这里我设计了几个问题：

第一个问题就是"算一算，比较三位老师家庭食品支出占总支出的情况"。从学生熟悉的三位老师家庭某个月生活支出的各项数据出发，在食品支出、居家、娱乐、交通等众多支出数据中讨论得出——要根据食品支出占家庭总支出的情况来比较生活水平的高低。在接下来的计算与比较中，学生们发现，用分数通分或化成小数的方式，都能比较出谁家的生活水平更高些。

紧接着教师就抛出第二个问题："当要比较10人、100人，甚至更多人的时候怎么办？"引导学生回到真实情境，对更多的数据进行比较，发现通分太麻烦，适合解决个别问题；而小数又不能直观地看出两者的份数关系。

所以人们想了一个办法，选取一个共同的数作分母，来解决这样的问题。从分数的意义得出特殊的分数（百分数），看出百分数是两个量比较的本质，感受到百分数产生的需要。

本节课的归纳过程正是以此为起点，建立在学生对分数、小数的认知发展和已有经验的基础上。在小组学习中学生用不同方法比较，寻找小数、分数和百分数各自的优势，在对比中体会百分数的特点，这里虽然没有归纳的形式，但却渗透了归纳的思想。

	食品支出	家庭总支出	食品支出占家庭总支出的几分之几
杨老师	3200	10800	$\frac{8}{27}=\frac{80}{270}$
降老师	2700	9000	$\frac{3}{10}=\frac{81}{270}$
周老师	4400	11000	$\frac{2}{5}=\frac{108}{270}$
	3800	8100	$\frac{38}{81}$
	3800	9500	$\frac{2}{5}$
	3103	10700	$\frac{29}{100}$
	2850	7500	$\frac{19}{50}$
	……	……	

图1

2. 借助直观，进一步归纳、理解百分数的意义

儿童认识世界的过程与归纳的过程是十分相似的，都应该是从具体到抽象、由个别到一般。我们认为学生建构百分数意义的过程就应该是从具体到一般。

我们创设的情境重点是从百分数与分数的联系中引出百分数，在数学内部对概念进行理解还不够直观，所以接下来设计了移动互联网的学习情境，结合图示，直观理解。学习任务是：探索百分数在实际生活中的意义。活动要求是：请同学们说一说百分数所表示的意思并画图表示这个百分数。在这个学习过程中，同学们选择不同的百分数，通过画图去理解这个百分数。

4个百分数，4个不同情境下的百分数，学生个体要根据具体的情境，产生对4类不同百分数意义的理解，根据不同的意义建构，把这4个百分数都有的一个共同的意义、共同的属性："或者是部分占整体的百分之几，或者是一个量是另一个量的百分之几"，归纳总结为"百分数表示的是一个数是另一个数的百分之几"这一一般性概念。这样的总结学生非常认可，建构顺理成章。

再有，4个百分数对应着4幅图，4幅图的画法不同，学生实际操作过程中，也用了不同的表现形式，有的分成了百份，也有的表达意义对，但没有分成百份。但无论是百格图、百线图、百条图还是百弧图，都是表示把一个量平均分成100份，另一个量占这样的多少份，再次归纳出百分数的本质是一样的，这4幅图直观地帮助我们理解每个百分数的意义，清晰明了地表示出倍比关系，加深了学生对百分数概念的理解。

二、内容分析

"百分数的认识"一课是新世纪小学数学（北师大版）六年级上册的学习内容，是在学生学过整数、小数，特别是分数的意义和应用的基础上进行学习的。百分数的内容是连接"数与代数"与"统计与概率"的一个重要知识载体。

北师大版教材创设的"派谁罚点球"的情境，意在引导学生发现分母分别是20、25、50的分数不好比较，需要将它们化成分母是100的分数再比较，由此引出学习百分数的必要性。而人教版教材也是将"百分数"单元安排在六年级上册进行教学。教材中呈现出几幅与百分数有关的生活情境图，让学生寻找

生活中的百分数，引导学生联系生活实际认识百分数，感受百分数在生活实际中的应用价值。北师大版教材的编排突出了学生对引入百分数必要性的感悟，人教版教材的编写突出了对百分数现实意义的体会。可见，百分数引入的必要性和百分数现实意义的体会对于理解百分数都是比较重要的。

像教材中描述的那样，百分数是表示一个数是另一个数的百分之几的数，它能表达两个量间的关系，是特殊的分数。但与分数不同的是，百分数又有着直观、便于比较的特性，甚至还可以在实际情境中表达某些变化趋势。尤其在大数据背景下，百分数的现实意义就体现得更为明显。所以结合解决有意义的实际问题的过程，让学生在大数据背景下体会引入百分数的必要性和百分数的意义，在现实情境中帮助学生加深对百分数概念的理解，应该是我们教学研究的方向。

三、学情分析

百分数的知识一直是教学中的难点，我们为了解学生对百分数的认识情况，尊重学生已有的学习经验，课前进行了学情调查和分析。我们从"对百分数的熟悉程度、对百分数意义的理解情况和引入百分数的必要性"三个维度，设计了具有四个难度等级的前测试卷，选择了六年级的四个班，每班40名，共计160名学生进行测试。

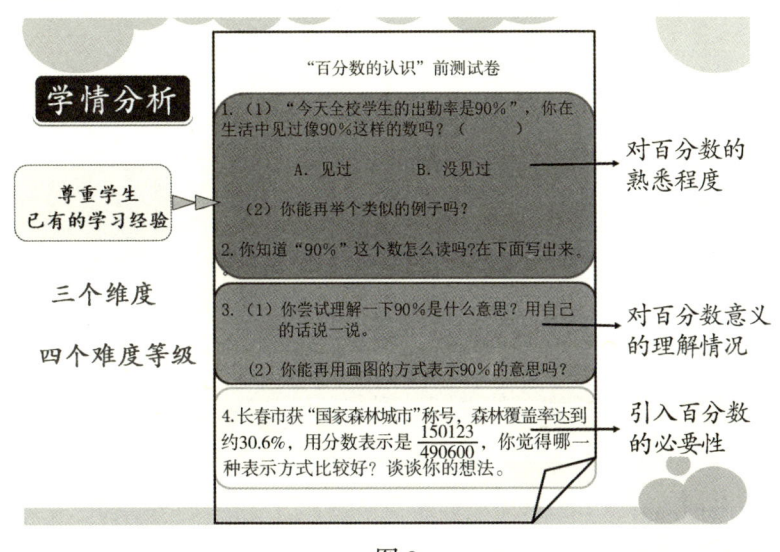

图 2

（一）对百分数的熟悉程度

知道百分数并能举例说出其他百分数的同学高达 92.5%，能够准确读写的同学高达 90%。由此可以看出学生在"对百分数的熟悉程度"这个维度都达到了较高的水平，说明几乎所有学生都知道百分数，并能够联系分数的读法准确读写。

（二）对百分数意义的理解情况

测试题 3 的第（1）小题结果显示，能够从具体情境中抽象出百分数，并借助分数的意义来理解百分数的具体意义的同学有 76.3%，说明在"对百分数意义的理解情况"维度上学生也达到了比较高的水平。从第（2）小题测试结果中可以看出，学生能用画图的方式准确地表示 90% 的意思，说明在结合直观图来理解百分数的意义方面学生达到了更高的水平。

另外，调查结果显示：约有 11% 的学生虽然不能结合具体情境用文字叙述说出百分数的意义，但是却能用直观图来表示百分数的意义。

（三）引入百分数的必要性

从"引入百分数的必要性"的维度来看，在此情境中能够说出生活中用百分数比用分数更好，百分数更加方便比较，基本没有同学体会到百分数产生的必要性，约有 94% 的学生都是通过直观感知感受到百分数比分数更简洁、清晰、书写方便、能一下看出数的大小等。

基于以上调查研究分析，我们认为：

学生对百分数的认识有经验基础、有自己的认识、有自己的建构，所以教学中得让学生经历个人尝试、小组尝试的过程。

学生对百分数表示部分与整体关系的意义理解得较好，要想让学生对百分数的认识不仅仅停留在经验层面，而是把零散的经验转化为数学知识，还需要学生对百分数有更深入、更全面的理解，以达到真正意义上的理解，这需要借助直观促进学生对百分数意义的理解。到了高年级，学生的思维有了一定的抽象性、简洁性，但不能因为学生的思维向抽象转化而忽视直观图的作用。为了让学生更直观地理解，本节课中设计了百格图，既能帮助一些不能用文字叙述、说出百分数意义的学生借助直观来理解百分数的意义，也能促使其他学生理解得更清晰、深刻。

学生对引入百分数必要性的理解还是模糊不清的，只停留在直观感知的层面，并没有体会到百分数更方便比较。所以本节课把体会百分数的必要性作为难点，通过调查、统计精心设计了"比较谁的生活水平高"的问题情境，营造了一种现实而富有吸引力、挑战性的问题情境，激起学生的认知冲突，促使学生深入思考，在比较、分析中感知知识产生的必要性，让学生真正体验百分数的价值，让学生感受到知识的来龙去脉。

四、教学目标

基于上述内容分析与学情分析，对教学目标设定如下：

（1）结合解决现实问题的过程，体会百分数产生的必要性；理解百分数的统计意义；会正确读、写百分数。

（2）在现实问题情境中经历百分数意义的探索过程，通过比较、迁移、归纳概括出百分数的意义，发展学生的抽象思维。

（3）借助直观，再次归纳、理解百分数的意义，体会百分数与日常生活的密切联系。

五、教学设计

表1

时间	学习目标	学习内容	学习活动	学习资源
0~10分	创设情境，提出数学问题。	出示记账软件，讨论：从三位老师家的数据中能不能看出谁家的生活水平高一点儿？	发现生活问题，提炼数学问题。	展示三位老师的家庭支出账目

续表

时间	学习目标	学习内容	学习活动	学习资源
10~35分	在比较中感悟百分数产生的必要性，抽象出百分数。	比一比三位老师家庭里食品支出占总支出的情况。	1. 提出探究问题。 2. 小组合作探究解决问题的方法。 3. 引导分析比较：分数能看出份数关系，小数能快速看出大小情况。 4. 立足统计视角引出百分数。	
35~45分	感受百分数的统计价值。	介绍恩格尔系数。	1. 讨论百分数的优势。 2. 介绍恩格尔系数，解决情境中的问题。 3. 体会百分数的统计价值。 4. 新闻播报，在对比中感受百分数的优越性。	视频资源——恩格尔系数
45~60分	借助直观，进行归纳，深化对百分数概念的理解。	提供4个移动互联网中的百分数，画图表述百分数的意义。	1. 从多角度更直观地刻画百分数意义。 2. 抽象概括出百分数的意义。 3. 举出生活中的例子，加深理解。	

六、率性教学的展开过程

（一）立足统计视角创设大问题情境，在解决问题的过程中建构百分数的意义

本节课的问题情境是从学生熟悉的三位老师家庭某个月生活支出的各项数据出发，充分挖掘相关数学史料，借鉴"恩格尔系数"的计算方法，在"比一比，哪位老师家生活水平高的学习任务"下，充分体会百分数产生的必要性。从"统计"切入，还原知识的生长点。

师：我们办公室最近流行了一个新软件，你们猜猜是什么？

生：微信，炒股的……

师：其实啊是个记账软件，给你们看一看。（给学生展示软件）看明白了吗？是记录收支情况的。像我这样的数学老师啊，没事就愿意算一算，就想统计统计钱数、记录记录数据，在这记录和统计的过程中，我才知道我们家的钱花哪儿了。杨老师给你们带来了一点儿私密的数据，这就是我整理出来的我们三家6月份的支出情况。谁来帮我读一读？

表2　6月1日—6月30日家庭支出情况统计表（单位：元）

	食品	居家	服饰	娱乐	交通	其他	合计
杨老师家	3200	1983	2498	862	1354	903	10800
降老师家	2700	2046	1450	1305	1001	498	9000
周老师家	4400	1625	2299	716	1405	555	11000

师：那我们仔细地看一看，结合幻灯片上的三组数据，你能不能比一比，谁家的生活水平更高一点儿呢？你想怎么比？（学生讨论略）

学生通过分析数据、比较数据，得到了用分数、小数来比较家庭生活水平的方法，并在讨论中对方法进行了优化。当学生要比较三位老师家庭食品支出占总支出的情况时，主动迁移已有知识，与倍数问题、分数除法意义等建立联系，建构解决问题的办法，初步感受百分数意义在数学内容中的生长点。

师生谈话：知道吗？你们比较的这件事啊，和统计学家们做的一样。不过统计学家们可不只想知道我们三家的情况，还想知道王老师、李老师，甚至全国、全世界每一家的生活水平。而且啊，还得根据这些直观的数据作出国情判断，国策的调整。

（出示更多的数据，拓展探究问题）这么多数据拿过来，我还通分算呗？

讨论：我们既想看出食品占总支出的几分之几，又想一眼看出谁大谁小，那怎么办？

师引导：可以规定一个相同的数作分母。其实数学家们就在这种比较和统计的过程中逐渐达成了一种共识，你们嫌通分的分母太大，那可以规定一个数作为相同的标准分母。似乎人们一直很乐于用100、1000、10000这样的数。

在解决这样有根源的情境问题的过程中，引导学生立足统计思想去思考问题，增强学生对百分数产生的必要性的理解。教师引导学生在计算讨论中发现，当仅有个别几个数据需要比较时，用通分的办法完全可以解决；而当有很多数据需要比较时，通分的办法就会变得复杂有难度。那么在这种从比较"个别数据"到比较"一般数据"的转变过程中，学生发现虽然不能通分，但仍然需要一个共同的数作为标准分母，于是产生了百分数的需求，从而深刻地体会到百分数产生的必要性。

(二) 借助直观，多角度归纳并行，加深对百分数概念的理解

1. 经历自主建构过程，归纳百分数的意义

在学生初步认识百分数后，本环节通过对4个不同的百分数的写一写与画一画的方式，多角度、更直观地理解了百分数的意义，在学生的讨论中归纳出百分数的共性特征，完成了从个别到一般的归纳过程。

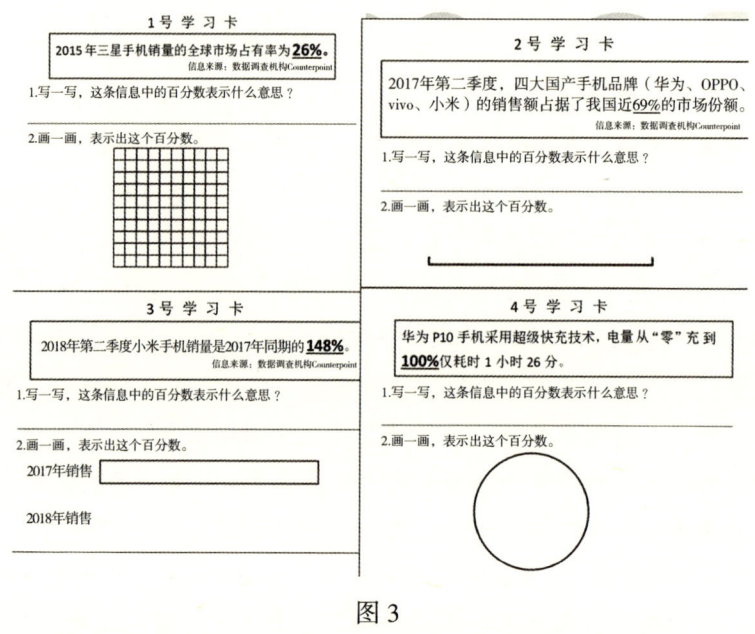

图3

生：(汇报1号学习卡) 把所有手机的销量分成100份，其中三星手机的销量占26份，也就是26%。

师：也就是说这26%表示的是三星手机的销量和全球手机的销量这两个量之间的关系，如果全球手机卖100台，那么三星手机就卖了26台。

生：(汇报2号学习卡) 意思是国产手机的销售额占市场份额的$\frac{69}{100}$。我把

10 厘米的线段分成 10 份，然后 1 毫米是其中的 1%，那么 69 毫米就是其中的 69%。

生：（汇报 3 号学习卡）就是说 2018 年第二季度小米手机销量是 2017 年同期的 148%。我先把 2017 年的销量平均分成 100 份，2018 年的再多出 48 份。

师：你是怎么判断你这个长度的呢？

生：2017 年相当于 100%，那 2018 年是 148%，就比去年多了 48 份。

师：就是说 2018 年第二季度的销量和 2017 年同期销量这两个量之间的关系：如果 2017 年是 100，那 2018 年就是 148；2017 年是 1000，2018 年就是 1480。2017 年销量和 2018 年销量这两个量之间总有 100 和 148 的份数关系。

生：（汇报 4 号学习卡）这里 100% 的意思就是 $\frac{100}{100}$，也就是 1，表示满电的意思。画图时我把这个圆平均分成 100 份，由于时间原因，我把它平均分成 4 份，每份是 25%，4 份就是 100%。

师：这是 100 份里的 100 份，全拿过来了，画图时他想平均分成 100 份，再涂满这样的 100 份，那这 100% 表示的就是已充电量占总电量的 100%。

学生针对 4 个学习卡分别解释了不同情境下的百分数的意义，感受百分数在问题表述中的共同特性。在这种语言交流与头脑思考的碰撞中，接下来，教师就可以顺理成章地引导学生归纳百分数的意义了。

师：我们研究了这么多百分数，现在谁能用你自己的话说说，什么是百分数呢？它表示的是什么意思呢？

生1：百分数就是占 100 的几分之几的分数，我觉得它的意思就是把整体 1 平均分成 100 份，取其中几份。

生2：我觉得就是分母是 100 的分数。

生3：百分数能更简单地表示两个量之间的关系。

师：当我想表示两个量之间的关系时，我可以选择用百分数来表示一个数是另一个数的百分之几。

学生要根据具体的情境，理解 4 类不同现实意义的百分数。教师要做的就是引导学生寻找共性，归纳总结出："百分数表示的是一个数是另一个数的百分之几。"逐渐抽丝剥茧，披沙拣金，建构百分数的概念。

2. 借助直观再次归纳，深入理解百分数概念

这个环节采用集体学习的方式，通过对这些百分数对应的不同图形进行分类，分别归纳出百分数的两层含义：一是表示部分与整体的关系；二是可以表示两个量之间的倍比关系。完成了对已有百分数先分类、再归纳的深层次归纳。

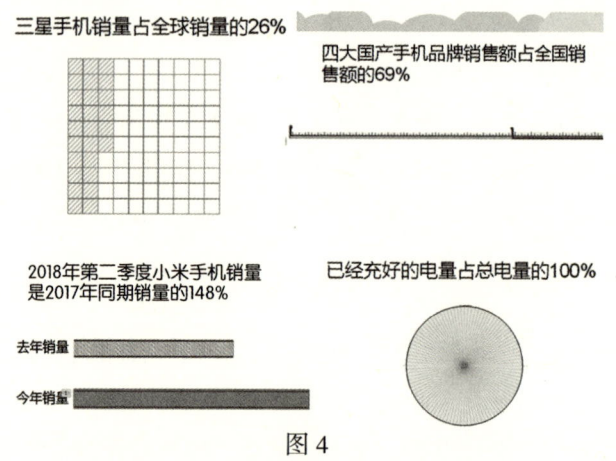

图 4

师：看看刚才这里的 4 个百分数，结合图，你来说说：哪个百分数和别的不一样呢？

生：第三个，超过 100%，其他的都小于 100%。

师：可以，他是按照百分数的大小分的。还有不同分法吗？

我们一起来看看图，像这样的百分数表示了部分和整体的关系；而像这种呢？百分数还可以表示不同年份的两个不同量之间的关系。

我们知道分类是归纳的前提，这里引导学生对 4 个百分数对应的 4 幅图进行分类，学生们发现，众多百分数的属性也并不完全相同，有表示部分与整体关系的，也有表示两个量之间关系的。在这种分类的过程中，学生再一次经历了归纳，归纳出百分数两层不同的含义，加深了对百分数概念的理解。

对于数学概念的学习，既要通过归纳总结共性，也要深入地分析寻找同概念下的差异。以分类为基础，循环往复地归纳提炼，从而加深对概念的理解。

执 笔 人：杨祎、脱中菲

研究团队：赵艳辉、脱中菲、王猛、杨祎、降伟岩、高敏、郁宏、许晓博、周丽娜

英 语

三年级 Are you my mum? 课例

一、设计亮点

本课通过运用"有过程的归纳教学",采取"观察—比较—归纳—运用"四个步骤,使学生从文本阅读中观察和比较,对 be 动词这一语法项目有了充分的感知,同时他们积极参与,深入思考,大胆归纳,得出这一现象的基本规则,学习过程循序渐进、水到渠成,从而突破本课的难点,进而逐步形成语言运用的能力。

在小学英语教学中,很多课例对英语对话的处理都偏重于朗读和简单的角色表演,但是针对课文中出现的语法现象以及对于学生是否理解对话中每个人物的情感、语气、心理活动以及对话形成的原因,教师一般情况下不予处理或者一带而过,只是为了让学生能读而教授。《义务教育英语课程标准(2011年版)》要求:使学生掌握一定的英语基础知识和听、说、读、写技能,形成一定的综合语言运用能力。激发和培养学生学习英语的兴趣,使学生树立自信心,养成良好的学习习惯和形成有效的学习策略,发展自主学习的能力和合作精神。所以,培养小学生英语综合运用能力才是我们的目标,在课堂教学中我们更应该注重学生是否会读、能读懂、能用。基于此,我们团队在课文中原有的对话之外扩展了三个有故事情节的对话,让同学们在情境中了解人物的情感和心理,在理解对话内容的同时通过观察和比较,根据语言现象归纳出语法点,最后在实际沟通和交流中扎实运用语言点。

（一）聚焦重难点，全员参与

本案例着眼于引导学生尝试描述人物的外貌特征，通过足够的语言描述和细致的对比，找出 be 动词的一般现在时的三种形式，并且能够根据不同的主语来相对快速地运用 be 动词的三种不同形式。这一语言规律的归纳和运用是英语中动词变化的第一步，也是最关键的一步，因为中国学生学习英语的一个最难以理解的地方就是各种时态中动词的变化，所以本节课的研究团队设计让学生在观察中对比、在比较后归纳、在情境中运用，这对学生而言是一种挑战但是能实现，有高度但是想尝试，会失误但是收获大，最关键的是每个学生都可能有机会去表达、去尝试，这是课堂教学首先应该遵循的教学原则——面向全体。

（二）拓展信息源，综合运用

本案例致力于让学生在接近真实的语言情境下进行语言交际，让他们的语言运用具有实际意义，而不只是局限于文本的朗读和单词句子的背诵。结合教材中的"小猫找妈妈"，研究团队扩展的其他三个小故事分别是："小蝌蚪找妈妈""小杜鹃找妈妈""小北极熊找妈妈"。这三个小故事都有其故事源发点：①小蝌蚪的外貌特征与成年青蛙极为不同；②世界上有超过 50 种的杜鹃鸟有巢寄生的行为，就是杜鹃鸟妈妈把蛋生到别的鸟类的巢中，她的幼鸟由养父母抚养长大；③最后一个故事中的小北极熊被亲生母亲抛弃，是首只由人类饲养成功的北极熊，有着极其深远的教育意义——人类和动物是朋友。这三个小故事的发生和发展都有其可能性和合理性，并且有故事情节，能够恰当地激发学生的兴趣和热情，给学生的角色表演增添了丰富的想象空间，同时使他们在语言表达上更真实、更具有实际意义，更容易让学生把书本上的知识运用到现实生活中来，实现学以致用。

（三）激发表达欲，趣味归纳

在本课中研究团队通过一个软件"小滑稽人"的外貌特征的不断变化，让学生将归纳出的语言点进行不间断的操练。"小滑稽人"滑稽可笑、夸张可爱的外貌特征极大地激发了学生想要描述和表达的欲望。通过大量的练习，学生在失误中积累经验，在思考中得到强化，在循环反复中不断归纳，在操练中加以运用。在整个表达和描述的过程中，学生们都在思考、选择、决定，最后得到的是他们自己归纳出的结果：描述眼睛、耳朵、手臂、腿等（复数）的时候 be 要变为 are，而描述嘴巴、鼻子、脸、尾巴、身体、头等（单数）的时候 be 要变为 is。这样的过程之后，学生再运用 be 动词的时候，准确率和速度都会提高，避免了语法的讲解和强力灌输，达到了我们预设的教学效果：学生想说并且能说，前提是我们一直在自然地不刻意地通过图片、动画以及其他课堂资源引导学生观察、思考、比较，然后让他们进行语言点的归纳，使他们也很自然地将 be 动词的变化变为他们语言表达储存中的记忆符号。

二、内容分析

本课是牛津沪教版英语三年级上册第六单元 Me（我）的第三课时，任务为"Enjoy a story（欣赏故事）"，属于阅读与表演课型，文本的内容是小猫找妈妈。本课的重点是运用句型"My ears/eyes are...（我的耳朵/眼睛是……）""My tail is...（我的尾巴是……）"描述身体部位特征，难点是正确运用 be 动词 is 和 are。《义务教育英语课程标准（2011 年版）》"语言知识分级标准"把"在具体语境中理解名词的单复数形式，并在实际运用中体会其表意功能"确定为二级语法技能目标。be 动词是小学生接触极为频繁的动词形式，也是小学英语学习阶段一个重要的语法项目，同时也是比较难以掌握的一项内容。为什么这一语法项目对三年级学生来说普遍难以掌握呢？原因显而易见，因为汉语中不存在与之相应的语法现象，所以中国学生在理解、接受、运用 be 动词时都存在很大障碍。

以往的语法教学都是以教师讲授为主，课堂是以教师为中心，教师花费大量时间将语法知识公式化地灌输给学生，没有给学生提供语言情境，也没有给学生提供探究、归纳这一语法规则形成的思维过程，因此学生的学习只是套用规则枯燥地操练，而在真实的语境中却又混淆不清。语法教学不能违背语言学习的规律，应将语法点呈现在大量的语言学习素材中，否则，最终的结果往往是事倍功半。"有过程的归纳教学"能够给学生提供足够的可理解性输入，从而使学生潜移默化地习得语法，进而推断和分析出语法规则，这可以很好地解决灌输式语法教学的弊端。小学三年级是逻辑思维形成的重要阶段，学生已经具备一定的逻辑思维能力，这就使得他们在语言学习过程中能够增强对语言现象的认识。学生对于单复数形式已经有了一定程度的了解，但名词的单复数形式不是以主要的学习内容呈现的。在本课学习中，虽然不同的人体貌特征不同，但身体器官的数量是一致的。教师通过呈现不同的人物，创设不同的探究情境，引导学生在观察这些实例的过程中归纳出人和哺乳动物身体部位所具备的共同特征。因此，以归纳为主要特征的语法教学完全符合外语学习规律。我们通过"有过程的归纳教学"使学生会运用单复数形式描述人或动物的体貌特征，掌握 be 动词 is 和 are 的用法，训练观察、比较、归纳等思维方式。

三、学情分析

本课的教学对象是三年级学生，他们在语言的积累和表达上都有了一定的基础，在课堂中也能积极地争取机会去表达，虽然表达的深度和广度因为年龄、经历和词汇量会在一定程度上有局限，但是本课的内容是根据外貌特征的描述去寻找目标人物，给了三年级孩子充分的想象和语言发挥的空间，让他们在角色扮演中尽可能地展现自己的个性，同时本课内容是对话，又能让这个年龄段的学生在合作中找到彼此的优长，这在提高了他们社会性的同时增强了他们的合作意识和协作能力。

3A Unit 6 前测

三年____班 姓名：_____

Ⅰ. Think and write. 写出下列名词的复数形式。

1. dog_____ 2. cat_____ 3. desk_____ 4. foot_____
5. man_____ 6. apple_____ 7. leaf_____ 8. pear_____
9. wolf_____ 10. sheep_____

Ⅱ. Read and choose. 读句子，选词填空。

1. It_____ (am/is/are) hot in summer.
2. My father_____ (am/is/are) a doctor.
3. These shirts_____ (am/is/are) white.
4. I_____ (am/is/are) from China.
5. My hands_____ (am/is/are) big.

图 1

教师对上课班级学生就名词单复数形式和 be 动词知识进行了前测。通过对该班 40 名学生进行前测，发现 77.5% 的学生能写出可数名词的复数形式，62.5% 的学生能准确搭配 be 动词的三种形式。通过进一步访谈，发现普遍存在 be 动词运用不准确的现象，仅有 22.5% 的学生能准确说出含有 be 动词的英语句子，多数学生对 be 动词这一语法项目的理解与运用表现出似懂非懂、不明就里的状态。根据前测和访谈，确定本课的教学难点是 be 动词的一般现在时用法。分析前测结果数据可知，学生对于名词的复数形式掌握得比较好，而对于名词单复数形式正确搭配 be 动词 is 或 are 这一知识点掌握得不好，学生没有从本质上理解和掌握这一语法规则，而"有过程的归纳教学"正适合这类语法规则的学习。

四、教学目标

（一）知识与技能目标

（1）听懂、会说、认读单词：tail。

（2）能正确使用 be 动词，认读并运用句子"My ears/eyes are …""My tail is …"。

（3）能用所学句型"Are you my mum?""Yes. / No."进行简单的对话交流。

（二）过程与方法目标

（1）通过"观察—比较—归纳—运用"的学习过程，掌握 be 动词的单复数用法。

（2）通过小故事、表演等不同活动，进行小组合作，运用所学知识完成学习任务。

（三）情感态度与价值观目标

（1）乐于与同伴合作，积极参与表演，对英语学习有兴趣，有自信。

（2）感受动物之间、人与动物之间的爱，爱护动物。

五、课例教学设计

表1

步骤	学习目标	学习内容	学习活动	学习资源
热身	激发兴趣，铺垫新知。	欣赏身体部位英语歌曲 Head, shoulders, knees and toes。	1. 师生齐唱歌曲。 2. 结合歌曲中的身体部位单词对自己及同学、老师进行描述。	歌曲
新课呈现	集中注意力，积极参与表达。	观察课件，描述不同的动物和滑稽人。	听说词句： My eyes/ears/hands/… are big/… My hair/nose/… is long/…	课件
操练	练习重点句型，熟练进行表达。	观察四个线索，为小猫找妈妈。	根据提供的线索，运用不同的句子进行猜想与问答。	课件 单词卡片
归纳生成	比较be动词的不同，归纳出正确使用be动词单复数的规律。	观察课件和单词卡片，表达不同的身体部位特征。	师生对话，摆放单词卡片。	课件 单词卡片
运用提高	表演小故事，实际运用展示。	欣赏英语小故事(小猫找妈妈、小蝌蚪找妈妈、小杜鹃找妈妈、小北极熊找妈妈)。	欣赏与本课新知相关的英语小故事，进行小组活动，选择喜欢的小故事与同伴合作排练、表演。	课件 学习卡

六、率性教学的展开过程

在突破本课重点难点时，根据儿童的认知特点和英语学科特点，学习过程大致分四个步骤，即"观察—比较—归纳—运用"，充分体现了"有过程的归纳教学"。

（一）观察例句，自由表述

教师通过扮演小动物描述身体部位特征，和同学们一起围绕"身体部位"这一话题展开描述，在描述小动物及滑稽人的身体部位变化的活动中学习重点句型"My... is/are ...（我的……怎么样）"。

T：(PPT 图片 1) I'm a rabbit. My ears are long. My eyes are red. My tail is short.（我是一只兔子，我的耳朵长，我的眼睛是红色的，我的尾巴短。）

(PPT 图片 2) I'm a monkey. My ears are small. My eyes are small. My tail is long.（我是一只猴子，我的耳朵小，我的眼睛小，我的尾巴长。）

S1：(PPT 图片 3) I'm a dog. My ears are big. My eyes are big. My tail are long.（我是一只狗，我的耳朵大，我的眼睛大，我的尾巴长。）

T：My tail IS long.（教师重复学生的句子，把 are 换成 is，并做出一条尾巴的动作。）

S2：(PPT 图片 4) I'm a tiger. My ears is small.（我是一只老虎，我的耳朵小。）

T：My ears ARE small.（教师重复学生的句子，把 is 换成 are，并指着两只耳朵做手势。）

S2：My eyes are big. My tail is long.（我的眼睛大，我的尾巴长。）

T：Good！Here's a funny man. Which one do you like?（很好！这有一个滑稽人，你们喜欢哪个样子?）

S3：(Flash 课件图 1) My hair is blue. My eyes is big.（我的头发是蓝色的，我的眼睛大。）

T：My eyes ARE big.（教师重复学生的句子，把 is 换成 are，指着两只眼睛做手势。）

S3：My nose is small. My ears are small.（我的鼻子小，我的耳朵小。）

S4：(Flash 课件图 2) My nose is big and long. My hair is short. My eyes are small. My mouth is big.（我的鼻子又大又长，我的头发短，我的眼睛小，我的嘴巴大。）

在这一环节中，学生描述课件中的动物图片和随机生成的滑稽人图片，在描述的过程中，学生使用的 be 动词并不十分准确，但是教师并不强行加以纠正，只是适时配以动作重复说一遍，加深学生的印象，方便学生更好地观察思考。在这样轻松的氛围中，学生更愿意主动进行表达，通过大量的实例，观察到主语的单复数形式不同，所使用的 be 动词形式就不同。观察目标的确定使学生能够自主寻找规律，从观察表面的现象到进行深入的思考，进而得出语法规则，把抽象的语法具象化，为下一步"比较"做好铺垫。

（二）比较例句，对比不同

在学生意识到"主语不同，be 动词也随之不同"这一现象后，教师进一步引导，请学生描述老师的身体部位特征。

T：How many eyes do I have?（我有几只眼睛?）

S5：Two.（两只。）

T：How many ears do I have?（我有几只耳朵?）

S6：Two.（两只。）

T：How many noses do I have?（我有几个鼻子?）

S7：One.（一个。）

T：How many mouths do I have?（我有几张嘴?）

S8：One.（一张。）

T：OK. Who can describe me?（好的，谁能描述一下我?）

S9：Your eyes（is …）are big.（你的眼睛大。）（这个同学刚开始说就停顿了下来，显然意识到不对，随后马上自己进行了纠正。）

S9：Your ears are small. Your nose is small. Your mouth is big. Your hair is short.（你的耳朵小，你的鼻子小，你的嘴巴大，你的头发短。）

T：Well done! Thank you.（做得好！谢谢你。）

这一过程的目的是启发学生明晰眼、耳等部位为复数，be 动词用 are；而鼻子、嘴巴等部位为单数，be 动词用 is。通过观察使学生发现语法现象，使学生对语法由感知现象到进一步认识。学生观察之后，教师进一步提高要求，让学生积极思考和对比，进而发现共同特点。在学习过程中，学生一直在参与语言表达，学生在表达的过程中会有错误，会有停顿，这都是在参与过程中极其常见的现象，参与的过程就是体验语法规则的过程，也是投入语言学习的过程。

（三）归纳语法，找出规律

在学生通过观察、讨论区分了 be 动词的语法现象后，教师请学生描述自己的身体部位，接下来通过拼摆单词卡片、归纳提炼等行为进一步得出规则，最终得出"be 动词随主语单复数变化而变化"的结论。

T：Boys and girls, you can describe your English teacher very well. Can you describe yourself?（同学们，你们能很好地描述你们的英语老师，那你们能描述你们自己吗?）

S10：I'm a boy. My hair is short. My eyes are big. My nose is big. My mouth is big, too.（我是一个男孩，我的头发短，我的眼睛大，我的鼻子大，我的嘴巴也大。）

T：You did a great job! Now look at the words on the blackboard. Can you put these words on the right place?（你说得很棒！现在看看黑板上的单词卡片，你们能把这些词放到正确的位置吗?）

Ss：Yes, we can.（我们能。）

（老师在黑板上摆放了很多身体部位单词卡片，还摆放了 be 动词 is 和 are，几名同学依次上前，自主把黑板上的单词分成单数和复数两部分，并把 be 动词 is 和 are 相应摆放到了单数单词和复数单词后。）

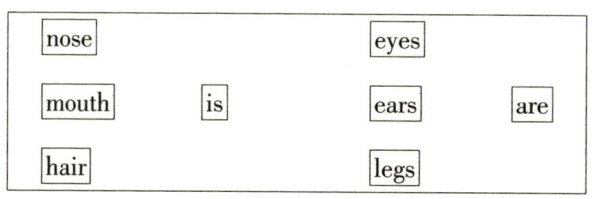

图 2

在这一环节，学生能够准确地使用 be 动词进行表达，并且能够自主摆放相应的单词卡片，这说明学生已找出"be 动词随主语单复数变化而变化"的规律。

（四）运用实践，提高技能

根据语言习得的规律，语法知识的记忆不能保证语言使用的正确，即使学生已经归纳出语法的规则,仍然不一定能在实际使用时正确地运用。学习者需要的不仅是在不同情境及不同语境中反复接触含有这项语法规则的实践机会,而且还需要在不同的情境中使用这些固定的表达方式,从而逐渐发展自己的语言系统。

  在本课中,学生掌握了be动词的语法规则后,教师补充了小蝌蚪、小杜鹃和小北极熊的文本供学生自主选择,从生活情境中切入语法主题,引导学生开展语言实践,提高技能。每个孩子喜欢的小动物都不尽相同,允许学生选取自己感兴趣的文本进行分组合作学习,有利于学生模仿和进入情境,并形成具象的感受。学生的"台词"不是死记硬背,而是主动思考、实践语法的结果。这一过程正是促使学生体验be动词真实运用的过程,既是规律的习得,又是语言的实践。综上所述,通过"观察—比较—归纳—运用"四个步骤进行有过程的学习,让学生理解、掌握、运用了本课重点句型,实现了教学目标。

执 笔 人:王锦霞、左春雨、金海威、于洋
研究团队:孙维华、金海威、于洋、左春雨、王锦霞、张丹丹、尹顺吉、贺欣、马薇然

五年级 Holidays 单元案例

一、设计亮点

本单元取自牛津沪教版英语五年级下册第六单元，其核心主题为 holidays，语法结构为一般将来时。本单元分两课时完成。第一节是对话课，主要学习 The Lis 一家人讨论假期旅游出行计划，第二节是阅读课，学习一篇关于三亚的旅游宣传稿。

通过本单元的学习，学生如果能够经过探究并自主归纳一般将来时的构成规律，掌握功能句的构成规律后，再运用这个语法规律来学习语篇，能更好地理解文本并结合自己的生活实际和同学进行真实的语言交际，将会让语言的学习事半功倍。厘清思路后，我们选取了适切的学习材料作为教学的载体，确保教学活动的有序开展。

（一）开发 1+4 文本模式，由"个别"到"一般"

归纳教学强调从学生的经验出发，重视学生与文本的深度对话。仅对教材中单一的对话、文本的感知不能形成规律性的认识，教师把教材中概括的表格信息还原成了具体的文字信息，每个课时各开发出 4 个与所学对话和阅读语篇结构相似的文本供学生探究，1+4 的文本设计，使学生经历了从"个别"到"一般"，由"具体"到"抽象"的归纳过程。学生在多个文本中充分探究其语篇结构，归纳核心句的构成规律，为下一步的学习作充分的铺垫。

（二）升级学习卡片，由"被动"到"自主"

学习卡片是学生学习和思考的呈现。我们多次升级学习卡片，由第一轮实施时画出关键词到第五轮实施时粘贴标签纸梳理主要内容，限制少了，学生的自由更多了。做城市描述时，学生受词汇量限制，不能准确说出长春市景点的英文表达，我们变纸质资料卡为视频资料卡，为学生提供"有声字典"，学生在学习过程中可以自行到电子白板上点击城市景点、听示范发音、跟读并学习，给学生的学习提供了更自主和更多样的选择。

（三）恰当选取视频资源，由"封闭"到"开放"

动态、直观、有趣的学习材料能够激发学生主动参与的积极性，教师在单元开发过程中确立了强烈的课程资源开发意识，创造性地进行课程资源的开发与利用。从海量的网上资源中甄选出契合本单元学习内容的视频片段作为教学的扩展和延伸，并自主剪辑、录制、整合贴合学生生活经验的课程资源，使学生的学习内容由封闭到开放。

（四）实现学生自己知识体系的建立，丰富学生个性表达

"归纳教学"模式变学生凌乱分散的学习为有逻辑的理解和记忆，有效形成了自己的语言知识体系。学生掌握了语篇框架和核心句式的语法规律，就拿到了学习这个单元知识的支架，学生基于以往的知识积累和生活体验，完成对于这个话题的知识体系建构，形成个性化的表达，实现了真实的语用输出，达到了举一反三的目的。

二、内容分析

《义务教育英语课程标准（2011年版）》明确指出，英语课程应成为学生在教师的指导下构建知识、发展技能、拓展视野、活跃思维、展现个性的过程。英语教学应由知识型教学转变为能力型教学。

基于小学五年级学生英语学习的个人经验、已有的知识基础及语言技能水平，本单元学习目标定位在通过自主学习、合作探究等学习方式梳理语篇文本结构、分析句式构成规律、总结城市描述框架等，在围绕单元主题，讨论假期出行计划、形成城市宣传稿的过程中开阔视野，丰富生活经历，发展创新能力，提高人文素养。

本单元教学内容涉及小学阶段的重点语法项目之一，即"will+动词"引导的一般将来时。传统英语课堂上，教师进行语法讲解时，容易出现以下问题：构建片面的语法概念、脱离意义讲结构、学生学习兴趣低下。长远来看，这与学生系统性的语言学习发生冲突。近年来英语课程改革的重点之一，就是要改变

英语课程过分重视语法和词汇知识的讲解与传授,忽视对学生实际语言运用能力培养的情况。因此,越来越多的老师不敢承认语法在教学中应有的地位,不敢大大方方研究语法教学。但语法教学是英语教学不可缺少的组成部分,我校"归纳教学法"给语法教学提供了新思路。在本单元教学过程中,我们反对脱离语境和意义讲语法规则,不主张脱离意义背口诀;反对教授支离破碎的语法知识点,主张适时归纳,但也反对没有足够感性积累的情况下过早归纳;反对教师灌输归纳后的语法规则,提倡教师提供典型实例,学生或师生共同总结归纳。

在本单元开发过程中,我们重在通过"有过程的归纳教学"模式,帮学生找方法,给学生搭梯子,为学生提供丰富的资料、有效的指导及充分的学习时间,让学生自主探究、总结规律,达到理解并运用规律解决问题、进行语言综合运用的目的。如果学生学会归纳学习,能够总结规律,并加以利用,我们就提供给了学生一个解决问题的有效策略,支持他们顺利完成本单元学习,并为学生后续的英语学习奠定基础。

三、学情分析

为了更好把握学生的学习起点,教师对学生以往作业、作品进行了梳理和研究。

图1 学生作品展示

经过对学生作品的分析和师生的广泛交流，得知 holidays 这一话题对学生来说不陌生，能够激发学生的学习兴趣，但学生存在的主要问题有：语法结构使用混乱、疑问词选择不恰当、句式表达不完整、学生对知识缺乏整体的把握、时态运用不准确等。另外，学生在功能句使用及城市描述脉络等方面也存在问题。

另据教师对学生的了解，班级绝大多数学生有相关课外英语学习经历，对于一般将来时有初步了解，但掌握的都是停留在背诵规律基础上的碎片化知识，学生在表达时存在的普遍问题是语法知识掌握不准确、语序混乱、无功能句型支撑、表述累赘无条理等。

再则，运用英语知识去获取旅游信息，是现代社会发展的需要。我校多数学生旅游经历丰富，对海南及很多旅游城市较为熟悉，这为话题的顺利开展提供了必要素材；归纳学习法的掌握和使用为学生围绕话题、对出行计划和相关城市特色进行描述提供了条件。

四、教学目标

基于此，我们开发并实施了"holidays"主题单元的教学课程。本单元的教学目标确定为：

（一）知识与技能目标

（1）听说，认读词汇：hotel, island。

（2）能够应用几个功能句型，综合应用已学过的内容谈论 holiday plan。

（3）能够通过对三亚城市宣传稿的学习，举一反三，介绍长春的相关情况。

（二）过程与方法目标

（1）通过教师指导阅读学习指南，明确本单元的教学要求。

（2）在小组学习过程中尝试合作与交流，培养学生应用语言与自主表达的能力。

（3）培养学生归纳学习的意识。

（三）情感态度与价值观目标

（1）积极参与本课内容的学习，并可以自信地表达。

(2) 乐于与同伴交流、合作。

(3) 能够针对生活中的体验运用准确的语言进行简单的表达。

五、单元教学设计

表1

课时	学习目标	学习内容	学习活动	学习资源
第1课时对话教学	1. 体会一般将来时动作发生的时间和状态。 2. 归纳一般将来时的句式结构。 3. 讨论假期出行的时间、地点、行程等详细内容，并能够和小组成员一起设计并谈论自己的holiday plan。	1. 词汇：hotel, island 2. 句型：We will… 3. 结构：引导学生归纳一般将来时的构成。 4. 语法：归纳假期计划的基本构成，引导学生综合应用已学过的内容，谈论holiday plan。	活动一：依据提供的四个文本，圈画出关键词。 活动二：观察关键词共同的结构特点，归纳一般将来时的基本构成。	"1+4"模式文本
第2课时阅读教学	1. 了解三亚的城市概况。 2. 举一反三，介绍长春的相关情况。 3. 尝试仿写一篇城市宣传稿。	1. 词汇：all year round /south 2. 功能：归纳城市宣传稿的构成。 3. 交际：仿写城市宣传稿。	活动一：圈画出文中的生词，并通过询问小组成员、向全班提问、请教老师等方式学习生词。 活动二：圈画出关键词，归纳城市特征。 活动三：根据关键词，形成描述城市的思维框架。	"1+4"模式文本 城市描述框架导图

六、率性教学的展开过程

（一）提供多个相似文本，为规律性认识的形成提供可能

仅对教材中单一对话、文本的感知不能形成规律性的认识，因此教师把教材中概括的表格信息还原成具体的文字信息，开发为4个与课文结构相似的文本供学生探究，学生在多个文本中充分探究其语篇结构，归纳核心句的构成规律，为下一步的学习提供充分的铺垫。

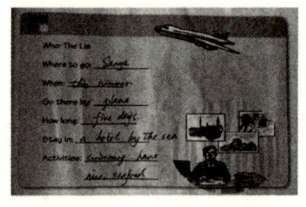

图 2　蓝本教材与开发文本

（二）归纳生成语篇结构框架，总结语法构成规律

本单元一改语法教学只是停留在模仿和替换操练的层面上的做法，运用归纳教学的方法使学生在读一读、比一比、想一想的学习过程中自主总结一般将来时的构成规律并进行运用。

1. 首次归纳

学生找出每个文本中 4 个特殊疑问句及其答句，再将答句中的关键词进行分类，归纳出讨论假期计划的语言框架即 How、Where、How long、What，这个框架不是教师给学生的，而是学生通过观察、体验、分类、归纳得出的。

2. 再次归纳

学生在总结归纳语篇结构之后，再根据句式特征，总结一般将来时的构成规律，得出"will+动词原形"的基本构成。学生在两次归纳中自主探究，学生的参与度高，完成的效果好。

3. 综合运用

根据前两次归纳的语言规律和特征，学生自主构建知识框架，创编对话，讨论各自的假期出行计划。

（三）厘清城市宣传脉络，归纳形成城市描述思维框架

1. 学生和文本的对话

阅读的过程是复杂的分析过程，对于文本，学生会提出什么问题？怎么引

导学生问问题？学生阅读后会得到什么样的结论？教学过程中我们发现学生有发现问题的意识和能力，但欠缺解决问题的能力，我们要做的不应是越俎代庖，直接告诉他们答案是什么，而是用恰当的方法进行指导和点拨，引导他们自己找到答案。通过给学生提供多样化的文本，引导学生学会梳理和提炼文本信息，促进学生掌握阅读策略，体现学生与文本对话以及内化和省思的过程。

在呈现第一个阅读片段后，教师引导学生发现问题："文中从哪些方面描写这个城市？"，并让学生自主回答，培养学生在与文本的初次对话中捕捉文本信息的能力。在学生提出问题的过程中，教师更多地不是关注知识内容的呈现，而是关注学生思维活动的内涵。就效果而言，教师更多地不是关注学生对语言知识的记忆和理解，而是关注学生思考的过程，关注学生思维经验的积累。

2. 生生间讨论交流

孩子们在完成与一个文本的深度对话后，教师进一步呈现 4 个城市，通过小组学习，合作探究，学生逐步归纳出了描述一个城市时的三个方面，即 where、what to do 和 what to eat。此时，学生对于如何描述一个城市，不再是个别的感性认识，而是经历了从"个别"到"一般"，由"偶然"到"必然"，由"具体"到"抽象"的归纳过程。

3. 省思—构建文本

在此归纳过程中，学生获得提炼关键词，提升选择、获得文本信息的能力。在提取关键词的基础上，每个学生都为其选择的城市画出了一幅思维导图。导图是学生思考过程的体现，是对文本信息的梳理和提炼。思维导图本身既是线索、切入点又是方法，小小的一张导图，体现了阅读、学习、构思的过程。

学生经历了与文本对话、总结归纳问题、抽取信息提炼关键词、创造思维导图的学习过程，利用归纳认识了城市的特征，抽象出了描述城市的切入点，基本形成了如何描述一个城市的思维框架，在此基础上再对自己喜欢的城市进行描述，这样的语言输出是充盈的、丰富的、真实的和灵动的。

4. 学习卡片，由牵制到放手给学生充分时间和空间思考

学生获得知识并非只是简单地接受，而应是在体会、领悟、创造中学习，

通过有目的地观察、操作、信息交流等活动，主动丰富自己的认知、丰富自己的经验，学习任何新知的最佳途径就是由学生自己去发现。在单元开发的五轮实践中，我们的学习卡片逐渐改进，经历了三次大变身，由牵制到放手，最终引导学生完全自主归纳，并生成、展示、交流和讨论。首轮实践中要求学生在教师已归纳出的关键词中选择正确答案，实施后我们觉得教师引导过多，要更加放手，给学生充分的时间进行思考、探究、分享，哪怕是错的，也是学生自主思考的结果。于是在之后的几轮实践中，我们的学习卡片不断升级，经历了在所给内容中勾选关键词—给出关键词梳理文本内容—从教师归纳的关键词中选择正确答案—根据文本自主归纳关键词，最后学习卡片已经演变成一张便签纸，完全由学生自主归纳。学习卡片不断升级，带给学生的是更充分的思考和更深入的归纳。

 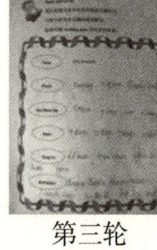 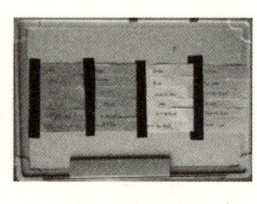 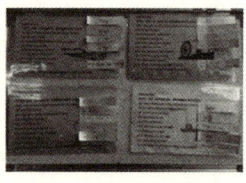

第一、二轮　　　第三轮　　　　第四轮　　　　　第五轮

图3　学习卡片的逐渐改进

5. 通过反复尝试，提供最适合学生的课程资源

丰富的学习资料，为归纳教学提供了更多的可能。案例开发初始，我们团队在海量的网上资源中找到关于三亚的城市宣传片。第一轮中，我们将这个视频作为导入使用。第一轮结束后，老师们发现学生们关于 holiday plan 的表达内容都非常丰满、灵动，那么我们为什么不把学生的个性表达开发出来作为课程资源呢？在接下来几轮的教学中，我们将导入环节变成学生的个性化展示，由学生分享照片中所呈现城市的基本信息，这一改进，有效地激发了学生的兴趣，收到了更好的教学效果。

由于被我们从导入环节拿走的视频非常契合教学内容，第二轮我们把它放在主题文本之前作为文本概览，第三轮放在主题文本之后做拓展，让实践来告诉我们，怎样做是对的。经过三轮实践，我们将这段视频放在主题文本之后，作为拓展文本,为那些英语程度较好的同学提供发展的空间,也为他们有更丰富的表达积累知识。

为了让学生的表达更加顺畅,我们开发了资料卡片作为学生学习的支撑。在第二课时中,我们让学生为自己的家乡——长春写旅游宣传稿,资料卡上是长春各大景点的英文表达形式,学生们可以根据自己的喜好选择不同地点进行个性化表达,但是我们在第一轮实施时发现学生在运用资料卡的时候还是面临生词太多、不会读的困境。因此,我们将平面纸质资料卡升级为多媒体可视化可交互资料,学生们可以直接到屏幕上点击不会读的词语,每个词语都设置了地道的英语发音,即点即发音,这样交互式的课程资源,提供给学生更多自主的空间,方便学生学习。

图4 交互式视频资料卡

6. 板书设计,潜移默化传达给学生归纳的理念和意识

板书呈现一节课的核心内容。一直以来老师们习惯对黑板的控制。在本单元五轮的实践探索中,教师由第一轮全部自己书写板书,牢牢控制着黑板,到后来将学生归纳的内容整理到黑板上,再完全由学生自主分类整理、呈现归纳成果。这渗透了对学生逻辑思维能力的培养,展示了学生归纳重点知识的思路。

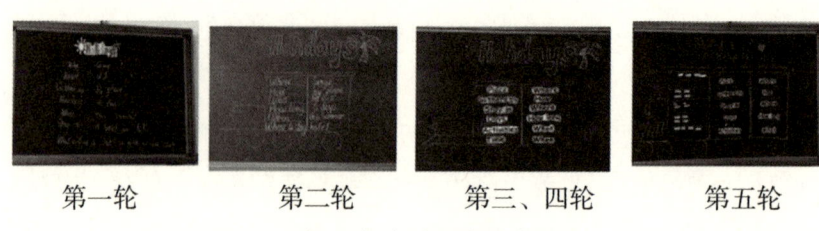

| 第一轮 | 第二轮 | 第三、四轮 | 第五轮 |

图 5　板书的逐渐升级

本单元通过"有过程的归纳教学",围绕 holidays 话题,采取"获取信息—观察分析—总结归纳—实际运用"几个步骤,总结归纳出了假期出行计划和城市特色描述的基本框架,并进行了综合运用,在润物细无声中突破了本课重难点,为我校语法、对话及阅读的教学提供了新思路,培养了学生归纳的意识,使学生掌握了一种有效的学习方法。

执 笔 人：孙维华、张杨

研究团队：孙维华、张杨、周玲玲、田雨姝、刘佳、唐莹、张哲、王欣、马秀萍

六年级 Festivals 单元案例

一、设计亮点

(一) 将同一主题节日加以整合,深入了解中西方文化根源

小学五年级的学生对中西方一些主要的节日是比较熟悉的,在学习中国传统节日的同时,接触和了解西方节日,带领学生感受中外文化的异同,有益于对英语的理解和使用,有益于培养国际意识。通过视频短片,学生了解了中西方节日的由来,加深了对传统文化的理解,这突显了"有根源的教学"这一特点。

(二) 优化单元学习内容,对主题式阅读单元进行重组和建构

我们在本次主题式阅读单元的构建和开发中,优化重组本单元的学习内容,以节日为主题,开发与中西方节日相结合的教学单元。考虑到单一的文本不足以使学生充分探究,因此,在教材中关于春节的文本基础上,我们又开发出三篇与所学文本语篇结构相似的关于西方节日的阅读篇章供学生探究,从而组成一个新的单元。教师通过提供多个不同节日、不同语境的文本,来让学生感知篇章结构。

(三) 借助思维导图,归纳节日要素,提升学生思维品质

本次研究以"归纳教学"作为探索主线,教师引导学生感知篇章结构,借助思维导图,通过对比、归纳,使学生梳理总结出描述节日的句式,归纳出节日话题的相关要素,形成正确表达的语言框架。通过思维导图提升学生思维品质,将知识内化,从而使学生获得综合运用语言的能力。

二、内容分析

（一）内容的选择

本单元教学内容取自牛津沪教版英语五年级下册第十一单元 Chinese Festivals，文本内容介绍中国的传统文化，涉及了节日时间、国家、食物和传统活动等几大要素，学生通过思维导图对关键信息进行提炼，促进了学生阅读能力和思维能力的发展。

单元文本难度适中，教师为学生提供了"词汇银行"，可以帮助学生学习生词，完成从母语理解到目标语言理解的知识迁移，因此，本单元内容成为我们本次单元开发的优良载体。

（二）单元的建构

为了使学生能够充分探究语篇结构，归纳节日要素，教师将文本进行扩充和改编（如图1），优化重组本单元的学习内容。在第1课时，教师根据学生的年龄特点，出示三篇难易程度适中的关于圣诞节、感恩节和复活节的文本，通过学生自主探究，总结规律，提取并归纳出关于节日话题的四个要素。在第2课时，我们从学生已有经验入手，先引导学生回忆与春节话题有关的信息，并进行交流；再学习教材中的文本 The Spring Festival，从而将新知与学生已有经验结合，丰富学生的思维与表达。接下来围绕四个要素，设计学习任务，谈论春节，小组合作共同完成交流任务。

在本单元的学习中，学生通过自主探究，感知语篇结构，归纳出节日要素，发现规律，习得方法，并运用要素，能够结合生活经验和同学进行语言交流，从而做到学以致用。

Christmas 圣诞节	Thanksgiving 感恩节	Easter 复活节
December 25th is Christmas Day. It's an important festival in many Western countries. At Christmas people hang stockings（悬挂长袜）by the fireplace（壁炉）. They sing Christmas songs. People give presents to each other. Many people go out shopping. They buy Christmas trees, socks, Christmas cards and presents. On Christmas Day, people like eating turkey（火鸡）, cakes and fruits. People wish each other a merry Christmas.	Thanksgiving is a North American festival. Thanksgiving is on the fourth Thursday in November in America. In Canada, it is in October. Thanksgiving is a harvest（收获）festival. Families eat turkey, mashed（捣碎）potatoes, and gravy（肉汁）. Then pumpkin pie! At Thanksgiving, they have disguise（伪装）parades（游行）, drama（戏剧）, and some sports.	Easter is the time of spring-time festivals. It's on a Sunday between March 22 and April 25. It is a celebration（盛大庆祝）in western countries like England, America and Canada. At Easter, people color eggs, have an Easter egg hunt（寻找彩蛋游戏）, watch parades（游行）and some people go to church（教堂）too. People eat dinner with their families and friends. They usually eat some beef and ham.

图 1

三、学情分析

（一）通过前测，了解学生的生活经验

在单元教学实施前，教师通过对学生的试卷分析以及访谈，了解学生的文化底蕴、对春节话题的生活经验以及对春节话题的感知。通过访谈我们了解到，大部分学生不仅对春节这一话题有着丰富的生活体验，而且通过网络视频或课外活动，对于西方节日也有很多体验，对于节日话题的相关词汇和句型也有一些积累。因此，Festivals 这一话题对于学生来说是熟知并喜欢的。

（二）分析学生归纳学习的能力

五年级的学生已经初步具备归纳知识的能力，在教师的有效指导下，学生能够通过自主学习，合作探究等学习方式总结规律，在语音学习和语法学习方面进行归纳学习，这也为接下来的顺利学习奠定基础。

四、教学目标

（一）知识与技能目标

通过阅读四篇文章，学生需要了解中西方重要节日的文化，整理重点信息，提炼、归纳出关于节日话题的要素。

（二）过程与方法目标

学生通过自主学习、小组合作探究完成学习任务，并乐于与同伴交流。

（三）情感态度与价值观目标

通过本单元的学习，激发学生对节日的热爱，培养学生的文化品格。

五、单元教学设计

在本单元设计中，教师基于学情调研，聚焦单元整体教学目标，打破常规教学设计和课时安排，跨年级、跨教材对同一主题进行整体单元建构和教学设计。单元课程安排如表1所示：

表1

课时	学习目标	学习内容	学习活动	学习资源
第1课时 Western Festivals	1. 阅读三篇有关西方节日的小短文，感知文章大意。2. 能够将重点信息整理、归类，归纳出关于节日话题的要素。	Christmas Thanksgiving Easter	1. 观看有关圣诞节、感恩节和复活节的英文视频短片，初步感知节日的由来和习俗。2. 默读三篇短文，圈出生词，并在重点内容下面画线。3. 小组成员之间互帮互助学习生词，也可以借助老师提供的"词汇银行"来学习生词，并讨论所画出的重点内容。4. 经过讨论后将文中重要信息填写到表格中。5. 归纳出关于节日话题的 Time, Countries, Food 和 Activities 四个要素。	视频 学习卡片 词汇银行

续表

课时	学习目标	学习内容	学习活动	学习资源
第2课时 The Spring Festival	1. 引导学生回忆春节。 2. 学习课文，了解大意。 3. 根据四个要素在文中找到相应信息完成思维导图。 4. 根据思维导图描述春节的相关信息。	教材P74内容	1. 学生根据板书上思维导图的四个要素，说一说春节时吃哪些食物，做哪些事情。 2. 默读课文，了解大意，并圈出不会的生词。 3. 自学生词，并将学到的新词释义标在单词旁边。 4. 根据课文内容和自己的经历，修改或丰富思维导图。 5. 小组合作，用到所学的新单词及新句子，谈论春节，小组内每人负责谈论一个要素。	视频 学习卡片 单词卡片

六、率性教学的展开过程

（一）通过介绍节日由来，感知文化根源

传统节日是中华民族悠久历史文化的重要组成部分，具有深沉的历史感和深厚的文化底蕴。在 The Spring Festival 的教学中，我们给学生讲了春节的由来，通过播放动画故事视频，学生了解到：中国古时候有一种叫"年"的怪兽，它异常凶猛，每到除夕这天就吞食牲畜、伤害人命。因此，村民就会在除夕这一天逃往深山，以躲避"年"兽的伤害。后来，一位老人告诉村民除夕这天可以在屋内点烛火，穿红衣，门上贴红纸，并燃放爆竹。"年"兽见此情景浑身战栗，狼狈逃跑了。乡亲们为庆贺吉祥的来临，从此每年除夕，家家贴红对联、燃放爆竹、守更待岁，这一天便成为中国民间最隆重的传统节日。

在 Western Festivals 这一课时中，教师也播放了关于圣诞节、感恩节和复活节的视频短片，这些都是学生们所熟知的节日，了解它们的由来，会使学生加深对课文的理解及对节日文化的体悟。

（二）通过观察、对比，归纳出描述节日要素的句式框架

1. 提炼文本信息，归纳节日要素

在 Western Festivals 这一课时中，教师引导学生边阅读文本，边圈画出重点

内容，小组交流后填写在表格中。教师根据学生的汇报，将每一类的词或短语用不同标记标注，每一种标记代表一个类别，以此来引导学生归纳出关于节日的四个要素。

【教学片段实录】

T：What words or phrases do you think are the important messages of Christmas?

S1：I think December 25th, western countries, hang stockings, sing Christmas songs are important.

S2：I think give presents, have big parties, turkey, Christmas cakes, fruits, some juice are important.

T：What words or phrases do you think are the important messages of Thanksgiving?

S3：I think the fourth Thursday in November, America, Canada, in October, disguise parades are important.

S4：I think turkey, mashed potatoes, gravy, pumpkin pie, drama, target shooting are important.

T：What words or phrases do you think are the important messages of Easter?

S5：I think on a Sunday between March 22 and April 25, England, America, Canada, color eggs are important.

S6：I think have an Easter egg hunt, wear new clothes, watch parades, go to church, beef and ham are important.

T：Great! You can find so many important words and phrases. But can you guess what these words stand for?

S7：The underlined words stand for the date.

S8：The circled words stand for countries.

S9：The words with grey background stand for activities.

S10：The words with wovy lines stand for the food.

学生在文本中进行筛选、比较，将零散的信息从短文中提炼出来，通过整理、分类，归纳出有关节日的四个要素，分别是时间、国家、活动和食物。学生先尝试，再归纳，而不是通过演绎直接灌输给学生。通过这样的尝试，使学生加深了对三篇短文的理解，明晰了关于节日的话题可以从这四个方面进行描述。学生在理解的过程中会经历一个不断深入、逐步建构的过程。

2. 通过思维导图，提升学生的思维能力和自主表达的能力

学生的经验相对于教材信息来说，是更为重要的教学资源，教师要努力将教材信息和学生经验统一起来，只有这样，教学才能丰富多彩。就 The Spring Festival 的教学来说，教材为学生提供了丰富的信息，如：Chinese New Year's Eve（除夕），a big dinner（年夜饭），eat fish and dumplings（吃鱼和饺子），visit friends and relatives（拜访亲友），get red packets（得到红包），watch fireworks（看烟花）等，但由于学生所处的文化环境、家庭背景不同，他们的经验往往是个性化的。因此，上课伊始，教师引导学生回忆自己和家人在春节这一天做什么或吃什么，让学生们畅所欲言。

【教学片段实录】

T：Can you say something about how your family celebrate the Spring Festival? What can you do?

S1：I stick red paper cuttings on doors and windows.

S2：I clean the house with my mum.

S3：I go shopping and buy some presents, food, and clothes with my family.

S4：I watch the fireworks at Chinese New Year's Eve.

S5：I watch the lion dance at the Spring Festival. It's funny.

S6：We get together to have a big dinner.

S7：I watch *Spring Festival Gala* with my family.

S8：I go travelling with my family.

T：What can you eat at the Spring Festival?

S9：I eat spring rolls. They mean wealth.

S10：I eat sweet rice balls. They are sweet and yummy.

春节是学生所熟知的节日，教师以"What can you do or what can you eat at

the Spring Festival?"这一问题作为本课的切入点,能够有效激发学生的表达兴趣。学生说出了很多文本中没有出现的信息,教师将这些信息以思维导图的方式(如图2)写在上节课已经归纳出的四个要素中。在此基础上,学生根据文本信息完成思维导图的学习卡片,丰富了要素内容。

图 2

这样的归纳对于学生来说,意义在于通过学生整理关键信息,归纳出这些信息代表了事物的哪些特点,进而归纳出要素,这是我们学习如何归纳要素的过程。接下来在 The Spring Festival 课时中,我们把刚刚的学习过程反过来,引导学生按照四个要素,结合自己的经验描述春节,也就变成了对这一规律的运用,使学生的经验从无到有,从有到用。

新知识的建构往往通过新旧知识的衔接来完成,将新知识逐步融入到学生已有的知识结构中,有助于学生对新知识的理解和意义建构。如果教师只关注教学设计的"预设性",忽视教学过程中的"生成性",不关注学生的经验,被教材信息所束缚,学生的思维也会受到限制,课堂就会变得索然无味。

(三)个性化的教学活动提升了学生语言表达能力的发展

个性化的学习任务是教师引导学生由接触语言发展到使用语言,从而达到内化语言的桥梁。在 The Spring Festival 课时中,教师设计了"丰富导图,谈论春节"的学习任务(如图3),学生可以先根据课文,修改或丰富思维导图,然后用所学的新单词及新句子进行小组合作,谈论春节,小组内每人负责谈论一个要素,可以根据课文内容谈论,也可以结合自己的亲身经历谈论,此处分层设计,降低了部分同学完成任务的难度。

> Learning Guide 学习指南
> 学习任务：丰富导图，谈论春节
> 小组学习：
> 1. 根据课文，修改或丰富思维导图。
> 2. 小组合作，谈论春节。
> 口语表达要求：用到所学的新单词及新句子；小组内每人负责谈论一个要素。
> 建议时间：8分钟

图 3

【教学片段实录】

片段 A：学生根据课文描述春节

T：Which team can show us your mind map and give us a report? Team Two, please.

S1：The Spring Festival is an important festival in China.

S2：It's in January or February.

S3：On Chinese New Year's Eve, families have a big dinner together. They often eat fish and dumplings.

S4：People visit their friends and relatives. Children often get red packets. They also watch fireworks at night.

片段 B：学生结合自己过春节的亲身经历描述春节

T：Which team can show us your mind map and give us a report? Team Five, please.

S5：Hello, everyone. This is our mind map. The Spring Festival is an important festival in China.

S6：It comes in January or February of the lunar calendar.

S7：On Chinese New Year's Eve, we have dumplings, fish, chicken, spring rolls and many yummy foods.

S8：At the Spring Festival, we stick red paper cuttings on doors, clean the house, go shopping, watch the fireworks, and watch *Spring Festival Gala* with our families.

  这样的学习任务既尊重了学生原有的认知水平，又根据学生的认知发展规律，调动了学生的多种感官参与到活动中。学生在不断深入、构建知识的过程中，更加乐于思考，主动学习，将知识内化，培养了学生的发散性思维和创造性思维，让学生在完成学习任务的过程中获得综合运用语言的能力。

  我们谨希望，通过本次大单元开发的尝试，能够为我校英语学科发展提供一些具有校本特色的、可借鉴的经验。我们也将在今后的教学中继续进行相关的研究，希望能形成持续的、递进式的、有效的主题式单元构建体系。

执 笔 人：门欣葳、王欢
研究团队：门欣葳、王欢、逯大方、周雪、武玲、刘亦男

道德与法治

二年级"我们小点儿声"课例

一、设计亮点

（一）落实学科核心素养，与初中、高中思政课进行衔接

我校在"道德与法治"课程建设过程中，始终加强与初、高中思政课教学的有效衔接，积极推动对学生学科核心素养的培育。《普通高中思想政治课程标准（2017年版）》提出思想政治学科的核心素养是政治认同、科学精神、法治意识、公共参与。落实学科核心素养培育，仅仅在高中学段是难以完成的，需要遵循教育教学规律，从基础做起，加强与小学、初中思政课教学的有效衔接。本课例涉及的内容为公共道德的培育，而"践行公共道德"是"学生具有公共参与素养的表现"之一，通过本课例的开发及教学策略的探索，我们致力于与初中、高中思政课的衔接，力求德育功能的一致性。

（二）辨析规则的逻辑前提，促进学生良好道德修养的习得

本课例的内容涉及公共道德的培育，公共道德属于社会规范范畴，传统的规范伦理学通常把社会规范这种实践策略当成"具备良好品德的人"的基本原则，而忽视了对各种规范、逻辑前提的考查。受此影响，以往对"社会规范"的教学，都是围绕着"认识一个个违反规则的现象，然后进一步强化'遵守规则'的重要性和必要性"这样的模式展开，学生不需要思考，只需记住正确做法即可。但是，学生面对复杂的生活情境时很容易对教师教授的社会规范产生质疑，灌输形成的道德价值经不起真实生活的考验，甚至会误导学生的道德生活。久而久之学生就容易产生两套道德标准，一套是"在学校老师教的理想化的道德标准",另一套是"现实的、通过实践得来的道德标准"。本课例的探索,以率性教学的"有过程教学"作为指导思想,通过深度对话激发学生的自我省思;通过对"公共场所保持安静"这条社会规范的逻辑前提的辨析,帮助学生初步明确"公共场所保持安静"这条社会道德规范的伦理基础,帮助学生在复杂的现实生活中进行正确的道德判断,从而促进学生良好道德修养的养成。

二、内容分析

每个人都离不开公共生活,它是锻炼学生道德习惯的熔炉,学校德育要向"公共生活"回归,在真正的公共生活中培养"现代公民"。公共生活包括公共设施、公共服务、公共秩序、公共道德、公共参与等很多内容,这些都是帮助学生认识社会、培养学生适应与参与社会能力的基础。"我们小点儿声"是统编版《道德与法治》教材二年级上册第三单元"我们在公共场所"中的第4课。第三单元"我们在公共场所"包括第9课"这些是大家的"、第10课"我们不乱扔"、第11课"大家排好队"、第12课"我们小点儿声"4课。本单元的设计意图在于使学生了解"公共生活""公共道德""公共文明"这些概念,将活动场域由班级空间扩大到公共场所,从"公共财物""公共卫生""公共秩序"以及"公共文明修养"这4个方面切入,帮助学生养成在公共场所所需要的文明行为习惯,并在其中融入社会主义核心价值观教育。

三、学情分析

一方面,二年级的学生经过学前、小学一年级的生活,已经具有一定的公共生活经验,对公共生活的基本特征已经具有感性认知。总体来说,他们喜欢过集体生活,但是自控能力却不是很好,容易不知不觉地大声说话,打扰他人,而自己却毫不知情。

另一方面,二年级学生的道德认知和道德实践能力都处于发展的关键期,在这个阶段他们关于道德有认知、有实践,但都处在比较初级的水平上,而且不稳定,远未形成稳定、持久的道德能力。尤其在类似"不大声喧哗"这种"小事"上,他们无论认知还是实践都是相对缺乏的。

四、教学目标

《义务教育品德与生活课程标准（2011版）》对于培养学生尊重他人的意识，引导学生养成文明的行为有明确要求。《我们小点儿声》这一课，依据《义务教育品德与生活课程标准（2011版）》"负责任、有爱心地生活"中的第5条"懂礼貌、守秩序、爱护公物、行为文明"而编写。本课教学目标为：

（1）让学生认识到在有他人活动的公共场合不大声喧哗、不打扰他人，保持良好公共秩序的重要性；

（2）明白这不仅是为了维持正常的公共秩序，更是一种社会责任和个人素质的体现；

（3）让学生尝试发现生活中哪些场合需要控制自己的音量，思考有哪些好方法可以让大家学会控制音量。

五、课例教学设计

表1

学习目标	学习内容	学习活动	学习资源
1. 认识到在有他人活动的公共场所不打扰他人、保持良好公共秩序，是一种社会责任和个人素养； 2. 努力控制自己的一言一行，过更加自律的生活。	1. 了解校园中声音大的地点及这些声音的来源； 2. 辨析这些大的声音中，哪些是被允许的，哪些是不被允许的； 3. 明白公共场所不能大声喧哗的伦理基础——不影响同在一个场所的他人； 4. 懂得大的声音、吵闹的声音对身体健康产生的影响； 5. 掌握降低音量的办法。	1. 个人学习——回顾自己发现的校园中声音大的地方及这些声音的来源； 2. 小组学习——和组内同学交流自己的发现； 3. 集体学习——和全班同学交流自己的发现，并且辨析大家的发现； 4. 集体学习——学习与声音相关的知识、声音单位分贝、不同场景下的音量大小等； 5. 集体学习——思考降低音量的方法。	学习卡片《哪里的声音有点儿吵?》

六、率性教学的展开过程

（一）课前调查——哪里的声音有点儿吵？

课前一周布置调查作业，调查"哪里的声音有点儿吵"。调查范围是校园里的教室、开放空间、操场等地。在填写吵闹发生的时间及地点的同时也要标注声音的来源，并思考这里应不应该吵。

在设计这个作业时也考虑到可否由教师提前录制相关视频，课堂上直接给学生播放观看。但考虑到视频虽然能起到情境再现的作用，但毕竟是教师的个人视角，与学生们的视角、认识可能会有差别，所以改成让学生亲自观察、发现。学生在真实情境中，通过直接体验获得了认知，他们置身于环境中，用耳朵听，用眼睛看，感受自己的心理体验，这是一个很重要的认知基础，也是后续归纳的重要基础。道德课的特殊性在于学习内容属于"价值"的范畴，而决定价值的一个重要因素就是个人体验，个人体验越真实、越丰富，厘清价值的基础就越扎实。

哪里的声音有点儿吵？

二年级　班　姓名：

NO.	时间	地点	声音的来源
1			
2			
3			
4			
5			

图1　"哪里的声音有点儿吵？"调查卡片

（二）说一说——交流自己的发现

本环节的学习中，老师在学生个人学习的基础上组织开展小组交流。在小组合作学习中，学生既是"说者"也是"听众"，因此，从"说"和"听"两个角度，对学生的小组交流提出了具体的学习要求。

"说"的时候要注意，按照1、2、3、4的顺序（开学初，就为小组里的四个成员编号）依次发言，保证不出现"有的学生不发言，有的学生说个不停"的现象。说的人要把自己的调查卡片放在四个人的中间，用手指着卡片里的条目说，这样"听"的同学就可以结合卡片内容了解更多信息。说的同学，要尽量用简洁的话说清楚自己的发现。"听"的同学也要注意"专心听"别人的发现。"认真看"其他人的调查卡片，学一学别人是如何结合卡片上的一句话，完整地表达自己的发现的，如果有疑问，要等发言的同学说完再提出来，不能随意打断别人的发言。

"有过程的教学"至少要有两个要素：一是学习活动的全员参与性，二是学习过程的亲历性。在这个环节中，每个学生按照要求都要发言，从制度层面保证了全员的参与；学生将自己完成的调查记录与小组成员分享，实际是完成了两个阶段的学习过程——调查和表达，这两个过程都是学生独立完成的个体对学习的亲历过程。

（三）理性辨析——为什么要控制音量？

本环节中，在学生的直观感受的基础上，引导学生对所发现的现象进行理性思考辨析，判断"这个时间、这个地方能不能大声"。比如，午休时的操场、午休时的教室等。借此引导学生理解：我们之所以要求"在某个时间、某个地点不能大声"，是因为声音大会影响共处在同一个地点的其他人。（午休时的教室不被允许声音大，是因为大声说话会影响同在教室里写作业或者看书的同学；午休时的操场允许声音大是因为午休时操场上的所有人都在奔跑、玩耍，不会影响同处一个空间里的其他同学）

以下是教学片段。

老师：请大家注意这三个发现，一个是午休时的操场，一个是午休时的教室，一个是升旗仪式时的操场。想一想，这个时间、这个地点能不能声音大？

学生1：我觉得午休的时候操场声音可以大，因为操场就是玩的地方，就是跑跳的地方。如果在操场都不能跑，那我们在哪儿能跑呢？

老师：你觉得呢？

学生2：我也觉得午休的时候操场是可以跑的，因为大家都在玩啊。

学生3：不对，大家都很吵，所以你也能吵？那别人做坏事，你也跟着做坏事吗？

老师：你反对她说可以声音大的理由，那么她的观点呢？你同意吗？

学生3：观点我同意，我觉得午休的时候操场是可以声音大的。我的理由是，因为操场很大，我们用很大的声音说话，声音都散了，但是教室不行，教室小，如果你大声说话，那声音就可大了。

老师：哦，这个视角很特别，有人要针对这个观点说说自己的看法吗？

学生4：我觉得不行，那不是声音的事儿，那你说如果别的班上体育课，我们还能大声说话、追赶吗？那不是影响人家上课吗？大家都看你，谁还听老师上课？

老师：会影响别的班级上课。还有谁想说？

……

老师：所以，关键是看——有没有影响在同一个地方的其他人，是吗？

学生：对。

老师：你们同意吗？有没有不同意见？

这一教学环节是"有过程的教学"所强调的"对话/省思"的集中体现。对话是道德与法治课堂中经常使用的教学方式，一般通过与学生对话的方式，完成知识教学和价值辅导。对话中通过师生交流的方式澄清对一个或者多个道德素养的认知，其核心是围绕着现象，一层一层剥离现实，将其本质挖掘出来。在以往的教学中，由于提的问题过于简单，加上没有教师的追问和刨根问底，学生不需要调动高阶思维就能进行回答。缺乏深度的、华而不实的频繁互动，不利于学生的思维发展，反倒容易让学生的思维表面化、浅薄化。

本次课例研究中，我们对以往对话教学中存在的问题进行了反思。组织学生针对音量与时间、场合的关系展开充分对话的时候，教师不要急于表明自己的观点，而应始终启发学生、鼓励学生从不同角度思考，倾听别人的观点，提出不同的意见，帮助学生进一步厘清想法，完善观点。（"你觉得呢？""你反对她说可以声音大的理由，那么她的观点呢？你同意吗？""有人要针对这个观点说说自己的看法吗？""还有谁想说？""你们同意吗？有没有不同意见？"）对话不仅是信息的交换过程，在这个过程中不断有"他人"的观点或者视角冲击着"我",进而促使"我"开启自我省思。当"他人"的道德判断与"我"的道德情感、认知产生矛盾时,"我"会对自己原有的道德价值观产生质疑,从"他人"的策略中得到启发,进而有针对性地修正自己的道德判断力。学生的自我省思不仅是自我调整或自我否定,更是自我延伸、自我建构。

另一方面,如果没有对社会规范行为的前提进行辨析,教师直接灌输给学生"公共场所不允许大声说话",那么类似"午休时操场上的嘈杂声"这种情况就会引起学生的疑问,因为他们没有获得理性判断标准,从而在面对更复杂的生活场景时无所适从。因此,通过对话的方式对社会规范行为进行理性思辨,弄清伦理基础,是社会公德领域教学中必不可少的策略之一。

(四)小小控音师——如何控制说话的音量?

在此环节中,教师要鼓励学生思考有什么办法可以帮助自己控制说话的音量,实现从道德认知向道德行为的过渡。道德教育的关键在于知行统一,任何道德认知最终都要落实在道德行为上才能获得实践意义。在这个环节中,重要的是提醒孩子们:不是不分时间、场合而一味地小声说话,而是在合适的场合下用合适的音量说话,原则是不影响在同一个场合里的其他人。

除此之外,引导学生进一步拓展思考:还有哪些地方也需要小声说话?引导学生回忆在生活中遇到过的在其他公共场所声音大的现象,以此帮助学生进行经验迁移,希望在将来的生活中,学生们进入到公共场所时能有意识地控制音量。归纳的目的是演绎,具体说是经验的迁移和推广。学生从之前观察到的诸多个"个别"中归纳得到了关于这件事的"一般"原则,在这个环节中,将这个"一般"原则再次还原到现实生活场景中,解决现实的问题。

执 笔 人:金春花
研究团队:艾庆华、王春英、杨静、尹璐、姚丽丽、宋文博、张艳红、于闻洋、李孟、刘雨航

二年级"大家排好队"单元案例

一、设计亮点

义务教育阶段道德与法治学科的五个核心素养分别是政治认同、道德修养、法治意识、健全人格和责任意识。其中,有序参与是责任意识的具体表现之一,具体指守规矩、重程序,能够依法参与公共事务,等等。在"大家排好队"这一主题中,最能显现的核心素养就是责任意识中的有序参与。所以,本主题始终围绕如何在公共场所落实"有序参与"而展开,在此基础上进一步渗透法治、明晰道德、培养习惯、落实行动。

(一)以真实情境唤醒公共知觉

在教材处理上,我们从校园以及其他公共场所等真实的生活情境进入,把学生从熟视无睹的生活中唤醒,让其产生经验与公共知觉的对接。首先,丰富校园公共空间,把操场、走廊等纳入到课堂教学中,带领学生走进多场景的校园生活;其次,拓展校园外的其他公共场所,帮助学生从私人空间过渡到公共空间,认识到在公共空间个人的行为会对他人造成影响。

(二)以行为训练落实公共责任

儿童对生活的认知离不开体验,道德与法治学科教学"不能像学科类课程那样以系统的知识传授为主",也要"动起来"。本主题中设计了"排队领取学习用品""模拟高铁站排队检票""应对踩踏的自我保护"等环节,这样的互动,体验性强,参与度高,能够帮助学生真正理解和体会到排队的重要性,进一步认清排队背后的规则与文明,帮助学生认清公共责任。

(三)以案例反思推行公共理性

有效的学习离不开学生与自我、与他人、与文本的多种对话。本主题中多种对话形式交替出现:学生与自我对话,学会省思;与他人对话,学会交流;与文本对话,学会探究。尤其是通过提供日常生活中既具有普遍性,又具有典型性的"去与不去""让与不让"两个案例情境,组织对话与省思,引导学生进行理性判断和自我思辨，帮助学生探寻未能产生公共知觉和未能排队的根源，提出解决办法，感受在公共空间中文明有序、尊重他人所带来的良好氛围。

综上所述，本主题为了将排队所表征的规则意识内化成学生日常生活的行为动机，在教学活动的安排上不止于言语上的说教和行为上的训练，而且把本课的重心放在对排队这一规则背后的价值理念与道德原则的深度挖掘上。尝试在有过程的归纳教学中去把握整节课，力图对学生生活中的真实困境进行澄清与突围，为学生拨开层层迷雾，使其具备在公共领域中的道德能力。

二、内容分析

对于二年级的学生而言，一方面，他们知道排队是一种好的行为习惯，也知道"先来后到""人多排队"这样的习俗和规则；另一方面，他们的规则意识尚在形成发展当中，在排队的过程中，学生也会因为自己着急、觉得无人监督、他人的负面示范而不想排队。之所以会存在这样的行为特征，是因为规则对他们而言是被动遵守的抽象性概念。"大家排好队"作为统编教材《道德与法治》第三单元第11课的内容，其教育主题是让学生真正理解何为公共秩序，强调在公共场所有秩序，才会更安全、更有效率，也更为文明。

大多数学生都具有排队的意识，他们缺乏的是生活场景中排队的正确方法，以及将正确方法迁移运用到不同公共场景中的能力。为了帮助学生学会正确地排队，我们为学生提供了多个日常生活里常见的排队场景。学生归纳出排队的场所、规则，并在后续排队小剧场模拟高铁站排队检票的体验中，把对排队的知识层面上的理解转化为可操作性的行为策略。

学生在课堂上接受的是遵守规则的教育，在现实中会遇到自己着急或他人插队等复杂的情况。如果学生在道德困境中无法突围，那么他们很可能会失去对教师的信赖，选择言行不一的行为方式，因此我们需要为学生提供智慧生活的指导。通过对两难困境的辨析，引导学生在生活中认识到我们既要遵守排队的规则，也要考虑到特殊的情况，排队是否要谦让要根据具体情况去判断。

三、学情分析

在公共场所排队，这是成年人习以为常的社会规则。但是学生对排队的意义到底有何认知？我们对此进行了前测，随机采访了15名学生。大部分学生认为如果排队就可能抢不到好位置，或者有"成年人没有排队，所以自己不排队也没有关系"等想法。通过分析调查结果，我们发现低年龄段的学生对此的主要表现为道德与心理两个层面。

（一）道德层面

低年级学生处理一切事都是从自己的直接感受和个人利益出发的，规则意识并不强。而规则是要考虑群体公平性的，因而，在这一年龄段的学生心中，规则就是约束，约束就是不舒服。让低年级学生理解规则，按照规则办事，并不容易，他们往往要受到多次提醒才能建立规则意识。因此排队看起来简单，但是让二年级的学生从内心接受和认同并不简单。

（二）心理层面

有些时候学生不守规则并不是道德问题，而是心理问题，比如想第一个进入教室而强行插队。此时他们的出发点不是故意不守规则，而是出于好玩，或者争强好胜，所以让学生学会换位思考，站在集体的角度来思考就显得尤为重要。学生能理解规则与人的关系，就会愿意主动遵守规则。

四、教学目标

（一）依据课程标准

课程标准中提出"懂礼貌，守秩序，爱护公物，行为文明"。因此，本主题教学目标从"学会总结归纳相关的知识技能"出发，即"学习并掌握排队应遵守的规则"。

（二）依据教学内容

本主题有三条线索：一是意识到在公共场所需要排队以及排队的规则；二是知道学校里不同情况有不同的排队方法；三是认识学校及其他公共场所有助排队的设施，懂得遵守排队的规则。道德与法治学科教学内容即生活实际，因此教学目标不仅要落实到让学生意识到在公共场所排队的重要性，还要落实到学生日常生活的具体行为中。

（三）依据学生实际

二年级学生作为学习的主体，处于探究、交流、归纳等学习的初始阶段，因此教学目标的确定要遵循儿童身心发展的规律，不能拔苗助长。通过情境模拟、小组交流、道德两难等学习环节，培养学生的归纳思维及能力，为其终身学习奠定基础。

因此，本单元的教学目标为：

（1）情感态度与价值观：认识到在公共场所排队的重要性，养成文明排队的行为习惯；学会换位思考，懂得既要遵守规则，也要懂得礼让。

（2）知识与技能：知道生活中在哪些地方，在哪种情境下需要排队；了解排队带来的很多好处；学会应对踩踏的方法及措施，能够保护自己。

（3）过程与方法：学会归纳排队时要遵守的方法或规则，并能在生活中正确运用。

五、主题单元教学设计

表1

课时	学习目标	学习内容	学习活动	学习资源
第1课时 大家排好队	1. 认识到在公共场所排队的重要性。学会换位思考，懂得既要遵守规则，也要礼让。 2. 知道生活中在哪些地方，在哪种情境下需要排队；了解排队会带来哪些好处。 3. 学会归纳排队时要遵守的方法或规则，并能在生活中正确运用。	情境导入，揭示题目	1. 布置任务：请组长领取本节课的学习用品——高铁车票。 2. 预设： （1）排队领取。 提出问题：刚才的秩序怎么样？他们是怎样做到的？ （2）没有排队领取。 提出问题：刚才的秩序怎么样？为什么会出现这样的状况？ 3. 出示课题：大家排好队。	学习用品——手绘的高铁车票
		创设情境，归纳排队规则	1. 提出问题：你在哪里排过队？ 2. 创设情境：高铁站检票 （1）PPT显示高铁站背景。 （2）音频播放检票提示。 （3）学生根据提示音进行检票。 3. 发现问题：小组交流——回忆检票过程中出现了哪些问题。怎样解决？ 4. 预设：声音大、拥挤、没有排队等；排队时要安静、保持恰当距离等。 5. 板书：安静、距离。 6. 再次体验：高铁站检票，小组交流，提出问题——排队的好处有哪些？	1. 手绘的高铁车票 2. 检票情境提示 3. 学习指南 4. 辅助排队设施的图片

续表

课时	学习目标	学习内容	学习活动	学习资源
			7. 出示图片： （1）一米线； （2）景区护栏； （3）叫号机。 8. 提出问题：你见过吗？它有什么用处？ 9. 预设：保护隐私、保证安全、维持秩序、节省时间、文明有礼、遵守规则。	
		道德渗透，辨析两难	1. 出示不同场景： 场景一"去还是不去"：小明排队打饭时，让后来的好朋友站在自己的前面。如果你是小明的朋友，你怎么做？ 场景二"让还是不让"：有人着急上厕所，你让还是不让？ 2. 价值澄清： 生活中我们既要遵守排队的规则，也要考虑到特殊的情况。 3. 出示图片： 绿色通道：老幼病残弱。 军人优先：依法优先。	情境图片
		总结归纳	排队的好处及怎样才能排好队。	
第2课时 大家排好队	1. 认识到学校排队的必要性。学会换位思考，懂得既要遵守规则，也要礼让。	回顾导入，夯实基础	回忆上节课的学习，说一说排队应该遵守的规则。	学习指南

续表

课时	学习目标	学习内容	学习活动	学习资源
		思考交流排队的重要性	1. 思考并交流：校园里哪些时候需要排队？说说理由。 2. 播放新闻视频：了解踩踏事件。 3. 学习技能：应对踩踏事件，学习保护自己的方法。 4. 解决问题：情境设置，走在队伍中，鞋带开了，怎么办？	1. 校园踩踏事件视频 2. "应对踩踏保护自己"方法组图 3. "鞋带开了"情境图
	2. 知道在学校里不同情况下都要排队；学会应对踩踏的方法措施，能够保护自己。 3. 掌握排队方法，养成基本的文明行为习惯。	遵守排队秩序，争做小榜样	1. 播放视频：观看"我们排队的一天"视频。 2. 提出问题：评价大家做得怎么样？ 3. 反思自己：你在学校中排队时做得怎么样？ 4. 预设 （1）做得好： 提出问题：你是怎样做到的？这样做的心情怎么样？ （2）做得不好： 提出问题：为什么会这样？当时怎样想的？以后自己想怎样改进？ 5. 出示图片：了解校园中提示有序排队的举措。 （1）走廊黄线； （2）墙壁提示语； （3）值周教师； （4）校园小督查。 6. 夸夸身边的小榜样。 说一说谁做得好，他是怎样做的？	1. 校园中"我们排队的一天"视频 2. 学习指南 3. 校园中"有助排队"的设施、人物图片
		总结归纳	在校园中什么时候应该排队？怎样做才好？	

六、率性教学的展开过程

(一) 随机采访,明确儿童学习的起点

对学生的学习起点进行分析和了解,是教学设计首要思考的问题。学习起点包括学生在学习之前所具有的知识和经验、学生的前概念等。这节课,课前通过随机采访,了解到学生在学龄前接受过排队方面的教育,但是没有人引导学生深入系统地思考为什么要排队,以及排队的重要社会意义。

表2

学生 A	学生 B
问:你排过队吗? 答:排过。 问:你在什么时候就已经知道要排队了? 答:幼儿园时。 问:你知道为什么要排队吗? 答:因为排队很整齐。 问:有没有应该排队,但没有排队的时候? 答:有。 问:为什么? 答:有一次坐地铁,妈妈领着我,她没排队,我也就没有排队,直接上车了。	问:你排过队吗? 答:排过。 问:你在什么时候就已经知道要排队了? 答:幼儿园时。 问:你知道为什么要排队吗? 答:排队会很有秩序。 问:有没有应该排队,但没有排队的时候? 答:有。 问:为什么? 答:老师批改作业,我急着出去玩,就忘了排队了。

由此我们得知,二年级是学生文明行为养成的关键期,这个时期的学生心理趋于稳定,对"讲文明"也有了一定的认识,但是从个人空间向公共空间转换时缺乏知觉,知道要在公共空间排队,但对为什么要排队、如何排好队却没有深入的认识和理解,在行动上更是体现出自我控制能力不强、忘记排队等现象。我们应以此为出发点进行教学。

(二) 模拟体验,创设恰当的学习情境

学生对客观世界的认识源于生活实践和体验活动。道德教育不能像学科类课程那样以系统的知识传授为主,应通过实践活动让学生获得生活体验、情感认同和价值认识。本节课,创设多种情境,使学生通过不断参与实践,获得丰富的体验。

在创设情境时，我们考虑到二年级学生的年龄特点，本着趣味性、还原性、真实性的原则，用最贴近学生学习生活实际的教育素材，来解决孩子们文明行为意识和习惯养成的问题。

比如，本课在导入环节的设置上，安排了发放学习用品的真实情境。所发学习用品确实为本课教学所需，自然而然地将学生代入真实的排队场景中。排队与否，是现场情境的真实生成，其带来的不同结果也直观形象地呈现在学生眼前。让学生对排队的理解以具象为起点，再通过后续的思维活动，完成思维逻辑能力的锻炼。

师：这节课我为同学们准备了学习用品（火车票），请小组组长帮忙取一下。取到学习用品后放在组长的桌子上。

（组长取物品）

师：大家注意了吗？刚才这几位同学拿学习用品时秩序好不好？

生：好。

师：他们是怎么做到的？

生：他们都在有秩序地排队。

师：这节课我们就来说说排队的事。

又如"高铁站排队检票"，将生活中常见的情境搬到课堂，让每个学生都参与其中。学生在情境中反思哪里做得不对，为什么不对，应该怎样做，将所学的知识转化为技能，加以巩固应用，上升为行为，最终归还到日常生活当中。

师：同学们请看大屏幕，这是哪里？

生：高铁站。

师：今天我们来体验"乘坐高铁检票"。提示大家，你们手中的车票是不一样的，先看好车票所提供的信息，然后认真倾听车站广播，请相关的同学作好上车准备。

（学生模拟检票）

师：刚才检票的时候秩序怎么样？

生：喧哗、拥挤，有人不排队。

师：那排队时应该注意什么呢？

生：不喧哗、不打闹、不插队、不拥挤……

师：说到拥挤，那么前一个人和后一个人应该保持怎样的距离呢？

（教师请学生到前面做示范）

师：通过大家的总结，我们知道排队时要注意保持适当距离，遵守先来后到、安静等待等规则。那有没有信心再试一次？请听广播。

（学生再一次模拟检票）

师：相比第一次，你觉得第二次排队有哪些进步？

生：秩序好。

师：那你认为这样排队有什么好处呢？

生：有序、安静、保护隐私、安全、省时……

每一个学生对于排队都不陌生，无论是公共场所还是学校。但是排队的诸多问题，二年级的学生是没有意识的，如果我们只是靠日常回忆，很难整理出排队的问题，所以我们创设了高铁站这一生活场景。模拟体验检票的活动，因为时间紧迫，现场一定会出现吵闹、拥挤等状况，那么排队存在的种种问题就显而易见了。将问题整理后，我们就可以逐一找到解决的办法，也就是排队要遵守的规则。比如发现排队拥挤，学生自然就能想到保持距离。当所有的问题都解决了，也就同时归纳出了排队需要遵守的规则。再一次体验的目的是夯实基础，学以致用，学生由此经历了完整的学习过程。

(三) 多样资源，提供丰富的学习素材

我们把呈现的或搜集来的信息统称为学习素材。本主题利用新闻视频、生活视频、学习图片、道德两难等熟知的素材，引导学生夯实学习过程，经历发现、探究、归纳的过程，知道"要排队""有方法"，自主建构排队的相关知识和技能。

师：生活中也有很多帮助我们排好队的设施。这是一米线，它有什么作用？

生：银行排队站在一米线之外，是因为我们有一些信息不方便让别人知道。

师：所以它的作用是保护我们的隐私权。

师：这是什么？你见过吗？

生：叫号机，按它会领到一个号码，根据广播提示办理业务。

师：随着社会的发展，科学技术的不断进步，有一些场所会使用叫号机，比如银行、医院等，既方便排队，又可以适当休息。

师：这是景区隔离带。

生：在人多的时候使用隔离带，让我们的排队更有秩序。

师：排队守秩序，是人人都应该遵守的文明礼仪，也是社会公平的体现。

当然，本节课还出现了很多即兴生成的学习素材，包括学生针对不同问题的发言、观点等，它们呈现和记载了学生的思考过程和结论，为实现"学生在原有水平上的提升"提供了依据和条件。

（四）多种形式，指导学生主动开展"对话"

学习的过程不是学生独白的过程，还要注重通过多元对话引导学生主动学习。对话是学生增进道德认知的重要途径，它的目的不是劝说、说服，而是阐述观点、思想碰撞、表明自己的道德框架，给学生理解的时间和选择是否认同的权利。本单元的两节课，通过观看图片及视频、小组讨论交流、模拟体验、道德两难等形式，让学生实现与自我对话、与他人对话、与工具对话、与文本对话，唤醒学生内心情感。

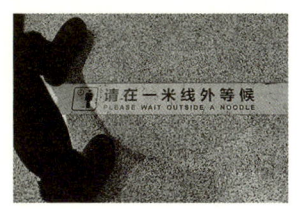  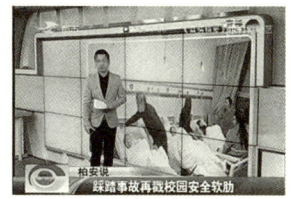

图1

在各种对话中，培养学生的倾听、表达、解决问题等能力，完成整理信息、梳理方法、总结经验，放大学生学习过程，改变学生在学习中蜻蜓点水、浅尝辄止的表面化现象，让学习真正地发生，实现有探究、有沉思、有过程的学习。

（五）明辨省思，助力深化道德教育

明辨是非是道德教育最重要的价值追求之一，省思强调内省、反思，即自我内心的省察，也就是对道德认识和道德行为的反省。有了这样的思辨过程，儿童才能明白要怎么做、为什么要这么做，经历由他主到自主的过程。如本节课在价值澄清环节，创设了道德两难问题"去还是不去""让还是不让"。这一过程我们借鉴了纽约大学拉斯教授的辨析训练法：第一，教师诱发学生的态度和价值陈述；第二，教师必须无判断、无批评地接受学生的思想情感、信念和观念；第三，教师必须向学生提出问题，帮助他思考自己的价值观。

师：但是排队有时也会遇到特殊的状况，这不小明就遇到了几件事，大家帮他出出主意。

场景一"去还是不去":小明同学中午打饭时,朋友请他插入到队伍前面。如果你是小明,你会不会过去呢?

生:我不会过去,因为排队要遵守先来后到的原则。

师:如果小明真的很着急,需要排到前面,那么你觉得应该怎么办?

生:争取后面每一个同学的同意。

师:是啊,因为排队不是一个人的事,大家都同意才行。这样做对每个人都公平。

场景二"让还是不让":排队上厕所,有人着急,如果你是小明,会不会让着急的人先上厕所呢?

生1:我觉得应该礼让着急的人,因为礼让是传统美德。

生2:如果我也着急去上厕所,就没有办法礼让他。我认为在这种情况下,我可以不让。

师:两种观点都有道理,在生活中我们既要遵守排队的规则,也要考虑到特殊的情况。所以说排队是否要礼让要根据具体情况去判断。

学生针对排队时遇到的特殊情况展开对话讨论,在"去还是不去""让还是不让"两难思辨中进行对话与省思,对话的要点不在于信息的交换,这个过程中不断有他人进行补充、启发。可以说,我们没有机械地停留在排队要遵守哪些秩序上,更多的是重视开启学生的自我省思,从而促进学生公共理性思维的发展。

总之,在本主题的学习中,学生通过交流、探究、思辨、归纳等一系列活动,自主地完成了对排队的学习,从而对公共场所排队有了深入的认识。然后,学生通过体验、操作等活动将其转化为具体的方法技能,将理论与实际联系起来,力图在日常生活中加以巩固,形成良好的行为习惯。

执 笔 人:梁佳苹、陆璐、祖穆

研究团队:梁佳苹、刘十、陆璐、祖穆、王小依、王冬梅、任天鸣、高婧、武薄俗、于丹丹、杜娟、郭洪波、曹渺

三年级"安全记心上"单元案例

一、设计亮点

法治意识是小学生必备的核心素养之一,因此,道德与法治教师在课堂中应重视对学生法治意识的培养。本主题围绕安全教育以及法治意识的培养展开教学,帮助学生提高安全警惕性、熟练掌握自护知识,使学生自觉遵守法律法规、安全健康地成长。

(一)提高安全意识和自护能力

保证人身安全是学生健康成长的必要条件,火灾、交通事故等一旦发生,后果不堪设想。小学生受年龄所限,自我保护能力弱,安全问题永远是应该放在首位的。"安全记心上"单元通过调查、采访、体验等学习活动,使学生了解消防安全、交通安全、人身安全方面的知识,掌握自救自护的方法,形成珍爱生命和健康生活的态度与价值观。

防止儿童遭受意外伤害是一个世界难题,儿童是一个特殊群体,他们的认知还没有达到可以保护自己的程度,不能明辨安危。全世界每年有近100万14岁以下儿童死于意外伤害。据统计发生率排在前三位的伤害类型是跌倒、动物致伤和道路交通伤害,加上其他各种天灾人祸导致的意外伤害,防不胜防。小学是进行安全教育的关键时期,因为儿童最易接受安全指导并转化为行动,从而养成良好的安全习惯。

怎样使学生避免受到伤害,形成自我保护的意识呢?教材在低中年级都设置了安全教育的内容。低年级重点促进学生形成初步的自我保护意识和能力;中年级强调了生命高度的安全教育,主要有保护生命的安全技能学习和人际安全教育,从对事故的社会化认识转移到与学生人身安全息息相关的自救自护内容,提高儿童的自我保护能力,培养儿童的安全意识。为此,在进行安全教育时,教师改变传统的说教式传授方法,采用示范演练,注重学生的亲身体验和感受。

（二）法治教育的有机渗透

小学道德与法治课程是落实国家立德树人任务的关键课程，小学阶段，法治教育主要体现为三种类型，即前法治教育、融合式法治教育、直接的法治教育。教材中很多法治教育要点是自然融入到主题教育中的，本单元就是采用分散嵌入的方式对学生进行法治教育，逐步培养学生在日常生活中形成遵守法律法规的思维方式和行为习惯。涉及的法律法规有《中华人民共和国消防法》和《中华人民共和国道路交通安全法》，在教学中教师要将法治教育有机地融入到身边的案例中。

（三）开展体验为主的学习活动

重视亲身经历，自觉参与实践，及时反思生成。活动设计围绕作为体验学习主体的学生来展开，这样才能激发学生的学习热情和兴趣。率性教学尊重学生个性，提倡由学生自己选择学习活动的内容和方式方法，主动思考解决问题的过程和途径。通过逃生体验练习等亲历活动，学生发挥自主能动性，增强实践感受。由于学生是在具体真实的情境下进行体验，所以他们会觉得学习有趣，从而保持愉悦和专注，也能把自己学习的时空拓展到课外及与主题相关的领域，形成时常体会、感悟、反思、分享、生成、创新的习惯。教师由原来的现成结论的灌输者变成观察者、引导者、资源提供者和困难帮助者。

二、内容分析

（一）平衡好教学中的"情、理、法"

道德与法治课的教学在不断的改革中融入了多学科领域的内容，怎样把握学科的品性？概括起来是情、理、法。在本主题中我们可以找到情、理、法的融合点与平衡点。在教学中可以以情入手，通过举例说明安全事故的发生给人们带来的身心打击和痛苦，激发学生道德层面的认知，做到以情感人；以理居中，凡事必须合理，引导学生分析生活中存在哪些错误的行为和认知导致安全事故的发生，培养其规则意识，以理服人；法是基础，是社会秩序，更是刚性的规定，要让学生知法、懂法、用法。

（二）通过多样的教育活动，引导学生学习安全自护技能

安全意识很重要，不仅关系到自己的安全健康，还会给周围的人带来影响。

社会的变化和儿童自主活动空间的扩大，使儿童直接面对危险的概率增大，通过多样的安全教育活动提高学生的自我保护能力，大部分的意外伤害事故是可以避免的。例如：学习安全常识，具备安全思维能力，能够结合生活案例分析一些安全隐患；创设教学情境，学生遇到意外情况，会拨打110报警电话，知道急救电话120、消防电话119等；进行逃生训练，懂得在危险情境下，怎样快速地保护好自己，逃生自救；作为公民，懂得消防、交通等法律法规的条文内容与含义，自觉遵守法律规则与秩序。

三、学情分析

三年级学生正处于心智尚未成熟的阶段，对新鲜事物抱有强烈的好奇心，好动、好问，形象思维占据主导地位，被动讲授式教学并不能激发他们学习的兴趣，目前他们对于安全问题的理解和认识，基本上还停留在知识层面，多数是记忆安全知识，判断危险的存在。应注重联系学生的生活实际，引导学生在实践中发现和提出问题，多关注他们"能不能应对"突如其来的不安全状况。从率性教育理念出发，教学中应该保护学生天性，关注学生个体的思维过程，让学生真正成为学习的主体。

四、教学目标

根据现行课程标准，"我的健康成长"第6条"体会生命来之不易。知道应该爱护自己的身体和健康。知道日常生活中有关安全的常识，有安全意识和基本的自护自救能力"以及"了解本地区交通情况，知道有关的交通常识"等内容制定如下目标：

（1）知道交通安全、预防火灾、防溺水等知识，在老师引导下发现生活中的安全隐患；了解相关的法律法规；初步学会日常生活中基本的自护自救方法，提高安全意识。

（2）通过调查、模拟等学习方式，掌握自救自护的方式方法。

（3）知道生命来之不易，认识和理解安全生活的意义和内容，形成珍爱生命和健康生活的态度与价值观，提高自我保护能力，增强自我防范意识。

五、单元教学设计

表 1

课时	学习目标	学习内容	学习活动	学习资源
第1课时 平安出行	1. 通过学习安全知识，掌握一些安全常识，增强学生的安全意识，逐步提高学生的自我防范和救护能力。 2. 通过多种活动，形成学习、宣传安全知识的氛围，培养学生自我保护的意识和能力，为他们的健康成长打好基础。 3. 了解《中华人民共和国道路交通安全法》的相关规定，有一定的法律意识。	视频导入：集体讨论。	1. 播放视频：某闹市区发生重大交通事故。 2. 集体讨论： （1）你在日常生活当中遇到过、经历过哪些交通事故吗？ （2）请你评价一下视频当中的肇事司机的行为给自己和他人所带来的危害。 （3）此事对你有何启示？	视频：某闹市区发生重大交通事故
		小组交流：要认真遵守交通规则。	1. 利用PPT展示具体生活情境——几种常见的不遵守交通规则的情况。引导学生辨析。 2. 讨论：图片中的人的行为是否安全恰当？你会这样做吗？ 3. 引导组长整理组员的观点，形成小组观点，准备全班发表。	1. 图片：不同场景的交通事故 2. PPT
		全班交流并展示自己课前收集的交通规则。	1. 全班同学进行交流，说一说需要遵守的交通规则有哪些。 2. 组织"我是小小安全员"活动：展示自己课前调查到的交通规则。 3. 总结：平安出行小警示，争做交通小达人。	课前小调查
		总结并引发思考。	1. 教师引述一些交通事故的案例，用真实数据引发学生思考。 2. 总结交通安全问题会给家人、社会带来怎样的影响。 3. 拓展：对酒驾说"不"。 4. 讲解《中华人民共和国道路交通安全法》的相关规定。	教材

续表

课时	学习目标	学习内容	学习活动	学习资源
第2课时 "119"的警示	1. 初步了解基本的防火知识和方法，掌握遇到火灾自救自护的方法和正确拨打119的方法。 2. 培养学生灵活探究和解决生活问题的能力。 3. 提高学生的防护意识，加强防火安全教育。	视频导入。	1. 观看火灾视频，引发对起火原因的思考。 提问：火灾是怎么引起的？ 2. 水火无情。 提问：当你身处火海时，应该如何逃生与自救呢？	火灾视频
		讲解火灾发生时的基本逃生技巧并体验逃生方法。	1. 火灾是一种非常可怕的灾难，学会火灾发生时的自我保护、求救和避难逃生的方法非常重要。 提问：你知道哪些火灾逃生的方法呢？ 2. 观看《火灾逃生方法》视频。 思考：无论在什么样的火灾现场逃生，大家首先要怎样做？ 3. 教师示范基本逃生方法。 4. 小组示范：组长组织组员练习逃生方法。	1.《火灾逃生方法》视频 2. 湿毛巾
		学习拨打119。	1. 观看视频《消防员叔叔有话说》，学习拨打119。 2. 拨打119时我们需要说清楚什么？	1.《消防员叔叔有话说》视频 2. PPT
		评价：出示不同火势情况图片。	让学生判断出正确的逃生办法，比一比谁是安全小卫士。	不同火势情况图片

续表

课时	学习目标	学习内容	学习活动	学习资源
第3课时 安全通行证	1. 阅读《中华人民共和国消防法》有关条文。了解日常生活中的安全常识、防范危险的方法。 2. 提高家庭生活和活动中的安全意识以及社交中的自我保护意识。	展示课前小调查。	1. 谈话导入：大家可以说说自己课前的调查结果。 2. 请学生们回答调查结果，教师选取有意义的一部分进行现场记录。	课前调查结果
		全班交流。	借助教材60页的插图带领学生剖析生活中存在安全隐患的原因。	1. 教材 2. PPT
		总结并引发思考。	总结：危险一旦发生，可能对我们造成身体伤害，严重的还会威胁到我们的生命。因此，我们不仅要掌握相关的自救常识，还要防患于未然。	

六、率性教学的展开过程

选择适切的学习方法、开发必要的课程资源、创设恰当的学习氛围是本单元实施的有力保障，为此我们在实施中关注了直观教学、情境创设、课程资源开发等方面，力求安全单元的学习有效、生动、直观、丰富。

（一）巧用媒体资源，激发学生思辨

媒体以其声、形、色等特点，创设情境，提供形象的教学环境。它能够缩短时间与空间的距离，让学生在直观的教学情境中受到情绪的感染，激发其内在的情感。由于生活经历有限，学生对于火灾造成的伤害，难以产生深刻的体会，也就难以产生"防患未然、学习自救"的强烈需求。于是，选用火灾事故的案例录像，制作成课件播放。

师：（播放火灾视频）同学们，看看火灾给人类带来了多大的危害！

生1：我看到火灾造成了人们财产的损失。

生2：好多建筑被毁了，死了很多人。

生3：小动物也会无家可归。

师：是啊！火灾带来的危害如此之大，所以我们现代社会就用一个数字代表火灾给我们的警示，那就是119。

教师创设情境，拉近教学内容与学生的距离。

运用率性教学理念，分析火灾事故发生的原因，探索根源。引导学生思考，这样的火灾为什么会发生？怎样在生活中加以避免？适当的媒体资源把空洞的说教变成激发学生学习内驱力的有效手段，使学生在多种感官的参与中得到启发，受到深刻的教育。

师：第一个情境中，火灾发生的原因是什么？

生：他们看电视的时间太长了，并且睡着了。

师：睡着了电视就一定会起火吗？发生火灾的真正原因是什么？你们刚刚有没有注意到？

生：电线老化，他们没有换新的电线，还看那么长时间。

师：这样的火灾我们能避免吗？

生：可以，日常生活中要及时更换老化的电线，防止火灾发生。

学生观看了火灾原因视频，教师引导学生从生活实际出发，透过生活中的现象，分析背后的原因，教师追问如何做才能避免火灾发生，让学生自己说出避免火灾发生的方法，让学生在思考问题中从没有意识到起火原因，到知道起火原因，再到明白这样的火灾是可以避免的，从而提升安全意识。

（二）灵活创设情境，解决安全问题

利用发生在身边的火灾案例、溺水事件，创设情境，让学生思考、演示、练习，避免事故的发生。在学习过程中发现了问题，运用率性教学"有过程的归纳教学"理念来解决问题。

师：刚刚看了动画片——着火啦！你能说说有哪些起火原因吗？

生1：电线老化、插太多电线。

生2：用纸罩着灯泡，灯泡太热了，把纸点燃了。

生3：烟头没熄灭，不小心点着了床单。

生4：电熨斗忘关了。

生5：水烧干了，电线起火了，就着大火了！

生6：在堆放杂物的地方放鞭炮。

师：好，同学们，你们真是"火眼金睛"，你们发现了起火原因，你们有没有发现这些火灾的起火原因有个共同的特点呢？

生7：人们粗心大意，太不小心了。

生8：他们的安全意识不强，如果注意点儿，就不会起火了。

师：你们总结得太好了，如果他们像你们一样，有防范意识，这些火灾完全可以避免。其实，生活中还有很多潜在的危险，是我们可以避免的。

教师不被教案框死，通过师生对话省思，引导学生归纳总结出起火原因的共同点，让学生在思考分析中提高安全意识。教师适当拓展到生活的其他方面，灵活地与学生学习和生活环境加以联系，挖掘潜在的危险。通过梳理使学生明白，生活中处处存在危险隐患，要学会远离危险，减少危险的发生。

在教学活动中所选取的生活情境，贴近学生生活，符合实际，让学生模拟逃生方法，让学生表演起来大胆、无拘束感。

师：如果现在起火了，但火势不是特别大，同学们要有序撤离，那么哪个小组可以给我们示范逃生过程呢？

小组1示范：弯腰，湿毛巾捂住口鼻。

师：哪些同学来评价评价？

生1：我觉得1号同学最好，他动作标准，而且很严肃，没笑。

生2：他们没有慌张，能够按顺序逃生。

师：对，逃生的时候一定要冷静，否则推搡拥挤，可能会发生踩踏事件。

既有师生的互动，又有学生与学生间的交流，课堂气氛活跃，教师真正发挥了指导者、支持者、引导者、合作者的作用，努力创设了一种民主、平等的教学氛围。

（三）开发课程资源，丰富教学内容

课程资源是体验学习得以实施的背景和必要条件，开发与利用课程资源是本单元顺利实施的前提条件。在本单元的学习中，我们创造性地发掘和利用学校、家庭、媒体的资源，使课程资源开发呈现出多样性、开放性的特点，包括各种有形和无形的资源。按资源载体不同,可分为文本资源、音像资源、实物资源和人力资源。我们还集思广益,查阅资料,开发了丰富的文本资源。为了营造更真实的情境,播放救援消防车执行火灾救援任务的视频,还将消防服、灭火器、防毒面具等消防器材运用于课堂教学,使得课堂教学内容更丰富、更有趣,学生也更乐于学习。

总之,在本单元的学习中,学生通过观察、课前小调查、讨论交流、体验探究、总结归纳等一系列活动,了解掌握了安全常识,增强了自我安全意识,逐步提高了自我防范和救护能力。这一系列活动也形成了学习、宣传安全知识的氛围,培养了学生自我保护的意识和能力,为他们的健康成长打下了良好基础。

执 笔 人:韩玉琢、王欣

研究团队:韩玉琢、王欣、邱丽萍、董力嘉、韩美林、张丹、于晓倩、江霄月

体 育

三年级"立定跳远"单元案例

一、设计亮点

三年级立定跳远单元的教学是在人教版教材指导的基础上,结合我校"率性教学"的理念,深度剖析立定跳远的技术环节,充分挖掘学生学习的自主性和积极性,采用集体学习、小组学习、个体目标追踪学习及分层教学等多种教学方法,将课堂教学实效性和个体差异性最大化地呈现的过程。其设计过程经历了"简单—复杂,具体—抽象,完整—分解—完整,本体感受—逐步认识—泛化修整—逻辑提升—指导实践—自动化形成"的过程。这一系列的变化涵盖着诸多有效的科学指导。

(一)充分挖掘每一个个体差异的"根源",开展行之有效的自主学习和德育教育

立定跳远的教学单从技术层面来讲,学习起来比较枯燥乏味,学生容易失去兴趣,那么如何设计才能激发学生的兴趣、如何提高学生学习的主动性变得尤为重要。设计者们在设计的过程中尊重了个体的不同,注重学生的本体感受,让每一个学生都能够大胆尝试和体验,帮助他们初步建立对立定跳远的理解。本单元让学生经历从自己的实践体验到观察发现找到自己的不同,再通过对比诊断发现自己的问题,进而选取自己需要的方法来解决问题的过程。这一设计采用"超市化的管理",需要学生不断地去主动探究和发现,将学生学习的主动性和自觉性体现得淋漓尽致。

本单元的教学过程以个体体验发展为主线,通过集体学习进行思维拓展和归纳总结,通过小组学习进行对比、挑战和互助学习,通过分层教学掌握学生

学习的脉络，通过个人挑战进行动作的巩固提高。以上不同方法的采用，能够帮助学生建立正确的学习动作表象，让学生根据自身出现的问题，采取相应的办法进行改正提高，为以后不同技能的学习奠定基础。追踪以上形式多样的学习过程，可以发现立定跳远单元的学习不仅可以增强学生的身体机能，还可以培养学生不畏困难、积极进取、勇敢果断的意志品质，在小组学习中加强学生间的合作，极大地促进了学生团结协作意识的发展，使得德育教育在学习过程中点滴渗透、自然开展。

(二) 动思结合，在积极探索中让学生经历完整的学习过程

对技能的学习，不仅仅体现在身体的参与上，只有身体、头脑相结合才能精准有效地掌握方法，促进能力的提高。设计之初，考虑到运动的强度和学生身体的适应性，将参与体验、练习与思考、总结提炼巧妙结合，这有助于教师对学生的运动量进行合理控制和把握，让学生既有身体量的积累又有大脑思考质的提升，劳逸相加促进双渠道的完美结合。

学生对跳远运动技能的学习，源于自身的体验。学生通过对比发现"为什么他比我跳得远？""我比他用力蹬地我就比他跳得远吗？"等问题，初步建立自己掌握的表象概念，随着教学的深入认真观看完整慢动作，在大脑中逐渐内化出跳远的过程，再通过交流检讨自己哪个过程做得不够好，并结合教师给出的几种方法，最后形成由集体归纳总结到个体掌握要领的转变。整个学习过程完整显现，只需要引导学生根据自己的问题进行有针对性的改正练习，避免教学中的简单灌输，就可以发展学生完整的学习思考能力。

二、内容分析

(一) 立定跳远是国标教材重点内容

人教版教材在"跳跃"一节中阐释，立定跳远对促进学生下肢肌肉、关节、韧带和内脏器官机能的发展，提高学生协调、速度、力量等身体素质有着积极

意义①。在小学阶段，立定跳远也是人教版教材小学阶段水平一、水平二、水平三的教学内容。水平二中指出跳跃是小学三、四年级学生体育教学的主要内容和锻炼身体的重要手段，通过跳远等形式，进一步发展学生的身体基本活动能力，学生经常参加这类活动不仅可以发展跳跃能力，提高身体的力量、灵活性和协调性，增强身体机能，还可以培养不畏困难、积极进取、勇敢果断的意志品质。在2014年修订的《国家学生体质健康标准》中，立定跳远是初中、高中、大学每年体测的必测项目，也成为衡量学生身体素质的重要标准之一。

（二）立定跳远传统教学的局限性

对于学生而言，立定跳远的传统教学比较枯燥乏味，提不起兴趣，他们通常认为动作很简单，自己已经掌握，但其跳远的能力水平远远不够，这就导致了学习的深度无法达到，不能充分挖掘个人的潜力；对于教师而言，传统的教学无非被动地教与学，课堂设计风格大同小异，没有新颖性和创新性，课堂呈现没有多少亮点，所以更多的教师不会选择这个内容进行深度研究和开发。这也为我校体育学科课堂教学内容的改进和单元开发创造了必要的条件。

（三）结合率性教学思想、手段重新出发

在体育教学中，学生从刚入学就开始接触立定跳远，越是简单的教学内容越是容易被忽视。立定跳远看似简单，也容易模仿，正是这样的表征，使得学生片面地以为只要动作做得像就对了，殊不知初级的模仿不仅没有让学生真正理解这一动作的内涵、要领，更重要的是它直接导致学生今后练习的方式方法出现偏差，以至于做出错误动作。本课通过多媒体微视频帮助学生建立完整的动作表象，通过障碍架、地趴等辅助器材，让学生充分体会立定跳远这一动作的发力部位与时空感，经历由具体到抽象再到具体的一个相对完整的学习过程，为学生今后运用跳跃的方式进行健身打下坚实的基础。

运动是只有相似而没有完全一致的动作形态。体育运动总是从模仿开始，经过积累，逐渐形成个人独特的练习心得和练习方法。运用有过程、有个性的率性教学，让学生经历模仿、思考、探讨、归纳的学习过程，实现从动作模仿

---

① 课程教材研究所体育课程教材研究开发中心. 体育与健康（3至4年级全一册）[M]. 北京：人民教育出版社，2014.

这一"个别性"行为到逐渐产生运动心得体会这一"一般性"行为的转变。学生从学会表象动作出发，深度探索实质性动作要领，协调四肢和大脑，发展运动能力，提高运动成绩。

基于上述内容，结合我校学生的实际情况开发了三年级"立定跳远"单元。

三、学情分析

三年级的学生有一定的运动基础，具有较强的探索欲望，在学习过程中越来越多地表现出爱思考、爱探讨的发展需求。因此，在教学过程中要合理安排小组学习内容，更多地给学生提供思考和讨论交流的空间，通过适宜的点拨和指导帮助其提高合作学习的效果，实现从教师主动"教"到学生自主"学"的改变。

本单元授课实验班全班共 39 人，其中男生 20 人，女生 19 人，经前测得出跳远成绩如下：全班学生平均成绩约为 113.0 厘米，其中男生平均成绩 121.8 厘米，女生平均成绩 103.8 厘米。学生总体跳远成绩不高。教师通过指导检验发现 75% 的学生蹬地发力不充分，80% 的学生落地时腿不前伸，50% 的学生不会全身协调用力，40% 的学生落地时不会屈腿缓冲。

通过以上数据可以看出，学生在开展单元学习前，只能粗略地模仿做出动作，对于如何能跳得远、制约自己跳得远的原因搞不清，找不到能帮助提高成绩的方法。如果教师在教学的过程中，能够引导帮助学生发现问题，找到方法，经过一定量的积累练习，学生的水平会在掌握清晰结构和方法的情况下有一个质的提升。

四、教学目标

结合《义务教育体育与健康课程标准（2011 年版）》水平二的标准及《体育与健康》人教版教材立定跳远教学内容，追溯"率性教育教学的根源、过程和个性"，从运动参与、运动技能、身体健康、心理健康与社会适应几个维度来制定单元目标，具体如下：

（1）知识与技能目标：追溯立定跳远动作差距的根源，通过实践体验、改进，能够归纳出简单的立定跳远的动作方法，并能够熟练完成，跳跃能力得到不同程度的提高。

（2）过程与方法目标：能够积极主动地参与学习的每一个环节，能够通过不同的学习方式发现自身的问题；在帮助和指导下找到相应的学习方法进行反复练习和提高；能够不断为自己设立目标，并勇敢大胆地发起挑战，取得一定的进步。

（3）情感态度价值观：在面对新的挑战和困难时，能够主动动脑思考、找原因，并敢于克服困难，完成挑战；在学习活动中积极主动地与同伴交流合作，并乐于相互帮助；在学习过程中做到使用文明用语、遵守规则。

五、单元（课例）教学设计

表 1

课时	学习目标	学习内容	学习活动	学习资源
第 1 课时	正确掌握双脚起跳、双脚落地	双脚跳跃初体验	1. 教师引领学生体验双脚跳跃练习。练习内容：重跳、屈腿跳、展腹跳、屈蹲跳。 2. 小组学习，四组轮换练习四种跳跃动作。 3. 集合，引导归纳四种跳跃动作的共同点——双脚起、双脚落。 4. 引导学生将四个动作按一定的顺序组合，从而导出完整的跳远动作。 5. 观看完整动作示范。 6. 分成小组尝试体验跳远。 7. 记录自己跳跃的最好成绩。	大屏幕、学习指南、跳远垫、标志垫、评价记录板

续表

课时	学习目标	学习内容	学习活动	学习资源
第2课时	能够双脚蹬地发力起跳	双脚起跳、双脚落地	1. 教师示范，学生展示与对比，思考"为什么他跳得远"。 2. 小组练习、体验、交流。 3. 引导学生找到出发时的不同。 4. 归纳总结出双脚蹬地发力的不同。 5. 按照找到的正确方法反复练习。 6. 选派各组进行提高展示。 7. 记录自己跳远的最新成绩。	大屏幕、学习指南、跳远垫、跨栏架、评价记录板
第3课时	学会上下肢协调配合发力	蹬地、展腹、屈膝落地	1. 集体思考："掌握了双脚起、落，怎样还能提高成绩？" 2. 在小组内交流、体验、练习，找出答案。 3. 教师示范与学生对比，引导学生往高远处去跳。 4. 学习指南讲解解决方法。 5. 小组进行跨栏架的连续跳跃练习。 6. 小组利用体操垫进行连续跳跃练习。 7. 小组练习后进行跳远体验练习。 8. 记录自己跳远的最新成绩。	大屏幕、学习指南、跳远垫、跨栏架、体操垫、评价记录板
第4课时	建立清晰的连贯动作概念，能够做出完整、高质量的动作	归纳总结、完整动作练习、教学比赛	1. 集体观看视频进行思考，用自己的语言把思考所得简洁地表达出来。 2. 教师对学生语言进行整合加工，导出动作要领口诀：一摆二蹲三跳起，快速蹬地展身体，收腹提膝伸小腿，后跟着地向前起。 3. 小组学习体验完整正确的动作，教师集体纠正与指导。 4. 练习、检查自己存在的问题，进行相应的分层学习。（分为基础组、提高组、发展组） 5. 学习成果展示。 6. 小组比赛。 7. 记录自己跳远的最新成绩。	大屏幕、学习指南、跳远垫、标志垫、跨栏架、体操垫、评价记录板

六、率性教学的展开过程

率性教学强调遵循学生的认知规律、尊重学生的主体地位和个体差异，教师要为学生创造自主学习、探究发现的条件，为满足不同学生的需求做出更充足的准备，把握主线、循序指导，不要过多干涉每一个学生发现问题—寻找方法—指导自己身体练习—掌握本领—提高身心素质的过程①。这一过程将率性教学的"有根源、有过程、有个性"展现得淋漓尽致。

（一）追溯学习中技能差异的根源，自主探究发现问题

本单元的教学注重学生的身体体验和心理感受。在课程开展之初，学生通过尽情参与、大胆体验，建立"自己"的跳远方法。在此基础上，教师通过与学生的对比，让学生主动探索发现哪个方法更好，以此引出"老师的方法跟我的方法有什么不一样？""我怎样才能改进我的方法？"等问题，从而让学生带着这样的问题进入学习的主线。为了让学生更快地找到办法，教师精心制作了动作示范的慢动作短视频。新媒体的介入能够让学生更直观地观察到他们的不同，再通过小组内练习、对比交流，引导他们去发现动作的不同点，为他们进一步掌握学习方法作铺垫。

师：请同学们以小组为单位依次进行跳远体验，看看你认为能跳得远的动作是什么样子的。

（学生到各小组区域练习体验，勇于尝试）

师：下面我们找各组的同学来展示一下你是怎样跳的。

（生A、B、C、D展示跳跃动作）

师：刚才这几位同学都做了展示，大家认为谁跳得最好？好在哪里？

生1：我认为A同学跳得好，他那样跳能够全身使劲。

生2：我认为B同学和A同学跳得好，他们是两个脚一起用力。

生3：我认为C同学的单脚起双脚落也会很远。

师：现在看到大家都在积极动脑，但结论不一致，下面我们就来实践一下，

---

① 于伟，等. 率性教育的理论与实践探索 [M]. 北京：教育科学出版社，2018.

同学们回到小组去练习，先练习一个脚起跳（它也叫单脚起跳），记录一下你的成绩，再练习一下两个脚起跳（它也叫双脚起跳），记录一下成绩，看看哪种方法跳得远。

学生分散到小组练习。

组1生：你们看，我单脚跳了85厘米，双脚跳了101厘米，我是双脚跳得远；我也是我也是……

组1生：经我们自身的对比，大部分人都是双脚跳得远，那应该是双脚一起跳跳得远。

师：1组同学经过实践总结得非常正确，正确的方法就是双脚起跳。

……

（二）打破思想与身体的束缚，充分享受动思结合的学习过程

在整个单元教学的过程中，因个体的身体能力差异较大，所以就要通过不断重复练习刺激身体以促进运动能力的提高。在经历由不会到会、由跳不远到逐步提高的过程时，一次次的挑战和本体感受，帮助学生找到了正确的方法，由此进行的提炼生成，将归纳教学完美展现。

师：同学们通过这几次课的学习，都有不同程度的提高，老师想知道是哪些方法促使你们进步的？

生A：老师，我通过学习知道了跳远时在双脚起跳基础上，手臂要先向后摆动。

生B：老师，我发现摆臂之后，两条腿要蹲下来为向前跳跃作准备。

生C：老师，我的感受是在两条腿蹲下来后，手臂也要跟下来。

生D：老师，在前三名同学动作的基础上还要双脚用力蹬地去发力，然后全身使劲向前，有一种飞起来的感觉。

生E：老师，他们忘记了跳的过程中腿要向前伸，最后是屈膝落地的。

师：同学们都说得太好了，那么我们用最少的字总结一下，例如顺序，一是什么，二是什么？

生F：一是"拉"还是"摆"？

生G：一是"引"怎么样？

生 H：我觉得还是"摆"字好，像钟表一样。

师：这个好，这个好！那么我们就把第一个动作定为"摆"。

……

师：大家说得可真好，说明大家都在动脑思考。那么我们把刚才提炼的总结一下"一摆二蹲三跳起，快速蹬地展身体，收腹提膝伸小腿，后跟着地向前起"。

（三）科学精准的设计，满足不同个性的需求

1. 根据学习能力，科学分层，设计多种学习内容

本单元重在根据学生的学习程度进行相应的分层教学，以满足不同个体的需求。结合学生对动作的掌握程度和身体的综合素质，参考全国小学生三年级跳远成绩标准和全班的平均成绩，确定详细的分组学练内容，促进每一个个体学习潜力的最大发挥。那么这个环节学习指南的运用就显得尤为重要和便捷，可以制作不同的练习内容以满足不同人的需求。

学习指南（发展组）

条件：距离146厘米以上。

练习内容：

(1) 障碍架练习1组。

(2) 立定跳远测试。

(3) 挑战老师跳跃成绩1次。

要求：

(1) 自觉排队依次挑战，未成功者继续练习，重新开始。

(2) 相互监督，帮助记录。

2. 制作进步评价表，追踪数值，科学有效评价

在整个单元教学过程中，从第1课时开始我们就进行了成绩的跟踪记录，为了让学生更加直观地感受到自己的进步，我们开发了个性化的"彩色小粘贴"。例如：当学生进行立定跳远时，只要成绩较上一次有所提高，就可以在垫子上贴一个自己的学号。这样做不仅能增加练习乐趣，更能激发学生的积极性。为了让学生充分体验体育竞技带来的精神愉悦，老师们组织开展了小组赛、师

生赛、班级挑战赛等，不仅增加了学生的学习动力，促进了师生互动，更促进了学生自我突破的实现。在学习过程中，将每一次最好成绩记录在单元成绩评价表中。这样，既可以直观地看到每一个学生的进步幅度，从而进行科学评价，又可以了解学生间的差距，进行有针对性的指导，以促进每一个学生身体能力的提高。

通过4个课时的学习，每个学生成绩都有很大的提升，后测结果：全班平均成绩约为143.9厘米，提高了30.9厘米；男生平均成绩为154厘米，提高了32.2厘米；女生平均成绩为133.3厘米，提高了29.5厘米。成绩提高幅度最大的是10号男生，由108厘米增长到172厘米。由前后数据对比可以看出，有过程的归纳教学对学生在立定跳远单元学习的实效非常明显。

在率性教学理念指引下的立定跳远单元教学中，教师充分放手，让学生做学习的主宰者，通过体验、合作、交流、练习这一系列的过程，学生不仅在身体上得到了锻炼，在思想和方法上也得到了很大的提高。这样的进步是自动生成的，而不是被动接受的，这样的方法是主动获取的，不是被动灌输的，我想这也就达到了我们从教者的目的——"授之以鱼不如授之以渔"，将率性教学的思想深入教学之中。

执 笔 人：王营
研究团队：宣立新、李婉洋、郑晓新

四年级"原地双手胸前传接球"单元案例

一、设计亮点

（一）归纳思维培养——学生学习双手胸前传接球动作需要经历体验认知的过程

双手胸前传接球技术的要素包括稳、准、快。如何让学生在掌握正确动作的基础上，达到稳、准、快的目标是本单元的学习重点。在学习之前，首先让学生带着教师设定好的问题去观看视频或者教师的示范动作，然后进行模仿体验，在体验的过程中不断地思考教师提出的问题，并在实践中摸索问题的答案。然后让学生分别进行回答（个别），最后教师进行总结（一般）。这个从个别到一般的过程就是归纳的过程。在这个过程中，学生能够亲身体验复杂动作的全过程，并且通过实践探究能够了解动作要点，变传统的教授式的学习为走心的探究式的学习。因此，学生在课堂上的学习方式表现为"带着问题去体验""通过体验去归纳""带着归纳去练习"的自主学习方式。

（二）关注差异——完善学习进度模式，促进学生个性化发展

体育学习中学生所表现出的技能和基础上的差异是客观存在的，为了关注学生的这种差异，使每个学生都能够体会到成功的乐趣，在技能的学习中，仍然要延续个性化教学学习进度模式。个性化教学学习进度模式的最大优势在于不受整齐划一的教学进度与教学时间的限制，关注了学生的接受能力与学习速度的差异。因此，在"原地双手胸前传接球"的单元学习中，按照学生学习能力的不同，根据不同的评价标准，进行分组教学，使每个学习小组都有不同的学习内容、练习方法、评价手段，使不同学力水平的同学能够得到相应的发展。

二、内容分析

（一）双手胸前传接球在篮球技术中的地位

随着社会文化的发展，篮球运动深受学生喜爱，是具有集体性、健身性、趣味性和对抗性的综合项目。传接球是篮球运动中最主要的基本技术，它是承接运球和投篮以及完成技战术配合的重要环节。传球方法多种多样：双手胸前传球、击地传球、单手肩上传球、头上传球、背后传球等。比赛时要根据防守人的不同站位，选择不同的传球方式。双手胸前传球是组织快攻直接得分的重要手段。

（二）根据技术特点，确定重难点

在篮球比赛中，传接球技术至关重要。稳、准、快是必须具备的特点。因此，在本单元内容的开发中，教师要以学习基本传接球技术为重点，解决如何传得准、接得稳、传得快的问题，课程设置、课时安排、教法选择、评价要点的确定都要围绕重难点进行。

三、学情分析

（一）对学生身体素质的分析

四年级的学生无论是身体素质还是运动能力都具有一定基础，有意注意时间比较长，对稍复杂的技术动作的学习接受能力比较强，同时对团队合作、具有一定的竞争的集体项目比较感兴趣。他们已经掌握了原地运球和行进间运球的技术，并且对球性和球感有了一定的基础，因此，从技能和情感上对本单元的学习已经作好了充分的准备。

（二）对学生学习情况的分析

"原地双手胸前传接球"是四年级学生在学习过"行进间运球"后的进一步学习。传、接球是一个完整的技术动作，经过单元学习的前测发现，大部分学生对接球存在恐惧心理，以致不敢接球，因此，根据学生实际情况，我们在教学中首先应突破接球困难的各种问题，在单元课时安排上，把接球安排在前两课时，重点突破学生接球时的恐惧心理，引导学生学习接球的技术动作，在此基础上，强化学生对传接球技术的应用。

四、教学目标

通过本单元的学习，学生能掌握原地双手胸前传接球的技术动作，并能运用此项技术发展出其他组合动作。单元目标如下：

知识与技能：通过观察与体验原地双手胸前传接球的动作，归纳总结出原地双手胸前传接球的技术要领，能够掌握传球时持球的手型、发力顺序以及接球的手型与缓冲动作等要点；

过程与方法：通过观看视频、体验动作、归纳总结、强化练习，逐渐掌握原地双手胸前传接球的技术动作，突破快、稳、准的难点；

情感态度与价值观：培养合作、探究、自主学习的能力以及团结合作的集体主义精神。

五、单元教学设计

表 1

课时	学习目标	学习内容	学习活动	学习资源
第1课时	通过学习，规范双手胸前传接球技术动作，培养接球能力，敢于接球。	1. 一步互传。 2. 两步互递。 3. 三步达标。 4. 诊断评价。 5. 分组学习。	1. 两人一组，一步距离，相互传接； 2. 两人一组，两步距离，相互抛递； 3. 两人一组，三步距离，初步传接； 4. 分组学习。	1. 篮球若干 2. 多媒体 3. 技术动作"小口诀" 4. 学习评价卡片 5. 标记队服

续表

课时	学习目标	学习内容	学习活动	学习资源
第2课时	通过学习，规范双手胸前传接球技术动作，继续提高胸前传接球能力，挑战四步距离双手胸前传接球，从而发展性地提高学生的传球技术能力。	1. 复习传接球动作。 2. 强化传球动作（加大传球力度）。 3. 强化接球动作（接球调整步伐）。 4. 诊断评价。 5. 分组学习。	1. 体验与提问：如何稳稳地接住球（根据来球调整脚下步伐）。 2. 三步距离传接球，加大传球力度（距离加大，传球时蹬地，手臂手指传球力度加大）。 3. 三步距离传接球，根据来球方向调整步伐（判断球传来的方向，根据方向调整自己脚下步伐稳稳接球）。 4. 分组学习。	1. 篮球若干 2. 多媒体 3. 技术动作"小口诀" 4. 学习评价卡片 5. 标记队服
第3课时	通过学习，规范双手胸前传接球技术动作，继续提高胸前传接球能力，挑战转圈双手胸前传接球，从而发展性地提高学生传球的精准度。	1. 游戏：太极篮球。 2. 传球练习。 3. 游戏：呼啦圈传球。 4. 诊断评价。 5. 分组学习。	1. "太极篮球"，两人一组，一步距离，互相辅助，手臂带手腕，向前推球，球离手的瞬间，压指拨腕。 2. 向高传球，体验手臂向前推动和压指腕的感觉，并让球落地一次再接。 3. 利用道具呼啦圈，传球时让球从呼啦圈中穿过，球不碰圈，提高精准度。 4. 分组练习。	1. 篮球若干 2. 多媒体 3. 技术动作"小口诀" 4. 学习评价卡片 5. 标记队服 6. 呼啦圈或铁圈

续表

课时	学习目标	学习内容	学习活动	学习资源
第4课时	通过学习，规范双手胸前传接球技术动作，使学生传出后旋球。挑战三人传两球，从而发展性地提高学生多方向传球能力。	1. 复习：原地双手胸前传接球（强化手指手腕拨球）。 2. 练习：原地双手胸前传接球（传球抖腕使球后旋）。	1. 复习传接球，提问如何传出后旋球，总结归纳学生回答，教师讲解示范，组织学生双人练习。 2. 篮球上粘贴"笑脸"，使学生练习时观察球是否为后旋。教师利用打鼓节奏提高学生传球的速度。 3. 结合后旋传球，加上传准器继续强化传球精准度。 4. 分组练习。	1. 篮球若干 2. 多媒体教学示范视频 3. 技术动作"小口诀" 4. 学习评价卡片 5. 标记队服 6. 呼啦圈或铁圈
第5课时	通过学习，提高快速双手胸前传接球能力，并运用到游戏实战中。	1. 复习：原地双手胸前传接球。 2. 游戏"三人传接赛"。 3. 游戏"传接球跑位"。 4. 分组练习。	1. 复习传接球，提问如何快速传接球，总结归纳学生回答，教师讲解示范，组织学生双人练习。 2. 三人传接球并计时，看哪一组最快完成，学生归纳出快速传球的必备条件（传得准，接得稳）。 3. "传接球跑位"游戏。 4. 异质分组游戏。	1. 篮球若干 2. 多媒体教学视频 3. 技术动作"小口诀" 4. 标记队服

续表

课时	学习目标	学习内容	学习活动	学习资源
第6课时	通过游戏与比赛，使学生提高快速双手胸前传接球能力，并融入行进间运球，模拟篮球比赛传球过人，继续提高学生各种能力。	1. 复习原地双手胸前传接球。 2. 二过一传接球。 3. 行进间运球。 4. 教师评价标准。 5. 分组学习。	1. 复习传接球时，重点指导传得准，接得稳，保证每一次传接球不失误且快速完成。 2. 学习双人配合二过一的要点与应用时机。随后组织学生进行练习。 3. 双手胸前传接球二过一方式游戏练习。 4. 异质分组比赛"二过一传准赛"，教师组织学生，相同能力水平学生分为一组进行比赛。	1. 篮球若干 2. 多媒体教学视频 3. 技术动作"小口诀" 4. 标记队服

六、率性教学的展开过程

经过前期实践与研讨，体育学科的归纳教学在课堂上体现为"片段式"，我们认为以下两个方面能够运用到归纳教学中：第一个是在基本技能学习阶段也就是解决本课的重点阶段，让学生通过观察、模仿、操作、体验，最后归纳出动作要领。以往的教学是教师先讲解示范，然后学生进行模仿练习，缺少体验的过程。第二个就是在发现问题、解决问题阶段，以前的教学是在学生发现问题后，教师给出解决问题的方法和策略。而归纳教学是让学生在体验中发现问题，提出问题，亲身体验、操作，最终自己归纳总结出解决问题的方法。也就是说，方法和策略是学生自己发现找到的，而不是教师主动给学生的。这让学生在体验和操作的过程中真正地体验知识形成的全过程。

（一）归纳教学在单元架构上的体现

第1课时是初步掌握技能的泛化阶段。学生通过观看教师示范视频、模仿体验练习、归纳总结、强化练习，循序渐进地掌握接球的技术动作。

在第1课时基本传接球动作的学习中，归纳的过程是这样展开的：观看视频—创设问题情境（正确的传接球动作是什么样的）—在情境中体验练习—归纳（动作要领）—明白为什么学—激发想学的欲望—引出重点。

具体活动过程是这样的：结束了动感十足的篮球操后，让学生观看自制的教学视频。第2课时是技能巩固提高的强化阶段。学生围绕教师提出的"如何稳稳地接住球"的问题展开体验练习，最后归纳出"敢于接球是前提，标准的接球动作和脚下步伐的调整是关键"。

第3课时是技能建立动作定型的分化阶段。学生带着"如何传得准"的问题去体验传球动作，通过"体验—归纳总结—练习—分享"，归纳总结出传得准的方法。

第4课时是不断改进技术动作的定型阶段。让学生体验"如何传得快"，并让学生归纳出传得快的方法。

第5、6课时是技能自动熟练化阶段。通过"传接球跑位"等游戏，让学生通过小组合作学习的方式，不断经历讨论—体验—调整—比赛—分享的过程。

（二）归纳教学在课堂教学中的体现

1. 设置情境，激发兴趣，归纳从情境中来

归纳的过程是发现问题、解决问题的过程，所以，有过程的归纳教学就应该创设适合学生发展的情境，在良好的情境中，学生可以积极主动地探究、发现、自主构建学习。

让他们带着"正确的传接球动作是什么样的"的问题去体验。同学们两人一组进行练习，间距大概2米远。我关注了1组学生的体验过程，开始时两个人传也传不准，接也接不住，下面是两个人开始练习时的对话。

学生1：你怎么传的，能不能小点儿劲儿呀，劲儿太大了我接不住，手指头别给我挫着。

学生2：哦，好的，那这回这个劲儿行不啊？

学生1：你别传偏了，我都接不着。

学生2：那怎么办啊？

一分钟过去了，球还是东一下，西一下。

学生1：你两只手的力量应该是一样的，这样球就不会传歪了，我们试

试吧！

学生2：你看视频上老师的球是旋转的，接旋转的球手不疼……

就这样你一句我一句，球逐渐不那么不听话了。在这样的体验过程中，学生能真正感受动作是怎么一步一步形成的。

第一次体验后，大多数学生说的都是存在的困难与困惑。

学生3：我感觉球总往下跑。

学生4：我接不住球，因为队友总把球传歪，不敢接球，手指头疼。

学生5：队友总是注意力不集中，不看着球，接不到我传的球。

虽然语言很稚嫩，也没有归纳出要点，但是，这些都是学生的真实体验感受。这次体验后，教师没有直接给出答案，而是提示学生注意传球的距离和传球的位置。

经过第二次体验，谈困难的少了，并且一部分学生已经能把动作要点说出来了。

学生6：传球要手腕发力，手指用力拨球。

学生7：传球时手臂要伸直，因为在第一次练习时我手臂没伸直，导致球传不远并且向下跑。

学生8：同学说接球时要勇敢一些，把手张开，认真看球。

第三次体验过后，大多数学生都能提炼出动作方法。

2. 提出疑惑，引发思考，归纳从问题中来

归纳是儿童经验生长的内在需要。个人经验为归纳提供基础。有过程的归纳教学不同于一般意义上的教师总结、提炼和概括。它主张通过师生之间、生生之间的对话交流促使学生主动归纳，教师用恰当的问题引导学生对所学知识进行思考。

本单元第3课时的重点是球如何传得准、如何接得稳，归纳的过程就是解决重难点的过程。因此，教师引导学生进行四次练习、两次归纳。前两次的练习是教师引导学生分别带着"如何传得准""如何接得稳"的问题去体验练习，学生在问题的驱动下开展练习和思考。学生不同的回答，就是我们归纳教学中的"个别"。

第一次归纳——如何传得准？

师：请你说出如何才能传得准？

学生1：看准目标，传到胸前位置，注意力集中。

学生2：手臂要伸直，让球旋转。

学生3：让球后旋，手臂用力，力度要够，否则传不到对方那里。

学生4：重心移动，用力蹬地，使球传得远一些……

师：（教师总结"一般规律"并以小口诀的形式呈现）两腿前后膝微屈，双手张开拇成八，伸臂迎球掌分开，触球瞬间引胸前。

第二次归纳——如何接得稳？

师：请你说出如何才能接得稳？

学生1：眼睛盯着球。

学生2：身体重心前后移动。

学生3：手臂伸直，大胆迎球，不要害怕。

学生4：要有准确的判断，才能接稳球，接球要有缓冲。

学生5：接球要身体后仰，缓冲接球，收球要在胸前的位置，注意力集中。

师：（教师总结"一般规律"并以小口诀的形式呈现）两腿前后膝微屈，双手张开拇成八，蹬地伸臂平向传，拨指翻腕传胸前。

学生在体验过程中发现自己的问题，针对这些问题，教师采用"太极互推""一步互递""两步互传""三步达标"的方式帮助学生克服接球时的恐惧心理，逐渐熟练掌握迎球缓冲的动作。

在整个教学流程中，模仿、体验、归纳、总结是关键，学生观看教师示范视频，带着问题"如何稳稳地接住同伴的传球"去模仿体验，通过体验，学生归纳出解决方法"大胆地接球"和"标准的接球动作"。在接下来的不断体验中，学生又发现"接球时脚下步伐的调整"容易被忽略，这时教师引导学生找到答案。首先找同学示范并传出偏离同伴接球范围的球，接下来教师要进行引导："传球不会每次都很准确，遇到这种情况，你会怎么做呢？"这时学生就会总结出"我们可以跑过去接球"。这样，学生在一节课中就归纳出三个知识要点，即迎球缓冲、用力均匀、脚步调整。

通过有过程的归纳教学，学生在学习中的思维是活跃的，发言是积极的，活动是主动的，在每一次体验活动中积极动脑。体育课堂回归儿童，儿童式的体育离我们不远了。

3. 关注差异，积累经验，归纳从实践中来

体育教学中，学生所表现出来的技能和基础上的差异是客观存在的。为了关注这种差异，本课采用分层教学，按照不同标准把学生分成基础组、提高组、发展组。每个小组用不同颜色的马甲作区分。每个小组按照学习卡片上的任务去实践操练，完成任务后经过教师评价，都可到上一个层次的小组进行学习，并穿上相应颜色的马甲。本节课，穿上两个马甲的都是升组成功、进步较大的学生。

在上课之初有一些穿着绿色马甲的同学，他们是上一节课传接球技术动作掌握得比较好的同学。这部分同学在完成发展组练习任务后，可以到基础组进行一对一的帮扶。不同学习能力的学生之间互助、合作、帮扶，从社会学的角度讲，可以促使交往双方社会性发展。

在这个以小组为单位的学习共同体中，不同能力水平的学生对学习经验的累积程度也是不同的。比如，对于基础组的同学，为了解决稳和准的问题，教师选择了抛接球练习、互拨球练习、互传球练习三个任务。抛接球练习旨在通过距离上的由近到远、速度上的由慢到快、形式上的由抛到传，使学生逐渐克服恐惧的心理，达到敢于接球并接得稳的目的。同时，由能力强的学生做抛球的动作，能够更好地控制球的力量和速度，能够提高学习的效率。互拨球练习的目的是让学生体会抖腕拨指，两手均匀用力，使球走直线的感觉，进而提高传球的精准度。

提高组这部分学生在完成四人传一球、四人传二球的过程中，体验球在多人手中快速穿梭的快感，并且从思想上认识到要想成功，需做到快、稳、准，并且配合默契。

发展组，三人传一球是对本节课知识学习的一种升华，行进间传接球上篮是进度模式下对课程内容的先学习。

从情感态度价值观的方面看，每个小组收获的经验也是不同的。基础组收获了进步的喜悦和同伴之间互相帮扶的友好。提高组分享了成功的喜悦，获得

满足感。发展组收获了团结协作、超越他人、超越自己的幸福。

(三) 通过整个单元的案例研究所得出的结论

1. 有过程的归纳教学能够激发学生学习的主动性

传统的教学，讲解示范—模仿练习—反复操练—掌握技能，是一种表面的主动，是走身不走心的学习，特点是肢体操练。

归纳的教学，尝试体验—探究发现—总结反思—强化训练—掌握技能，是一种主观的能动，即走心的学习，特点是手脑相长。

2. 有过程的归纳教学能够促进学生智力的发展

传统的体育教学非常重视非智力因素，认为学生只要感兴趣，有坚强的意志品质，态度认真，就能学好体育。然而，体育恰恰应该用脑去学习，去琢磨项目的技巧，去发现运动的规律，从而寻找技能形成路径，而归纳教学恰恰就是培养学生用心去学体育、用脑去学体育的意识的开端。

3. 有过程的归纳教学促进学生终身体育意识的形成

归纳教学不一定一节课就能达到掌握某种技能的目标，但会潜移默化地引导学生掌握一种学习体育的知识方法，这种归纳的学习思想影响着学生的思维发展，对学生终身体育意识及习惯的养成有促进作用。

4. 体育教学在哪里可以用

(1) 技能学习阶段（动作要领的记忆过程）。

(2) 发现问题、解决问题阶段（探究过程）。

(3) 技能掌握的过程（经验累积的过程）。

(4) 游戏教学（情境展开的过程）。

(5) 情感态度价值观形成的过程（思想转变的过程）。

执 笔 人：祝秀艳

团队成员：白钢、马驰天、封伟豪、李妍、董航

五年级"独轮车转弯骑行"单元案例

一、设计亮点

(一)独轮车项目特点

独轮车是一项对平衡性和灵活性要求都极高的运动项目,学生在骑行时要时刻保持身体的平衡。整体平衡运动,能够有效提高学生的注意力集中程度和反应速度,增加身体灵活性,增强心肺循环,提高身体素质,促进小脑发育。学习的过程对于培养学生积极、自信、坚定、进取的个性品质也有着很好的促进作用。

(二)从特殊到一般,培养学生的归纳能力

有过程的归纳核心目标就是对学生归纳总结能力的培养,有过程的归纳对学生掌握转弯骑行的重点和难点能起到积极的促进作用。

在单元教学实施过程中,我们结合体育学科的特点,构建了有过程的归纳单元技能学习的基本框架:提出问题、模仿体验、交流探究、归纳总结、反复练习、归纳提升、经验分享。在本单元的学习中,学生始终带着教师提出的问题进行有针对性的体验,学生通过体验并结合观察对比,找到转弯时需要身体发力的部位,再通过交流与探究归纳出完整的发力顺序:上体带动腰、臀、腿合力扭动车座改变骑行方向。这是一个基础目标的归纳过程,是让学生初步掌握动作技能。然后学生通过挑战练习不同方式的转弯发现新的问题,经过反复多次的练习与观察、交流、探究,进而得出第二次发展性的归纳内容,即对第一次归纳的提升:根据不同的速度和转弯角度选择合适倾倒角度和扭动力度。两次有效归纳对学生在技能单元学习中掌握重点、突破难点起到至关重要的作用。

二、内容分析

（一）独轮车校本课程开发

独轮车是一项新兴的运动项目，它集运动、娱乐、健身于一体，世界上许多国家的学生都喜爱骑独轮车。很多发达国家的中小学，都选用独轮车作为体育器材。教育部于1996年正式将独轮车运动列为校园体育项目。自2002年作为特色项目引进以来，独轮车运动深受广大学生的喜爱。在尊重学生兴趣和满足学生个体需求的前提下，我们进行了大胆尝试，将独轮车项目引入了课堂教学。建立符合我校实际需求的、系统的、可操作性强的独轮车校本课程体系，使学生在骑行中体验到独轮车运动的乐趣，达到激发天性、塑造个性、培养社会性的目的。

（二）有过程的归纳单元建构

"独轮车转弯骑行"单元课程的内容开发，是依据体育课程标准理念，精选适宜学生身体发展的教材，采用了由易到难、由简到繁的循序渐进教学原则。单元教学基础目标主要是让学生通过有针对性的体验，从已有经验中归纳出转弯时上体带动下肢扭动车座进而改变独轮车行进方向的技巧。发展目标是通过练习进一步提升身体对独轮车的控制能力。

本单元的学习内容相对单一，知识点相对简单，但对学生的操作能力要求很高，学生通过学习能够很轻易地说出转弯骑行的重点，但要做到熟练地展示学习成果却很难。为了让学生更好地掌握技术，让学生从初步掌握的分化阶段快速过渡到巩固熟练的自动化阶段，需要延长学生的练习过程，给予学生更多的练习时间促进学生对技能的掌握。

（三）学习资源的开发

通过设置学习指南，教师把练习内容和学习资料有机结合，学生可以更好地根据自身的需要进行补充学习。

学习指南包含四个部分：①学习任务：布置学练相关的内容。②练习要求：提出练习时应注意的事项。③教学提示：着重对技术动作的重点进行有针对性的补充。④评价标准：掌握技能的标准。学生认真阅读学习指南后进行自主练习，这样安排的好处在于学生可以在练习中发现问题，通过学习指南就能找到相应的解决办法。而教师则有更多的时间进行有针对性的指导。

三、学情分析

为了准确地了解学生的学习起点，我们从技能掌握和学习态度这两个方面对学生进行了前测。一方面，通过技术评测，了解学生对技能的掌握情况，教师根据反馈信息设置教学目标。另一方面通过对学生学习态度的前测，了解学生参与热情的高低。

表1 转弯骑行评价标准

评价标准	评价内容
及格	按照规定路线在直径为8米的圆的圆周上骑行一圈后回到起点。
良	按照规定路线在直径为8米的圆的圆周上骑行一圈回到起点。（进行两次：顺时针一圈、逆时针一圈）
优	在直径为4米长的两个圆的圆周上进行"8"字骑行，两圈后回到起点。

注：每人有3次挑战机会。（在骑行中触碰标志筒则挑战失败，需重新挑战）

表2 学习态度调查表

姓名	学习态度		
	积极	可以尝试	不积极

根据以上技术评测和学习态度的调查反馈，我们对实施教学的44人的班级进行了前测汇总与分析。

表3 学生单元测试统计表

熟练程度				学习态度		
优	良	及格	需要努力	积极	可以尝试	不积极
0人	3人	5人	36人	27人	9人	8人

根据上表的统计，我们可以发现有大约7%的学生已经基本掌握转弯骑行的

技术动作，而约有11%的学生已经初步掌握技术动作，剩下82%的学生不能够完成动作。通过前测可以看出转弯骑行的学习是具有实践意义的。

（一）根据学生学习起点设置多层次学习目标

通过分析可以看出，学生的已有经验存在很大的差别。为了满足不同学生的发展需要，我们设置了分层的学习目标：学习能力相对较弱的学生完成基础学习目标，而学习能力较强的学生完成难度更高的发展目标。通过不同的学习目标让每一名学生都在原有基础上得到真实的发展。

（二）尊重学生差异，激发学习兴趣

通过教师对可以尝试和不积极的学生进行的访谈，我们了解到不积极的学生（约18%）都是学习能力较弱的学生，在学习中进步较慢，体会不到挑战成功的愉悦感。而可以尝试的学生（约20%），觉得学习内容过于单一，枯燥乏味，这些学生主要集中在初步掌握转弯骑行动作的学生中。

结合学生活泼好动，个性突出，爱表现自己，且集体意识淡薄等特点，我们改变策略增加了学习卡片指南，学生根据自身水平到相应的学习区，利用学习指南进行自主学习、自我评价、闯关、升级。这个学习的过程是动态的，每个层次的人数也是不断变化的。让每个学生都有一条合适的学习路径，不致于使低层学生因台阶过陡而滋生惧怕心理甚至失去学习信心，也不致于使高层学生因学习台阶过缓而骄傲自满。这个挑战的设置非常符合高年级学生好奇、好胜的心理，增加了学生参与学习的兴趣。

四、教学目标

在新课程理念"教师为主导，学生为主体"，培养学生核心元素的"三维目标"教学活动下，结合我校率性教育理念并通过对教材和学情这两方面的深入分析，我们确定了以下单元目标。

（1）技能目标：

①基础目标：通过有过程的归纳教学使85%以上的学生，在初步掌握独轮车转弯骑行技术动作的基础上，能准确说出转弯骑行动作方法。

②发展目标：通过设置不同学习能力目标，使30%以上的学生熟练掌握转

弯骑行技术。

（2）通过练习促进学生小脑发育，增强心肺功能，发展灵敏、柔韧、协调、力量等身体素质。

（3）培养学生通过体验、相互倾听、质疑、表达与反思，归纳总结的学习能力。通过自主学习和互帮互学培养学生自我表现意识、合作意识及积极、自信、坚定、进取的个性品质。

五、单元教学设计

表4

课时	学习目标	学习内容	学习活动	学习资源
第一课时	通过学习使学生基本掌握转弯骑行动作方法与要领。	1. 原地转弯练习。 2. 通过体验结合视频总结本课重点。 3. 帮扶菱形转弯骑行。 4. 菱形转弯骑行。 5. 学生根据自我评价找到相应的小组进行挑战学习。	1. 一扶一原地转弯练习。 2. 学生归纳出本课技术重点。 3. 菱形转弯骑行。 4. 分组练习 基础组：完成边长约为7米的菱形骑行。 提高组：挑战骑行边长约为4米的菱形。 发展组：挑战骑行边长约2.5米的菱形。帮助基础组同学完成挑战。	独轮车 教学视频 标志锥 学习指南
第二课时	通过不同练习方法，进一步提高学生转弯技巧。	1. 复习菱形转弯骑行。 2. 教师通过视频提出引导性问题：怎样才能更好地连续转弯？ 3. 自评分组闯关练习 内容： （1）菱形转弯骑行。 （2）三角转弯骑行。 （3）180°转弯骑行。	1. 学生自主复习菱形骑行。 2. 学生间积极相互探讨，最后归纳出动作重点。 3. 学生根据学习能力进行分组练习。 基础组：菱形连续转弯骑行。 提高组：三角转弯骑行。 发展组：180°转弯骑行。	独轮车 标志锥 教学视频 学习指南

续表

课时	学习目标	学习内容	学习活动	学习资源
第三课时	初步掌握弱侧转弯技术动作。	1. 推车图形跑。 2. 帮扶顺时针菱形骑行。 3. 教师组织学生复习技术重点。 4. 自评分组闯关练习。 内容： （1）顺时针菱形转弯骑行。 （2）顺时针三角转弯骑行。 （3）顺时针180°转弯骑行。	1. 增强对独轮车的控制能力，体验技术动作。 2. 帮扶顺时针转弯骑行。 3. 进一步增强对技术重点的理解。 4. 学生根据学习能力进行分组练习。 基础组：顺时针菱形连续转弯骑行。 提高组：顺时针三角转弯骑行。 发展组：顺时针180°转弯骑行。	独轮车 标志锥 学习指南
第四课时	通过练习基本掌握逆时针与顺时针骑行。	1. 学生自主选择复习内容。 2. 自评分组闯关练习 内容： （1）"8"字菱形转弯骑行。 （2）"8"字三角转弯骑行。 （3）"S"转弯骑行。 3. 填写学生学习反馈表。	1. 学生根据自身相对薄弱之处，选择适宜的练习内容。 2. 学生根据学习能力进行分组练习。 基础组："8"字菱形转弯骑行。 提高组："8"字三角转弯骑行。 发展组："S"转弯骑行。	独轮车 标志锥 学习指南

六、率性教学的展开过程

（一）创设探究问题，归纳总结学习重点

有过程的归纳教学强调"从特殊到一般"的学习过程，在教学中教师通过对教学情境的创设和有针对性的提问，帮助学生进行观察、探究，最后总结归纳出教学重点。

师：同学们通过体验观察和刚才的讨论，一定有了很多收获。那么独轮车转弯与汽车、自行车转弯的区别在哪里？

生1：汽车和自行车都是用手转动方向盘转弯，而独轮车不是。

生2：我觉得它们的区别在于一个用手控制方向，一个用腿来控制方向。

师：同学们观察得很仔细，说得都很对。那大家再讨论一下，想一想独轮车应该如何转弯，并说出你的理由。

生1：我们小组觉得应该是用腿发力来进行转弯。因为让车改变方向了才能转弯，只有腿连接着独轮车。

生2：我们小组觉得应该是身体始终转向转弯方向，就像走路一样身体始终会不自觉地跟着眼睛观看的方向转。

师：两名同学的发言都很对，都是转弯骑行技术中必不可缺的重要组成部分，但是都不够全面。老师提示一下大家发力顺序。就像投掷垒球一样，需要先转体然后带动手臂投出垒球。

生1：我觉得应该是通过上体的转动带动腿来改变独轮车骑行方向进行转弯。

师：大家都同意吗？

众生点头同意。

在上一学习情境中，教师通过让学生观察对比独轮车和汽车、自行车的转弯区别引入教学内容。然后结合已有经验进行探究、交流，最后归纳出学习技能重点。在整个学习过程中，教师潜移默化地对学生进行归纳能力的培养，为后面的自主学习打下坚实基础。

(二) 自主学习，合作探究

有过程的归纳的核心目标就是对学生归纳总结能力的培养。经过前面的培养，学生已经初步掌握有过程的归纳的方法，而自主分组练习是对学生归纳学习能力的检测与提升，更强调对学生发现问题、通过探究归纳的方式解决问题的能力培养。

生1：为什么你们在转弯时离标志物很近，而我在转弯时却离得很远？

生2：我觉得是你在转弯时扭动力量太小所以转不过来。

生1：我用力扭动了，也按照老师要求做了，但是还是转不过来。

生3：那应该是你的转体速度太慢，所以扭的力量太小。

生4：我一开始也是和你一样转不过来，刚才在练习中我用手臂摆动来增加转体速度和力量就转过来了，你可以试一下。

（三）尊重差异，保护学习天性

在充分尊重学生个体差异的基础上，我们将学习目标分解成不同层次的具体学习目标，学生按照自己的学习能力，选择适合自身的学习目标。

A 基础组目标：学生能够在正确转弯骑行姿势下完成小角度的转弯骑行。

学习内容比较简单，完成难度相对较低。适合学习能力相对偏弱的学生群体，需要教师进行有针对性的指导与帮助。

B 提高组目标：学生在保证正确转弯骑行姿势的前提下，根据不同转弯角度选择适宜的扭动车座力度完成流畅的转弯骑行。

本组学习内容相对较难，要求能够连续准确地进行转弯，流畅地完成骑行任务。适合学习能力较强并已初步掌握技术动作的学生群体，在自主学习中发现技术难点，通过观察、探究，归纳出解决方法，经过反复练习掌握难点。

C 发展组目标：能够高质量地连续完成大角度的转弯骑行动作。

本组学习内容困难，适合学习能力很强且已经熟练掌握技术动作的学生群体。

学生根据自身学习能力从 A、B、C 三个学习目标中选择相适宜的目标进行学习，在充分保证学生学习兴趣的同时，还能满足不同学生的学习需要。让学生在原有基础上达到真实的发展目标。

本课针对有过程的归纳教学，让教师引导学生体验观察、合作探究、归纳总结出转弯骑行的技术重点，通过这一学习过程培养学生归纳学习的能力。在练习中学生根据适宜的学习目标进行归纳总结，找出结合自身特点的转弯骑行学习难点。学生通过掌握动作重点、突破技术难点，很好地完成了本课学习目标。

执 笔 人：许迪

团队成员：赵鑫、王国珅、华方红、李凯、许迪、贡婉君、姜舒徐、徐瑞骐

音 乐

四年级"行进中的音乐"单元案例

一、设计亮点

(一) 注重音乐素养与人文素养的全面培养

《普通高中音乐课程标准(2017年版)》把音乐学科核心素养凝练成"审美感知、艺术表现、文化理解"三个部分。其中"文化理解"与中国学生核心素养框架中"文化基础"领域的"人文底蕴"相通,是指通过音乐感知和艺术表现等途径,理解不同文化语境中音乐艺术的人文内涵。

文化孕育了音乐,音乐表达着文化。伟大音乐作品的诞生是有其历史机遇的,对于音乐的文化理解要充分考虑历史进程中社会环境对艺术的影响,包括音乐创造、体裁、题材、形式等。"行进中的音乐"单元通过音乐与历史的融合,通过立足于对音乐学科的核心素养的培养来达到艺术与人文素养的实现。

(二) 从音乐要素入手,深入挖掘"音乐审美"的内涵

在学习内容的选材上,突出"有根源""有过程"的率性教学思想,将对音乐要素的体验感知作为贯穿课堂的主线,引导学生从歌曲创作的历史背景中,理解音乐体裁与创作的关系,进行深度学习。教学过程中,以对音乐要素和音乐体裁的感受为切入点,关注音乐作品创作的时代背景及特殊的历史时期,恰当地从中国抗日战争时期的历史事件中进行取材引例,使学生欣赏中国近现代历史中产生的代表性的音乐,理解音乐与社会生活之间的关系,在音乐与历史的横向联系中增长文化理解力。

(三) 单元学习内容中突出"音乐本体"

现行使用的2013版小学音乐教材,是以人文主题为单元组织学习内容的,

体现了音乐文化的人文情怀，但同单元的音乐作品在音乐要素的特征上彼此间缺乏统一性，因此较难使学生对音乐要素形成深刻、敏锐的记忆。重组后的"行进中的音乐"单元，将感受与了解进行曲音乐体裁作为音乐学习的主线，通过介绍歌曲创作的时代背景和雄劲刚健、坚定有力的特点，帮助学生理解进行曲在战争中发挥的特殊作用，使原有教材中的单元从聚焦人文转为聚焦音乐要素与聚焦人文两者兼顾。

二、内容分析

（一）原教材内容分析

"行进中的音乐"单元是以2013年审定的人音版小学音乐教材四年级上册第一课《歌唱祖国》为蓝本，调整改编的教学单元。教材中原单元是用体现爱国主义思想的歌曲安排的单元学习内容，通过《中华人民共和国国歌》《歌唱祖国》这两首典型的进行曲风格的歌曲，让学生掌握进行曲的风格特点，并通过学唱歌曲来表现其风格特点。

（二）改编与补充

"行进中的音乐"单元在原教材《中华人民共和国国歌》《歌唱祖国》两首歌曲的基础上，补充了《运动员进行曲》《玩具兵进行曲》《拉德斯基进行曲》《游击队歌》《保卫黄河》等多首进行曲风格的作品。通过聆听这些典型的进行曲风格的歌曲（乐曲），让学生尝试归纳进行曲的风格特点。

调整后的单元学习内容，将学习进行曲作为单元学习的纵线，用"浸润式"的方式，将国歌创作的时代背景、人文内涵与对歌曲音乐要素的分析深度融合，了解国歌的创作手法，使学生在学习音乐的同时，感悟歌曲与社会生活之间的密切联系，从而深刻体会到在祖国生死存亡的危难时期，国歌的诞生对于激励中华儿女奋起反抗外来侵略、凝心聚力的历史意义。

三、学情分析

四年级学生在音乐学习中，逐渐产生对音乐风格、题材形式、表现类型的知觉感性，开始以审美的态度来对待音乐作品。这个年级的学生已经欣赏、学习过一定数量的音乐作品，掌握了一定的音乐基础知识和音乐学习经验。随着生活范围和认知领域进一步扩展，他们对音乐作品的关注也从音乐情绪、情感、歌词、旋律，逐渐扩展到对音乐体裁与形式、风格、历史背景的关注。他们具有初步对比、分辨、判断音乐风格的能力，开始关注到音乐中"速度""力度""情绪"给人带来的不同感受，能够综合多方面的信息作为归纳推理的依据来进行判断，对音乐的体验感受与理解能力都在增强。

对于国歌，学生们非常熟悉，但是能做到了解其创作背景，并且节奏和旋律准确、情绪饱满地演唱的却很少。在本单元的授课之前，我对四年级学生演唱国歌的情况进行了抽样调查，"会唱，却唱得不够准确；能唱，声音不够洪亮；想唱，情绪不够饱满"，这是学生在演唱国歌时存在的问题。因此我们在设计本单元的教学目标时，将能够准确、自信、声音宏亮、情感饱满地演唱国歌作为教学重点，通过感受进行曲的音乐特点以及国歌对于激励中华儿女反抗外来侵略的历史意义来培养学生的人文素养。

四、教学目标

（1）通过聆听欣赏《运动员进行曲》《玩具兵进行曲》《拉德斯基进行曲》《游击队歌》《保卫黄河》等多首进行曲风格的音乐作品，了解进行曲音乐体裁，归纳出进行曲节奏性强、强劲有力、凝心聚力的风格特点。

（2）在聆听、哼唱、行进体验等音乐活动中发现进行曲音乐的节奏特点；在丰富的"类"的基础中，开展对进行曲的归纳学习。通过分析国歌中节奏、节拍、旋律行进、强弱等音乐要素，在能节奏准确、情绪激昂地演唱国歌的基础上，充分地感受歌曲凝心聚力的风格特点。

（3）通过查找资料、观看视频，分析歌词来了解国歌创作的历史背景，使学生充分感受和体验歌曲中饱含的民族情感，激发学生的爱国情怀。剖析音乐作品带给聆听者不同感受的原因，从而深入理解歌曲中所蕴含的丰富情感。

五、单元教学设计

表1

课时	学习目标	学习内容	学习活动	学习资源
第1课时 感受进行曲	聆听多首进行曲风格的歌曲，分析归纳出进行曲的风格特点。	1. 聆听摇篮曲、圆舞曲、进行曲三种不同体裁的音乐片段，为运动会检阅环节选曲配乐。 2. 回顾以往音乐学习中听过的进行曲。 3. 感受进行曲的创作与战争之间的关系。 4. 欣赏《保卫黄河》《游击队歌》，了解这些歌曲在抗日战争中发挥的独特作用，初步讨论进行曲的特点。 5. 欣赏阅兵视频，再次感受进行曲的特点。 6. 总结归纳进行曲的风格特点。	活动一：聆听对比。 活动二：聆听回顾。 活动三：聆听欣赏《拉德斯基进行曲》。 活动四：聆听感悟。初步讨论进行曲的特点。 活动五：欣赏阅兵视频，背景音乐为《歌唱祖国》，再次感受进行曲的特点。 活动六：总结归纳进行曲的风格特点。	PPT、钢琴、音乐、音响 曲目资源：摇篮曲、圆舞曲、进行曲三种不同体裁的音乐片段。 《玩具兵进行曲》《同伴进行曲》《拉德斯基进行曲》《保卫黄河》《游击队歌》《歌唱祖国》阅兵视频
第2课时 学唱国歌	分析音乐要素在歌曲中的表现作用；能用激昂的情绪准确演唱歌曲；了解歌曲创作背景和音乐风格。	1. 了解国歌的词曲作者、创作背景。 2. 分析歌词。 3. 分析曲谱。 4. 学唱国歌。 5. 了解演唱国歌的基本礼仪。	活动一：围绕国歌的曲名、词曲作者、播放场合进行交流。 活动二：通过教师介绍、观看视频的方式了解国歌创作的时代背景。 活动三：通过朗诵歌词、分析曲谱，认识旋律的上行、三连音、重音记号、渐强记号等音乐表情记号，能用激昂饱满的情绪准确演唱歌曲。 活动四：了解唱国歌、升国旗时的基本礼仪。	电影《国歌》片段、《国歌》音乐、伴奏钢琴、PPT

六、率性教学的展开过程

(一) 创设恰当的学习情境，帮助学生理解音乐

有过程的归纳教学必须创建适合学生发现问题、解决问题的情境，这些情境的创设应凸显趣味性、还原性和真实性。本单元第一课时首先创设了"运动会"的情境，教师通过对话，将学生带入已有的生活经验，让学生回忆起运动会愉悦、兴奋的心情。紧接着，教师抛出"为检阅环节选择合适的音乐"这一问题，让学生通过对比聆听三种不同题材风格的音乐作品，通过生活经验，寻找出进行曲具有统一步伐的特点。教师顺势带领学生模拟运动会检阅环节，让学生在实践体验中体会音乐特点。

【课堂实录】

师：听说学校要召开运动会啦！在运动会上你最喜欢什么环节呢？

生：接力赛、跳远……

师：你们知道老师最喜欢运动会上的哪个环节吗？我最喜欢的就是开幕式上的检阅啦！在激昂的乐曲声中，各个班级的同学穿着各式各样漂亮的服装组成检阅方队，迈着整齐的步伐，走在操场上，可精神啦！前两天，学生处的张老师找到我，希望我能帮助她给运动会的检阅环节配上一段音乐。我找了3首很好听的乐曲，我们一起来听一听，大家来选择一首最合适的乐曲吧！

(依次播放《春》《圆舞曲》《运动员进行曲》)

师：同学们，你们觉得哪段音乐最适合？

生：第三首。

师：老师也觉得这首最合适！这首乐曲叫作《运动员进行曲》。它是专门为运动比赛创作的。在我们国家，这首曲子的使用率非常高，几乎在所有体育比赛的入场式上都会播放。所以，只要这首曲子一响起，就会让人情不自禁地想起运动员英姿勃勃入场的情形。下面，我们来随着音乐模拟一下运动员检阅的情境吧！

(教师组织学生跟着音乐，环绕教室的开放空间行走。)

师：随着音乐踏步的时候，你们的心情怎么样？

生：很容易跟着音乐的节拍走起来，很有力量，很自信，很自豪。

师：大家能说一说什么是进行曲以及它的特点吗？

生：行进、队伍一起走的时候播放的曲子叫作进行曲。进行曲节奏感强，有力量。

（二）提供丰富的学习素材，帮助学生分析归纳音乐特点

传统的音乐欣赏教学大多是"一节课、一首曲"的授课形式，通过教师介绍作品创作背景、音乐家生平，让学生感知音乐情绪、分析音乐结构，完成学习内容。课堂上以教师灌输式讲解为主，缺乏教师和学生之间的互动，大多数学生处于从属的状态，被动地接受对于音乐的理解。然而只将一首、两首音乐作品作为学习素材去归纳某种音乐体裁、某一类音乐作品的概念及特点是不严谨的。本单元的学习，跨越原教材"一课一歌，一课一曲"的内容呈现模式，在一个课时内，安排了多首同一体裁风格的歌曲（乐曲），学生从对一首乐曲的学习转为对多首作品的分析归纳。在单元内容的组织上，我们提供了多首音乐作品（《春》《圆舞曲》《运动员进行曲》《保卫黄河》《游击队歌》《我们走在大路上》《中华人民共和国国歌》等），为学生的归纳提供丰富的素材，并将同一主题下同一类的音乐作品作为一个整体，以感受同一类音乐作为音乐学习的线索，贯穿于整个单元学习之中，使学生在学习音乐知识的同时，理解感悟音乐与社会生活之间的关系。

（三）构建单元化的学习内容，为学生提供音乐学习过程

改编后的"行进中的音乐"单元将感受和了解进行曲作为单元教学的纵线，立足审美感知、艺术表现、文化理解三个方面的音乐学科核心素养，将对音乐作品创作的时代背景、人文内涵与音乐要素的学习进行深度融合。这对于学生深刻地理解音乐与社会生活的关系具有重要作用，为学生更好地理解不同体裁的音乐产生的背景作好了铺垫。第一课时通过聆听古今中外多首进行曲，引导学生感受和归纳进行曲风格特点。第二课时从学生最熟悉的一首进行曲作品出发，深入分析一首作品的音乐创作特点，从而充分地表达对歌曲的理解，学生经过这样的单元学习，在循序渐进中，逐步加深对音乐内涵的理解。

（四）追溯知识的本源，开展"有根源"的学习

在本单元的教学中，注重挖掘知识的来龙去脉，注重对音乐作品的创作背景、创作意图和创作手法的挖掘，从对知识产生的环境、初始状态进行还原。

首先是对进行曲产生、发展过程及其特点的体验与归纳。进行曲是一种富有节奏的歌曲，它产生于军队的战斗生活，用以鼓舞战士的斗争意志，激发战士的战斗热情，后来人们在社会生活中也常采用这种体裁来表达集体的力量和共同的决心。教学中，教师并没有把这些直接讲授给学生，而是通过欣赏音乐作品，让学生逐步发现进行曲这种音乐体裁与战争间的联系，以及发展至今的多种用途，引导学生归纳出进行曲的风格特点。

其次是对歌词、音乐创作手法进行深入分析。通过分析歌曲中旋律上行、三连音、重音记号、渐强记号等音乐要素的表现作用，使学生能够用准确的节奏和激昂的情绪演唱国歌，感受国歌强劲有力、凝心聚力的风格特点。通过查找资料、观看视频、分析歌词来了解国歌创作的历史背景，使学生充分感受和体验歌曲中饱含的民族情感，激发学生的爱国情怀，使学生理解歌曲所表达的深刻内涵与情感。

【课堂实录】

师：有人说，我们的国歌是将祖国的召唤、民族的呼声和战士的怒吼凝聚在了雄壮激昂的旋律中，吹响了抗日战争的冲锋号。那么你们在歌曲中，听到了冲锋号的声音吗？

生：听到了，在前奏里。

师：你们听得非常仔细，前奏中就出现了冲锋号的声音，我们来听一下。前奏的主奏乐器是什么？

生：好像是小号？

师：对了，是小号。小号的音色有什么特点？

生：明亮、高亢、强烈、锐利、辉煌。

师：是的，正是因为这种音色特点，在战争中常用小号、军号或五音号来传递作战指令。

教学实践证明，了解歌曲创作背景，分析歌曲中独特的音乐表现手法之后，

学生再来演唱歌曲时，所表现出来的情绪是饱满的，声音的表现力是不同的。因此我们说，在本单元的教学中，所增加的"学习过程"效果是明显的，安排设计的"归纳"环节，对于学生更好地理解歌曲作品是有必要的，对音乐体裁、歌曲的创作背景"根源"的挖掘，对于学生深入理解音乐作品，演唱好歌曲是有价值的。

执 笔 人： 何凤龙、张博
研究团队： 何凤龙、周凌宇、张博、付文亨、郝志博

四年级"摇篮曲"单元案例

一、设计亮点

"学会学习"是中国学生发展核心素养中不可或缺的关键能力,是保证学生能够持续发展、健康成长的关键因素。对音乐学科而言,遵循音乐教育教学基本规律、遵循学生音乐学习基本规律,是引导和帮助学生在音乐领域学会学习、实现自主发展的关键。在设计本单元时,充分考虑将我校"率性教学"的理念与音乐学科教学基本规律相结合,将"有过程、有个性"的教学贯穿到每一个教学环节中。例如,如果让学生通过一首作品归纳摇篮曲体裁风格特点,学生的理解将会是片面的。俗话说"实践出真知",学生一定要通过大量聆听各种摇篮曲,才能够找到摇篮曲体裁风格的共性。所以,本单元的设计凸显两个亮点:

(1)让学生在感受、体验的过程中归纳摇篮曲体裁风格特点。

(2)学生通过学习、感悟,能够自己创作摇篮曲。

二、内容选择与依据

"摇篮曲"单元原选自人音版小学音乐第八册第六课。该课选编了4首中外著名的摇篮曲,但摇篮曲作为音乐体裁形式出现,不仅限于第八册。经过整理、查找,发现在12册小学音乐课本中,第一册、第五册、第七册也都学习过摇篮曲。所以,我们将音乐课本中所有的摇篮曲进行重组,构成新的单元,意在让学生初步感受摇篮曲风格特征,体会音乐所蕴含的情感。

选择学习摇篮曲有以下原因。一方面,它作为音乐体裁形式,在音乐方面具有一定的共性特征。如:速度、力度、音色、音乐形象等等。为此,学生通过大量的学习、感受、演唱、体验,会更容易找到其共同的音乐特点并进行有效归纳总结。另一方面,摇篮曲贴近学生的生活。摇篮曲又称催眠曲,原是母亲为使幼儿安静入睡而唱的一种歌曲。学生一般都听过，有一定的生活情境体验。当然，他们对摇篮曲一定有自己的理解、感受。所以，从学生身边的日常生活切入，再去学习、理解、归纳起来会更容易。同时，在体验摇篮曲风格特征时，学生能感受到母亲对孩子深深的母爱。

三、学情调研与分析

对一个班 37 名学生从四方面进行调研：

表 1

问题	根据自己的真实情况回答
1. 你会唱或听过摇篮曲吗？	
2. 你了解摇篮曲吗？	
3. 你有过唱着摇篮曲哄别人睡觉的经历吗？	
4. 你尝试编过摇篮曲吗？	

调查结果显示：

问题一：全班学生都听过摇篮曲，但多数学生不会唱；3 名学生会唱《东北摇篮曲》，但只会唱一两句；经过提醒大多数同学会唱歌曲《摇啊摇》（曾经学过）；1 名学生会唱莫扎特的《摇篮曲》。

问题二：大部分学生只知道一听摇篮曲就想睡觉；少数学生会说出速度慢。

问题三：约 10 名学生哄过自己的弟弟或妹妹睡觉，但不都是唱摇篮曲，有的是讲故事。

问题四：5 名学生自己编创过摇篮曲，并能够演唱。

经过这样的调研不难发现，学生们对摇篮曲的了解处于一个浅显的、感性的认识阶段，甚至只知道一听摇篮曲就想睡觉，而不能够从音乐要素的层面上概括音乐特点。因此，在教学设计上，可以让学生通过聆听大量的摇篮曲，对音乐要素进行总结、梳理，进而归纳出摇篮曲的风格特点。

此外，四年级的学生开始从被动的学习主体向主动的学习主体转变；从过去笼统的印象转变为具体的分析；开始形成抽象概括、分类、比较和推理能力。所以，归纳摇篮曲的音乐特点是学生可以做到的。同时，他们的思维开始从模仿到半独立和独立转变，培养思维的独立性和发散性在四年级尤为关键，而思维的独立性和发散性是创造的必要条件。所以，四年级也是培养创造能力的关键期。为此，也有必要安排一个课时，让学生在了解摇篮曲的风格特点后，编创自己的摇篮曲。

四、教学目标

（1）能用合适的力度、速度和音色来表现歌曲《摇篮曲》，体会歌曲中蕴含的深厚母爱。

（2）通过聆听或演唱六首中外名家的摇篮曲，归纳、梳理摇篮曲的风格特点。

（3）学生能够根据摇篮曲的风格特点，自主编创摇篮曲。

五、单元教学设计

表2

课时	学习目标	学习内容	学习活动	学习资源
第一课时	听唱法学歌曲，并能够用轻柔的音色完整演唱歌曲。	学唱汪玲版《摇篮曲》。	1. 集体学唱歌曲。 2. 教师通过范唱以及使用钢琴对歌曲难点进行指导。 3. 通过学生之间的合作学习，讨论对摇篮曲体裁风格特点的初步认识。	汪玲版《摇篮曲》 教学PPT
第二课时	学生能够通过聆听五首歌曲及乐曲，体会、感受速度、力度、旋律、节拍、音色等音乐要素的特点并归纳出共性。	聆听五首摇篮曲，归纳出风格特点。	1. 学生复习演唱汪玲版《摇篮曲》。 2. 教师带领学生通过聆听、感受、体验的方式学习五首摇篮曲。 3. 师生、生生进行交流、归纳出摇篮曲的音乐特点。	贺绿汀、勃拉姆斯、舒伯特《摇篮曲》 《东北摇篮曲》 现代歌曲《一荤一素》 教学PPT

续表

课时	学习目标	学习内容	学习活动	学习资源
第三课时	学生根据对摇篮曲体裁的学习，能够自主编创摇篮曲。	自主编创摇篮曲。	1. 教师带领学生通过提问、汇报交流的方式，说一说摇篮曲体裁风格的音乐特点。 2. 教师引导学生进行成果展示，并进行评价。	提供摇篮曲体裁音乐特点的展板教学PPT

六、归纳过程的展开

（一）从一首作品的学习，让学生初步感知摇篮曲体裁风格特点

第一课时的教学任务，主要是学唱汪玲版的《摇篮曲》。通过学习，学生对摇篮曲的体裁风格特点有一个初步的、感性的认识。

师：同学们，通过上节课的学习，你们对摇篮曲有哪些认识呢？

生1：我认为歌曲的速度比较慢。

生2：在演唱的时候应该用轻柔的声音。

生3：我觉得摇篮曲的律动有一种摇摆的感觉，所以才会发困，想要睡觉。

师：说得真好，摇篮曲的风格特点和船歌的风格特点很类似。

生4："摇篮曲"和"进行曲"比较起来，强度弱了很多，表现出了母亲哄孩子睡觉的那种安静的氛围。

师：你是从力度上表述的。

生5：我认为摇篮曲的歌词写的是夜晚的景色。

师：你说的是一种意境。

生6：我补充，我觉得还有妈妈对孩子的爱。

师：你是从情感表达上进行表述的。

……

通过学生们的回答我们可以看出，虽然他们不能够用音乐的专业术语（力度、音色等）来表达认知，但已经初步归纳出摇篮曲力度弱、速度慢、声音轻

柔等音乐特点。此时的教师应该及时捕捉学生的词汇记录在黑板上，并告知学生应该用准确的语言来进行表述。

(二) 通过多首作品的学习，让学生归纳摇篮曲体裁风格特点

通过一首作品来归纳一种体裁风格特点是不严谨的，对学生来说印象是感性的、初步的。所以我们抛给学生大量音乐作品，让学生从众多作品中找到共性，这样才能归纳总结出摇篮曲的风格特点。

为此，我们为学生们准备了5首作品，同时深入挖掘每首作品中最富有表现力的音乐要素，把它们恰到好处地呈现给学生，用指向明确的问题引导学生对音乐作品进行深入感知、理解和归纳。同时，针对不同作品，设计了不同的体验方式。如：律动、哼鸣、视频、歌唱、演奏打击乐器、讲故事等。让学生的兴趣点不断被新鲜的学习方式点燃，进而很好地完成音乐体验。

1. 贺绿汀《摇篮曲》主要归纳——节拍、乐器

师：请同学们和老师一起聆听另外一首摇篮曲，随着乐曲的节拍来感受乐曲的律动。同时感受一下这首作品是几拍子的？你能听出它是用什么乐器演奏的吗？

生1：我认为不是二拍子的就是四拍子的。

师：节拍明显，是二拍子的乐曲。

生2：听起来像大提琴。

生3：应该还有钢琴。

师：对的，这是一首由大提琴主奏，钢琴伴奏的乐曲。那你们知道为什么要用大提琴呢？大提琴的音色是怎样的呢？

生1：大提琴的音色比较低。

生2：感觉比较深沉。

师：说得非常好，大提琴的音色浑厚、低沉，适合表达深情的情绪，演奏具有歌唱性的乐曲。那么，如果使用唢呐、喇叭演奏这首乐曲，你们认为是否可以？

生1：不可以，那样孩子就会被吵醒。

生2：坚决不可以，小孩睡觉需要安静的环境，如果使用喇叭孩子无法入

睡，甚至会被吓醒。

生3：我认为电吉他、架子鼓也不能使用，应该使用音色柔和的乐器。

……

通过对这首乐曲的学习，学生发现演奏摇篮曲的乐器是有局限性的。学生们会总结出乐器音色要柔和，要富有歌唱性。同时，他们懂得不能使用架子鼓、民族吹奏乐器等。

2.《东北摇篮曲》主要归纳——曲调风格、歌词意境

师：通过我们的演唱，你们觉得这首乐曲的唱腔像什么？

生：特别像二人转。

师：对，因为这首歌曲受到地方戏曲的影响，具有地方特色，所以听起来特别像二人转。

师：歌词都在描写什么？

生1：窗外的景色。

生2：夜晚的景色。

师：是的，有时候摇篮曲中的歌词也会描写一些夜晚的景色，比如月光、窗外的树叶随晚风飘动的样态等，来表现人们随着夜色降临进入梦乡的情景。

……

在与学生们的交流中可以看出，学生们能够总结出摇篮曲的歌词除了描写妈妈对宝宝的爱之外，还会描写一些夜晚的景色。同时，学生们也感受到了《东北摇篮曲》的唱腔像二人转，从这一点上看，学生们已经感知到了东北民歌的地方色彩。

3. 舒伯特《摇篮曲》主要归纳——音色、感知旋律、歌词意境

师：让我们听一首国外的摇篮曲，总结一下应该用什么样的音色和力度来表现摇篮曲的意境？

生1：柔和的音色，力度轻一些。

生2：我认为是唱给宝宝睡觉的，所以声音要轻一些。

师：对的，不知道你们是否察觉到，有时候哄宝宝睡觉会用哼鸣的方式，体现演唱摇篮曲时要温柔、柔和、轻轻地。让我们一起用哼鸣的方式感受一下。

师：通过你们的哼唱，感受一下歌曲的旋律走向是平稳的还是起伏比较大的呢？

生1：平稳、流畅。

生2：感觉有些像四拍子的歌曲。

师：你们真的很棒！是的，歌曲是四拍子的，所以旋律带给人以平稳、抒情的感受，因此要用柔和的音色演唱歌曲。

……

学生通过亲身体验演唱歌曲这一教学环节，深深地体会到如果哄宝宝入睡，人们在演唱摇篮曲时要用柔和的音色，同时也学习了哼鸣的演唱方法，更能体会妈妈对宝宝细腻的爱。此外，通过演唱，学生们感知到摇篮曲的旋律起伏比较小、平稳、流畅，符合入睡的意境。

4. 勃拉姆斯《摇篮曲》主要归纳——节拍、乐器

师：说到摇篮曲，还有一位作曲家创作的摇篮曲非常著名。在他两百余首歌曲中是最受欢迎的一首，在古今摇篮曲中颇负盛名。你们知道他是谁吗？这样，我们先来听听，看看你们是否听过，听听这首乐曲带给你什么样的感受，是几拍子的。

生1：这首歌听起来很美妙，除了想睡觉，还想跳舞。

生2：应该是三拍子。

生3：好像是勃拉姆斯创作的，不确定。

师：说对了，是勃拉姆斯为了怀念友人创作的。由于这位友人喜欢维也纳风格的圆舞曲，所以这首歌曲是三拍子的。我们用碰钟这件打击乐器为歌曲伴奏，好吗？我们只敲击强拍，感受圆舞曲风格的摇篮曲。

师：我们感受到了碰钟、钢琴、大提琴美妙的音色。那么不同乐器的音色交织在一起一定会更美，接下来让我们仔细聆听，看看这首乐曲是由哪些乐器演奏的。

生1：小提琴、大提琴。

生2：单簧管。

生3：好像有竖琴。

……

师：对，这是管弦乐版本的《摇篮曲》，这么多抒情类乐器的声音交织在一起，真的是一种享受。

在这一环节中，让学生使用碰钟为歌曲伴奏，更多的是让学生真正亲身参与到学习音乐的过程中，体会歌曲的节拍韵律，感知不同乐器所带来的不同意境。当看到学生们摇晃着身体、有韵律地演奏碰钟时，我们深切地感受到学生们已全身心地投入到音乐中，感受音乐带给他们的无尽享受。

5. 现代歌曲《一荤一素》主要归纳——情感表达

师：老师给你们一首现代歌曲——《一荤一素》，听一听，你有什么感受？

生1：我听到里面好像有《东北摇篮曲》的旋律。

生2：老师，听完后我想哭。

师：这首歌的词、曲作者和演唱者是同一个人，据说他的妈妈得了很重的病去世了，他很怀念自己的母亲，从而创作了这首歌曲。歌曲里的每一句歌词都表达了他对母亲的想念，他真的是太想念自己的母亲了，所以当你细听时，会听到他的声音在抖动。

生3：我觉得妈妈真的好伟大。

生4：妈妈对宝宝所有的爱在一首摇篮曲中体现得淋漓尽致。

……

师：所以说摇篮曲是一种特殊的音乐体裁，是通过音乐来表达母爱的重要形式。

听到学生们的回答，看到学生们眼里含着的泪水，我们知道学生真正理解了歌曲的含义以及摇篮曲这种体裁形式向人们所传达的爱，他们感悟到，摇篮曲不仅是简单的哄宝宝睡觉，还表达了深深的母爱。

接下来，学生们通过5首歌曲的学习，从感受、体验到感知、感悟，他们用自己的语言顺理成章地从速度、力度、音色、旋律、节拍、乐器、歌词意境、情感等角度归纳出摇篮曲的体裁风格特点，他们认为有相同的地方也有不同的地方。

共同特点：

表3

速度	中速、慢速
力度	轻、弱
音色	轻柔、柔和、温柔
旋律	平和、流畅、舒缓、平稳
乐器	大提琴、小提琴、竖琴、单簧管、钢琴、中提琴……
歌词意境	景色、月光、月亮、树叶、窗外
情感	母爱

不同特点：

表4

节拍	2/4、3/4、4/4

（三）通过对摇篮曲的学习与感悟，让学生尝试创作摇篮曲

经过前两课时的学习，学生们已经基本掌握了摇篮曲的风格特点。比如旋律的走向要平稳；歌词要有关夜晚的景色以及爱的表达；等等。学生们有意愿创作自己的摇篮曲，因此，我们设计了第三课时，让学生们尽情地发挥自己的音乐才能去创作，并展示给全班同学。以下是一些学生的作品：

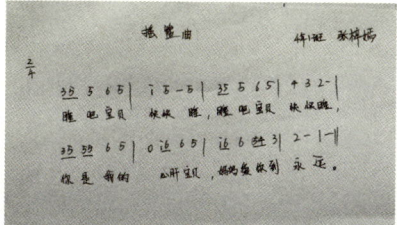

图1

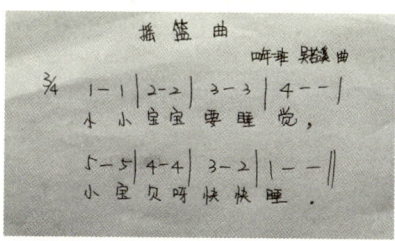

图2

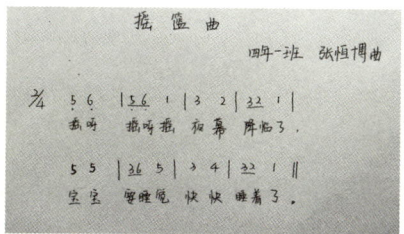

图3

本单元让学生经历了"感受、体验—归纳、总结—创作、展示"的音乐学习过程，在整个教学过程中，学生学得轻松、有趣，并且很好地达成了教学目标。

执 笔 人：李姝

研究团队：李姝、张洪霞、满毅、张媛媛、张耀匀、张雪、王红力、梅译文

六年级《妈妈格桑拉》单元案例

一、设计亮点

（一）依托合唱单元落实课程标准

随着新课程改革的不断深入，国家越来越重视小学生的全面健康发展。2011版音乐新课标在合唱方面给予了更多关注，在3~6年级的学段目标里提出要增加合唱的分量；在实施建议中"关于教学内容的几点提示"特别强调："要更加重视并着力加强合唱教学，使学生感受多声部音乐的丰富表现力，尽早积累与他人合作演唱的经验，培养集体意识及协调、合作能力。"音乐合唱对学生的艺术思维能力也具有很大的促进作用，还可以发展学生的协调思维能力。

（二）以单元为载体突破合唱教学薄弱点

合唱是指集体演唱多声部声乐作品的艺术门类，要求歌唱群体声音高度统一与协调，是普及性最强、参与面最广的音乐演出形式之一。作为小学音乐教学的重要组成部分，合唱能最直接地表达音乐作品的思想情感，激发听众的情感共鸣。

小学阶段的音乐教学对学生的影响是极为深远和长久的，合唱作为小学音乐学习的重要内容，能为学生综合素养发展奠定良好的基础。小学音乐中的合唱教学不仅能够帮助学生通过音乐表达思想情感、丰富精神世界，还可以培养学生的团结合作意识，对于音乐审美能力的提高有着十分积极的作用，对学生艺术情操的培养和综合素质的提高具有重要的意义。

但在实际教学中，由于一个声部总易受到另一个声部的干扰，因此学生在旋律、节奏、情感等方面都很难默契地配合。分析问题形成的原因，主要是合唱教学无论是对教师还是对学生来说，都是对所学知识的综合运用。对教师而言，教授高年级合唱课要求教师要具有较高的专业素养，教师要具备歌唱、弹唱、合唱指挥等多方面的音乐素养，还要了解高年级学生变声期的身心特点。对学生而言，学生需要具备一定的音乐知识与能力的储备，例如：节奏、音准、呼吸、咬字、归韵等正确的演唱方法，并能够综合运用上述音乐知识进行合唱，这是对师生音乐综合能力的极大考验。所以，在常规教学中，很多教师都选择单声部歌曲，对合唱望而却步，这导致合唱教学薄弱且探索不足。

（三）借助合唱单元提升学生音乐素养

1. 合唱教学是提升学生音乐素养的有效途径

合唱作为音乐教育的重要组成部分，是一种相对直观可行、参与感强、艺术表现性强的音乐方式。因此，我们应该培养学生的音乐兴趣，全面提高学生的合唱能力，使学生掌握全面的音乐知识和技能。合唱不仅能使学生形成良好的乐感，培养学生的情操，还有助于提高学生的音乐核心素养，培养学生的审美能力，激发学生的创作能力，提高他们的团结合作意识，形成学生终身发展所必需的良好品格和重要能力，促进学生音乐核心素养的形成和发展。

2. 归纳演唱方法有助于提升学生合唱能力

有过程的归纳教学是我校在"率性教育"理念下提出的有根源、有过程、有个性的"三有教学"之一。重在培养学生运用归纳的教学思想发现规律、运用规律、解决问题的能力。

用归纳的教学方法解决合唱教学的重难点是我们做出的一次大胆的尝试。以往我们总是认为，归纳离音乐学习很远，可以被归纳的教学内容往往都是有据可依、有理可寻的，而音乐这门感性的学科不适合理性的归纳教学，但在研究后我们发现并不是这样。我们曾经尝试在创造领域进行了创作方法的归纳，在欣赏领域进行了乐曲风格特点的归纳。经过上述探索，我们发现，音乐这门感性的学科也有适合归纳教学的领域，例如欣赏和创造领域，而合唱这样的课型也有适合归纳的点，我们将合唱教学的重难点部分进行梳理，力求用归纳的思想突破合唱教学重难点问题，以此来提高学生的合唱能力，促进学生音乐综合能力的形成和发展。

二、内容分析

《妈妈格桑拉》是人音版教材中六年级上册第二单元"悠扬民歌"中的一首藏族民歌，本单元分为一声部、二声部以及合唱三课时，之所以选择这一内容主要基于以下两点思考：

（一）合唱在高年级音乐教学中占有重要位置

据统计，在小学高年级音乐教材中，合唱歌曲占了很高的比例。以人音版小学音乐教材为例，三、四、五、六年级每册的合唱曲目分别占本册歌曲的12%、31%、50%、32%。而苏教版音乐教材中，四年级有合唱歌曲14首，占所学歌曲的44%；五年级有合唱歌曲7首，占22%；六年级有合唱歌曲13首，占40%。可见，合唱教学在小学高年级占比很高，在小学高年级开展合唱教学的研究与探索，加大合唱教学的力度和比重势在必行。

（二）单元的选择具有归纳教学的典型性

选择《妈妈格桑拉》这一单元进行归纳教学，主要考虑到本单元的教学目标是通过演唱《妈妈格桑拉》这首歌曲，掌握合唱的方法，体验合唱的乐趣，从而了解藏族音乐的风格特点。通过对教学目标进行分解，我们发现，合唱方法的掌握属于音乐技能习得的范畴，运用归纳的教学思想可以形成有效的合唱方法；对于歌曲风格特点的了解可以从音乐要素入手，归纳乐曲风格形成的根源，也就是节奏、旋律等音乐要素的构成方式，而这些都属于音乐知识，是有据可依、有理可寻的理性范畴，适合归纳教学的开展。

三、学情分析

（一）学生已有合唱经验

音乐课标指出：3~6年级的学生能够用自然的声音、准确的节奏和音调，有表情地独唱或参与齐唱、轮唱、合唱，并能对指挥动作做出恰当的反应。小学音乐教材从三年级开始编排简单的二声部歌曲，而二声部合唱教学最难解决的就是音准问题。因此，在教学中应运用体验式合唱教学，通过音准、节奏及旋律演唱训练等方式，让学生感受歌曲和声的美、体验音乐的意境。

(二) 高年级学生对合唱的兴趣逐年递增

三年来，我们一直致力于合唱小单元的开发，对高年级合唱教学指导策略的研究获得了一些成功经验，例如高年级合唱学习卡片的开发，合唱分组学习的指导策略等。学生通过《田野在召唤》《永远是朋友》等合唱主题单元的学习，已经具有了一定的合唱基础和能力。而且对于六年级的学生来说，多声部的歌曲更加丰富动听，也更有挑战性。因此，学生对于合唱的兴趣也随着年龄的增加呈递增的趋势。

四、教学目标

（1）通过演唱《妈妈格桑拉》这首歌曲，了解藏族音乐的风格特点。

（2）通过探究、讨论和归纳等方式掌握合唱的方法，培养合唱兴趣，提高合唱能力。

（3）掌握一字多音、同音连线等演唱技能，培养双声部合唱的能力。

通过分析作品我们发现，《妈妈格桑拉》是一首藏族风格浓厚的合唱作品，因此，本单元主要的教学目标就落在了解藏族音乐风格和培养合唱能力两个点上，这也是本单元需要解决的两个教学重点。达成上述教学目标，突破教学重点的关键是唱准、唱好歌曲中出现的五度大跳、一字多音和同音连线等难点乐句，如此便可推动合唱的进行，让学生在合唱作品中品味和体会藏族音乐的风格特点。

五、教学设计

表1

课时	学习目标	学习内容	学习活动	学习资源
第1课时《妈妈格桑拉》一声部	1. 能够用正确的演唱方法演唱《妈妈格桑拉》一声部。 2. 能够做到声音优美、节奏准确、情感饱满。 3. 了解藏族歌曲的风格特点。	组织教学 1. 师生问好 2. 发声练习	1. 师生问好 2. 单声部发声练习 3. 合唱发声练习	发声练习歌谱
		导入 1. 了解藏族风情 2. 教师范唱歌曲	1. 欣赏藏族风情短片 2. 初听歌曲	藏族风情短片
		集体学唱 1. 学唱歌曲一声部 2. 解决难点（一字多音） 3. 歌曲情感处理 4. 完整演唱歌曲	1. 复听歌曲找难点 2. 通过教唱解决难点 3. 深情地、情感饱满地演唱歌曲 4. 跟伴奏演唱歌曲	学习卡片
		个别指导 1. 点唱 2. 教师个别指导	1. 进行分乐句点唱 2. 根据点唱出现的问题进行个别指导	学习卡片评价贴纸
		分组表演 1. 师生接唱 2. 生生接唱 3. 完整演唱	1. 分乐句进行师生接唱 2. 分乐句进行生生接唱 3. 完整演唱歌曲	学习卡片
第2课时《妈妈格桑拉》二声部	1. 能够用正确的演唱方法演唱《妈妈格桑拉》二声部。 2. 能够做到声音优美、节奏准确、情感饱满。 3. 了解藏族歌曲的风格特点。	组织教学 1. 师生问好 2. 发声练习	1. 师生问好 2. 单声部发声练习 3. 合唱发声练习	发声练习歌谱
		复习 1. 复习歌曲一声部 2. 针对问题进行指导	1. 演唱歌曲一声部 2. 解决问题，夯实歌曲一声部	学习卡片

续表

课时	学习目标	学习内容	学习活动	学习资源
第2课时《妈妈格桑拉》二声部	4. 能够用正确的演唱方法演唱《妈妈格桑拉》二声部。5. 能够做到声音优美、节奏准确、情感饱满。6. 了解藏族歌曲的风格特点。	集体学唱 1. 学唱歌曲二声部 2. 解决难点（五度大跳、同音连线） 3. 歌曲情感处理 4. 完整演唱歌曲	1. 复听歌曲找难点 2. 通过教唱解决难点 3. 深情地、情感饱满地演唱歌曲 4. 跟伴奏演唱歌曲	学习卡片
		个别指导 1. 点唱 2. 教师个别指导	1. 进行分乐句点唱 2. 根据点唱出现的问题进行个别指导	学习卡片 评价贴纸
		分组表演 1. 分组接唱 2. 完整演唱 3. 师生合唱	1. 分乐句进行生生接唱 2. 完整演唱歌曲 3. 师生合唱为第三课时作铺垫	学习卡片
第3课时 合唱《妈妈格桑拉》	1. 能用正确的演唱方法合唱《妈妈格桑拉》。2. 能够做到声音优美、节奏准确、情感饱满。3. 了解藏族歌曲的风格特点。	组织教学 1. 师生问好 2. 发声练习	1. 师生问好 2. 单声部发声练习 3. 合唱发声练习	发声练习 歌谱
		复习 1. 复习歌曲一声部 2. 复习歌曲二声部	1. 演唱歌曲一声部 2. 复习歌曲二声部 3. 教师针对问题进行指导	学习卡片
		合唱 1. 师生合唱 2. 交换角色 3. 生生合唱 4. 声部让路	1. 师唱二声部，生唱一声部 2. 师唱一声部，生唱二声部，解决二声部进入难点问题 3. 生生合唱 4. 情感处理、声部让路、相互聆听	学习卡片
		综合表演 1. 跟伴奏合唱 2. 交换角色完整演唱	1. 分声部合唱 2. 交换角色进行合唱	学习卡片

六、归纳过程的展开

在对合唱单元进行梳理总结后，我们尝试用归纳的方法，解决合唱教学中的重难点问题，因为重难点问题才是教学需要解决的核心问题。

(一) 确定难点，践行归纳

1. 归纳演唱方法，唱好一字多音

通过对学习卡片中圈画的演唱难点进行整理，我们发现，学生遇到的难点是一字多音和五度大跳。

在这两个问题中，一字多音是学生圈画最为集中的难点问题，也就是大部分同学提出的共性问题。老师将学生普遍存在的共性问题抛出来让大家讨论。通过提问帮助学生理清问题、寻找方法、形成策略、解决问题。让我们来看一段教学实录。

师：一字多音难在哪儿？

生：一个字唱两个音。

师：用什么办法能唱好？

生1：可以拐个小弯儿。

生2：还可以用画箭头的方法。

生3：也可以用唱韵母的方法。

学生可以在尝试几种方法后从中找到最有效的方法进行演唱。教师追问：为什么要用一字多音？并进行有无一字多音的对比演唱，进而总结出，一字多音能起到推动情感的作用，使歌曲听起来更有感染力。教师又问：一字多音一共有几处？用相同的办法能不能唱好？这样一来学生不仅有了发现问题的能力，还有了归纳方法、解决问题的能力，这种解决问题的方法来源于学生的亲身体验，所以应用起来更有实效性。

2. 归纳演唱方法唱准五度大跳

二声部进入是本课的另一个难点问题。歌曲第一部分的最后一句"梦里开鲜花"的花是"6"音，二声部进入的第一个音是高八度的"3"音，从"6"到"3"的五度大跳是进入二声部并且唱好二声部的关键。老师和同学们就圈画的难点问题展开讨论，让学生自己找出解决的办法。让我们看一段教学实录。

师：二声部进入的五度大跳如何能唱准？

生：可以记住前一句"梦里开鲜花"的"里"字的音高"3"，它和二声部进入的第一个音"3"相同。

师：是个好办法，还有么？

生：还可以从最后一个字"花"的音高"6"音在心里默唱音节"6、7、1、2"，然后就能找到"3"音的音高并唱准了。

这些方法都是学生在合唱学习中总结和归纳的方法，体现了归纳的思想，做到了"归纳普遍规律—应用归纳方法—解决难点问题"。

(二) 确定重点，实施归纳

本课的教学重点之一是感受藏族歌曲的风格特点，歌曲在旋律行进中多次采用四度下行的方式来表现孩子对母亲的不舍之情，而这种四度下行的旋律构成方式也是这首藏族歌曲风格特点的集中体现。例如，教师通过范唱"趴在您的肩（"2"音）上（"6"音）能说悄悄话，依在你的怀（"2"音）里（"6"音）就到了家（"6""3"），进一步追问，为什么要用"2""6"和"6""3"？为什么旋律要向下行进？让学生发现音乐本身的规律。少数民族歌曲一般会选择旋律上行或下行的方式来体现它的民族性，而本首歌曲下行四度的音程关系是最能体现藏族歌曲风格特点的地方，而这种连续的下行方式也最能体现孩子对母亲不舍和思念的情感，通过教师进一步的归纳提升，使学生对少数民族歌曲风格的把握和情感的表达理解得更加准确和深刻。

通过本单元的开发，我们确定了用归纳的方法解决合唱教学的重难点问题，以此为切入点进行合唱的归纳教学。由于音乐学科以审美为核心，注重体验和感受的学科特点，很多时候是无具体答案可寻的。因此，我们以合唱教学中有答案可寻的演唱方法为切入点进行有过程的归纳教学，实现了问题从学生中来，方法从归纳中来，让学生经历"发现问题—归纳方法—解决问题"的全过程，从而提高学生的合唱能力和水平。

撰 稿 人：曹岩

研究团队：曹岩、孙永辉、高宇

美 术

三年级"水墨恐龙"课例

中国画是我国数千年文明发展、积淀的产物,是我们有别于西方绘画的独特的艺术表现形式,作为民族瑰宝、精神教育财富,在学生的德育、美育、智育等综合素质教育方面具有得天独厚的优势。它的基础教育,尤其是小学阶段教学的重要性就更加突出:作为美育的重要组成部分,中国画小学教学对引导学生参与民族文化传承、交流、创新、发展,提高全民素质,发展中国传统艺术有重要作用。如何在率性教育理念的指导下,聚焦学科核心素养目标,开展趣味性、创意式的中国画教学实践,以提高学生的人文素养、审美能力以及个人综合素质,促进学生将中国画的知识与技能向学科素养转换,成为小学美术教师努力研究、探索的方向。

一、设计亮点

(一) 追本溯源——美学传承,文化积淀

在全球化背景下,随着多媒体技术等的发展,具有传统文化特色的中国画渐渐淡出学生艺术学习的视野,很多学生选择学习时下流行的动漫绘画,对于中国画秉持"过时"的错误观点,这无疑对传统文化的继承和发展产生了负面影响。追本溯源,寻根问祖,中国画历史悠久,有着辉煌灿烂的艺术成就,具有独特的审美和造型方式,史前时代中国便有了自己的艺术文化,一直延续至今。中国画与中国的儒、道、佛的传统哲学理论和美学思想紧密相连,注重内心的追求——一种宁静致远、天人合一、至高无上的心境。美术教育中的国画课,首先需要使学生们置身于这样的美学和文化意境之中,通过浸润式教育为后续技法的学习和发展奠定基础。

结合儿童的兴趣,选取世界上第一部水墨动画片《小蝌蚪找妈妈》进行观看,在观看中直观感受中国画"似与不似之间"的美学和深远意境。影片开头在银幕上出现一本素雅的中国画画册,封面打开后,是一幅幽静的荷塘小景,镜头渐渐向画面深处推去,用古琴和琵琶弹奏的乐曲悠扬而起,学生们轻松自然地进入一个优美抒情的水墨画世界。教师进行辅助讲解:与一般的动画片不同,《小蝌蚪找妈妈》中的小动物形象来自齐白石笔下。水墨动画的轮廓线时有时无,水墨在宣纸上自然渲染,浑然天成,一个个场景就是一幅幅出色的水墨画。这体现了中国画"似与不似之间"的美学意境。由于要分层渲染着色,水墨动画片的制作工艺非常复杂,一部短片所耗费的时间和人力是惊人的。学生在对影片进行了解后,民族文化自豪感油然而生,对于中国画之美有了初步感知。

(二)创新实践——教无定法,素养展现

1. 教育意境——"虚实留白",创意无限

科学处理"教"与"学"的虚实关系,教师在授课前思考"教什么"和"如何教"的问题,在技法传授过程中抓重点、有取舍,正如中国画中的留白处理——绘画中的留白给人以画面透气感,且为观者留下更多的想象空间。在"水墨恐龙"教学过程中仅为学生展示一只恐龙的一个基本站姿形态的塑造过程,"同一只恐龙在不同的动势下如何呈现?""其他不同种类的恐龙如何塑造?"等均作留白处理,为学生留有充足的探索空间。学生在学习中通过归纳共性、演绎个性,进行其他种类、样貌、动势的恐龙形体塑造和奇趣画面创作,尝试呈现未被挖掘的恐龙物种、猜测并构建恐龙灭绝所经历的各种可能性画面。这一过程促进了学生想象力、创造力的提升,同时增添了美术教育的意趣。

2. 素养目标——视听转换,美术表现

随着后工业时代的到来,人们在日常生活中所要解决的问题也日益综合化、复杂化,以信息技术革新为代表的教育形态要求发展学生可迁移的素养、问题解决能力和稳定持久的人格特质,这也成为 OECD(经济合作与展组织)核心素养与我国课标中学科素养的共同指向。在"水墨恐龙"单元的学习中,学生通过掌握恐龙基本形状的呈现方式,自主探究其他不同种类、不同姿态下的恐

龙如何塑造，基于此能力，在拓展学习中，教师为学生提供《山海经》中三段怪诞神兽的文字描述材料，学生自主选择文本后，通过文字解读，进行图像信息转换，继而通过国画媒材趣味呈现，既能促进学生将美术课堂习得的知识、技能有效地向学科素养转换，也能培养学生深度学习的能力，对于超学科学习的教育发展趋势做出探索。

二、内容分析

（一）教材重组，单元构建

"水墨恐龙"是我校校本课程"水墨"单元中的一课，系"造型·表现"领域内容，授课年级为三年级。水墨单元校本课程依据美国课程理论专家多尔教授在其著作《后现代课程观》中提出的课程"4R"标准——丰富性（richness）、回归性（recursion）、关联性（relation）、严密性（rigor），从体系结构、创造性等方面，对人民美术出版社、人民教育出版社、湖南美术出版社三个版本的小学美术教科书中中国画课例进行提取、分析，基于学生已有的绘画造型表现能力和薄弱的中国画基础，打破教材中原有中国画课例的年级限定，重新建构素养目标下的一年级至六年级纵向国画主题单元结构。

（二）趣味主题，个性彰显

传统水墨画的题材多为山水、花鸟、风俗、走兽等，其中学生较为感兴趣的为走兽类。传统水墨画中走兽类多以刻画虎、狼为主，而由于学生生活经验的匮乏，对其接触较少且并未表现出浓厚的兴趣，使想象创作发挥的空间非常局限。我们在日常教学中发现，学生对恐龙这种远古物种的喜爱程度远远超过了其他走兽。由于恐龙种类众多，有天上飞的、地上跑的、水中游的，且不同类别恐龙的样貌特征差距较大，加之该物种早已灭绝，学生仅能在博物馆中见到化石或仿制模型，对于恐龙的了解多来源于书籍文字与科幻影像，充满神秘性，因而学生创作时无固定形体约束，可自由发挥，展现个性。以上几点为学生提供了较为广阔的想象和创作空间，因此我们选取恐龙作为本次"水墨"单元课例主题，内容的选择以学生为中心，围绕学生兴趣确立。

三、学情分析

（一）创意无限，技法初见

（1）基于儿童认知发展规律，从平面到立体对恐龙形体进行全面感知，激发学生的学习兴趣。一年级绘画课《恐龙世界》中，学生敢于大胆创绘，绘画内容丰富，故事性强，但恐龙种类有限，多以霸王龙、梁龙、甲龙为主；二年级采取《纸盘浮雕》和《恐龙泥塑》的手工教学形式，学生通过动手制作的过程立体地感知恐龙的造型，呈现出不同动势下恐龙的体态变化与特征。

（2）"水墨"单元通过一年级的《小蝌蚪找妈妈》和二年级的《水墨游戏》学习，学生初步具有浓淡墨的意识，但墨感较弱，在毛笔使用过程中，心、眼、手协调能力较弱，对于水与墨的掌控能力较差。

（二）水墨技术，艺术难现

通过对三年级学生进行试课，老师了解了孩子在从未接触过水墨的情况下会采取何种方式进行水墨绘画。通过观察学生创作实践中遇到的问题及对学生作品的分析，老师发现虽然学生具备恐龙造型能力和水墨画技法，但使用水墨塑造恐龙仍是难点。基于学生画的绘画"惯习"，学生仍采用勾边涂色方式表现，在国画学习中仍停留在对"水墨的技术"的掌握阶段，并未形成"水墨的艺术"的表现能力。

四、教学目标

（1）掌握不同种类、不同动势恐龙的基本造型特征，能够运用基础水墨技法塑造恐龙，尝试利用水墨特性创意构建趣味画面。

（2）通过游戏式、探究性课堂教学，培养学生的国画鉴赏能力、归纳能力、演绎能力，培养学生想象力、创造力和个性化的水墨表现能力。

（3）保护每个孩子与生俱来的艺术创作本能与冲动，鼓励自由、大胆、快乐体验，在创作过程中领略中国水墨的趣味，并感受完成作品的成就感，进而加强对传统文化的热爱，在学习、体验过程中建立民族文化自豪感。

（4）学生能够将本课所习得的水墨知识与技能灵活运用于日常生活中，如为《山海经》配图或为古诗配画，形成超学科的素养能力。

五、教学设计

以第 3 课时为例：

表 1

课时	学习目标	学习内容	学习活动	学习资源
第 3 课时造型表现与创意实践	1. 掌握运用水墨技法塑造恐龙形象的能力。 2. 培养学生的归纳能力、演绎能力，启发学生想象力、创造力和个性化的表现力。 3. 提升学生国画鉴赏能力，激发学生对于传统文化的热爱，在学习、体验过程中树立民族文化自豪感。 4. 学生能够将本课所习得的水墨知识与技能灵活运用于日常生活中，如为《山海经》配图或为古诗配画，形成超学科的素养能力。	1. "橄榄球形"概括恐龙基本形体特征，添加恐龙的四肢和头颈，对恐龙基本形态与绘画步骤有初步感知。 2. 探究学习过程中学生通过从整体到局部的观察、分析，归纳出恐龙形象的相似性，演绎出不同恐龙头部、尾部、脊背、前肢等局部的不同，学生的归纳和演绎思维能力得到锻炼与提升，图像识读的素养能力初步形成。（对应学习活动 2、3） 3. 熟练掌握运用水墨塑造不同形态恐龙的技法与流程。 4. 将文字化的信息进行大脑加工处理后以绘画形式输出。	1. 猜一猜，采用游戏形式进入本课主题。增强了学生的好奇心和学习兴趣，在此，呈现课题。 2. 找一找，请学生观察四只体态不同的恐龙，找出它们的相同点与不同点。 3. 变一变，磁力片的拼图游戏，请学生到讲台上结合教师的示范绘画方式与同学们归纳出来的不同恐龙之间的差异，进行多只恐龙的衍生。 4. 学一学，利用微视频教学再次加深学生水墨恐龙绘画的印象。 5. 画一画，独立创作属于自己的趣味水墨恐龙。 6. 拓展创作，用水墨形式为《山海经》中的文字配图。	1. 吉林省自然博物馆（课前请家长带孩子自行参观）。 2. 科幻影片《博物馆奇妙夜》片段。 3. 利用《山海经》拓展创作文本材料。

六、率性教学过程的展开

(一) 图像试读,形体归纳

从动画片《小蝌蚪找妈妈》一课中点的归纳,到《水墨游戏》中的点线面关系处理,再到《水墨恐龙》中的整体与局部关系分析;从毛笔的正确使用到掌握中锋、侧锋运笔规律;从单一物象绘画到场景的构图,从低到高、从易到难的递进教学符合从个别到一般的归纳教学,也符合儿童的认知发展规律。保证了学习内容的适切性和连贯性,使学生想象力、创造力、美术思维能力得以持续进阶提升。

教师通过对恐龙身体的"橄榄球形"的概括,在黑板上呈现基本形体,请学生们猜一猜老师画的是什么,学生很难通过这个近似椭圆的形状猜到绘画内容为恐龙,通过继续添加恐龙的四肢和头颈,学生逐渐看到一只巨大的恐龙呈现在画面上,学生对恐龙基本形态与绘画步骤有了初步感知。继而进入"找一找"环节,在探究四张不同形态的水墨恐龙的过程中体会从整体到局部的观察、分析,发现并归纳出恐龙身体造型的相似性,说出不同恐龙头部、尾部、脊背、四肢等局部的不同,以及不同动态下各身体部位的样态变化,使归纳思维得到锻炼与提升。

从概括外形的一笔画到拆解分步

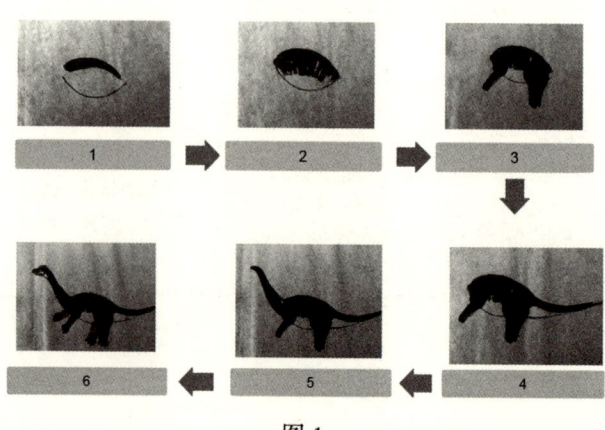

图 1

想象是人的大脑（主要为右脑）最外层的高级思维运动，通过艺术创作将思维过程、想象结果呈现出来，实现归纳能力与想象力的可视化。

（二）演绎生成，创意实践

从对多种恐龙形态的观察，总结、归纳恐龙的共性与不同，由对一只恐龙基本形态的塑造归纳到对不同动势恐龙的演绎，掌握画恐龙这一物种的方法，实现对整体与局部概念的认知与应用。

图2

小组讨论教学对话：

学生A：我发现恐龙从捕猎状态转变为正常站立时最大的变化是它的"椭圆"身体从横着的变成了竖着的，而且它的嘴巴变化最大。

学生B：我发现咱们可以通过改变恐龙头的大小和脖子的长短改变恐龙的种类。

学生C：我发现恐龙的身体都是椭圆形的，最大的不同是它们的腿，有的腿很粗而且是四肢着地，有的是后肢粗壮，前肢像小爪子一样……

学生D：我觉得你们说的都对，只要记住身体的"椭圆形"是不变的，随着动作发生变化转变它的方向，其他像四肢呀、头呀都可以改变，能变出不同动作的恐龙，还能变出不同种类的呢……

布鲁纳认为"任何知识只要用适合的方式可以教给任何年龄的孩子"。在水墨画教学活动中，学生在游戏式的探究、实践过程中体验、发现、归纳恐龙的共性特征与个体差异。通过磁力片摆拼游戏和小组交流讨论归纳出来的不同恐龙之间的差异，然后进行多只恐龙的衍生，为下一步的自由创作开拓空间。

图3　　　　　　　　图4　　　　　　　　图5

（三）审美判断，多维评价

画恐龙时，有个孩子画的画大家都很嫌弃："你画的这是什么呀？根本不是恐龙，有点儿像鱼！"于是我请那位同学上台展示分享他的作品，他说他画的是海鳗龙，我和孩子们一样从未听过，我请他下次课拿出依据。于是他为让了大家更清楚地了解海鳗龙，搜集了很多图片资料，还拿出一张平日里画的画，站在讲台上绘声绘色地为全班同学讲解。同学们看着详实的资料介绍，听着细致的科普讲解，不禁啧啧称赞："哇！真的有这样的恐龙！""太厉害了！""可能还有很多恐龙没被人们发现呢！"……这一次课学生们学会了找根源、摆事实，师生共同打破了"恐龙必须是什么样的"这个束缚，突破了表现方式的单一性。

图6　　　　　　　　　　图7

美术学科不同于数学学科标准答案通常具有唯一性的特点，美术教师如一部电影的导演，给学生们提供一个主题，场景与内容选取以及如何演绎均由学生自主设定、自行探究、自由呈现，这里没有标准化的"剧本"设定，每个孩子享受足够自由、开阔的创作空间，因此每个孩子呈现的作品都是极具个性和趣味性的。

基于率性教育理念和素养目标，选取后现代主义课程观作为理论基础建构跨年级水墨单元，教师重新认识、思考知识的价值性，反思与批判以往教学模式，更加注重学生之间的差异性、学生的个性化发展、学生精神愉悦体验。创新性的美术国画教学是新课标对现阶段小学美术教学提出的新的改革要求，对提升学生的文化内涵有着重要的意义，为全民美育的开展奠定良好的基础。

小学美术教师的职责不是培养艺术家，而是培养学生对艺术的热爱。热爱艺术的人热爱生活，热爱生活的人必定能在纷杂的社会生活中体悟到更多的快乐，以美之心感受生活、表达生活，成为一个充满幸福感的人，这恰恰是美育工作者最为重要的教育目标。

执 笔 人：白雪
研究团队：郭志勇、孙立斌、刘洋

五年级"东丰农民画"单元案例

一、设计亮点

美术学习关注文化渊源、体验过程与彰显个性,能充分体现有根源、有过程、有个性的率性教学特征。

(1) 追溯文化根源,传承东北民俗。东丰农民画"以民族传统为根基,以关东民俗为养分,以现实生活为源泉",历史悠久,内涵丰富,不仅仅是吉林省的一张美术名片,更代表着中国民间绘画走向了世界。作为东北地区的孩子,应该对这片土地的历史与文化有一定的认识,通过农民画这一直观生动的艺术载体,可以解读历史中的故事,找到民俗里的秘密。

(2) 归纳艺术特色,体验绘画过程。本单元学习的重点是东丰农民画的主要特点与表现方法,抓住特点、学会方法,学生才能在感知欣赏的基础上进行创作展示,从内化省思发展为外化表达,从他人技能转化为个人技能。而教学如果是直接"授鱼",则学生体会不深,操作不佳,仅仅习得皮毛而不会运用于自己的创作之中;如果是间接"授渔",则学生能深入领悟,最后便信手拈来。这里的"渔"就是归纳,在一系列极具震撼力的色彩、线条、形状及构成原理面前,在一组组激动人心的视频成果面前,以视觉的冲击力带动情感体验,激发学生的创作欲望。

(3) 沿袭传统技法,迸发个性创作。艺术作品千人千面,融入了城市学生思维的东丰农民画,体现了个人鲜明的特点与独特的个性。虽然东丰农民画是以农民作为主要创作群体,但是城市的孩子们通过自己对东北民俗的理解,加入了自己生活中的真情实感,再以儿童稚嫩的艺术表达形式来进行创作,给东丰农民画注入更加新鲜有趣的时代血液,使其在发展中不断焕发出新的生机。

教师要多给学生感悟美术作品的机会,多给学生提供创作展示的平台。真正的艺术融入与艺术熏陶，无关技法优劣，无关知识深浅，无关感受多少，只在于无声胜有声的品味体悟，只在于胸中有丘壑的创作体验，只在于思想任驰骋的率性抒发。

二、内容分析

"东丰农民画"是人美版国标教材中"造型·表现"学习领域的内容，作为吉林省地方课程被选入教材中。农民画是我国民间特有的艺术表现形式，素有"东方毕加索"的美誉。东丰县素以"神州鹿苑"闻名，以龙的图腾积淀深厚的文化底蕴，形成了富有活力的现代民间艺术土壤。东丰农民画是生产者的艺术，他们的作者没有接受过正规的艺术培训，而是大胆地向生活索取，表现自己对社会实践的真实感受，真诚无伪，质朴稚拙，这些作品同时具有极强的地域特色与民族风格，形成了形象质朴、色彩明快、构图饱满、凝重和谐、装饰性强等鲜明特点。

东丰县先后被评为"中国现代民间绘画画乡""中国民间文化艺术之乡"，东丰农民画作品多次在国内获奖，还被汇总成作品集《关东情》出版，更有大量作品被国内外美术馆及个人收藏。东丰县建立了中国第一家农民画馆——东丰·中国农民画馆，组织承办全国农民画成果会议，完成了世界上最大的艺术课——由1 988名学生现场画鹿，成功打破了吉尼斯世界纪录。2014年，在美国纽约举办了"世界情，中国梦"——中国农民画精品暨东丰农民画联合国总部大展。东丰农民画不仅仅是吉林的骄傲，更是中国的骄傲。大俗蕴含着大雅，质朴彰显着艺术，民族的才是世界的。身为吉林人的我们理应将本土文化代表的东丰农民画展示给学生。

《美术课程标准》中要求：通过美术课程，学生了解人类文化的丰富性，在广泛的文化情境中认识美术的特征、美术表现的多样性以及美术对社会生活的独特贡献，并逐步形成热爱祖国优秀文化传统和尊重世界文化多样性的价值观。在实践中，要特别重视优秀的中国传统美术和民族、民间美术，弘扬优秀民族文化，体现中国特色，积极开发地方美术课程资源……基于此，我们选择此单元作为重点研究内容，并由此创建美术过程性学习的新范式。

本单元的课程资源非常庞杂，而且很多内容不适用于小学生，成人的民俗、农村的生活都是学生认知上的难点。由于是地方课程，我们没有相关的教学参考资料，完全依靠教师自主开发、选材。在备课时，教师首先要归纳海量的信息，分析哪些适合小学生，哪些适合课堂教学，哪些易于呈现，哪些可以承上启下，梳理出清晰的逻辑思路，然后生发出一棵课程的思维树，在保证主干茁壮成长的同时，兼顾旁枝末节。

三、学情分析

课前，主要使用谈话法和观察法，对繁荣校区五年一班、五年五班学生进行相关知识与技能的前测。

（1）知识方面，主要检测他们对农村生活内容题材的美术作品是否了解，对农民画有多少认识，尤其是对东丰农民画掌握多少。调查结果不容乐观，大约半数的学生没有去过农村，对农村生活不够了解，八成以上学生不了解农民画，仅有几名同学听说过东丰农民画，但只是浅层面的知道，了解并不深入。很多东北民俗对于学生来说都是陌生的，学生对其缺乏认识与理解。

（2）技能方面，学生对于前期学习的色彩技能都基本掌握，但是不清楚东丰农民画的艺术特色，没有掌握其表现手法。

东丰农民画具有极强的地域性与民族性，与其相关的课程尚有很多难题需要破解，如：城市学生的生活与农村生活相去甚远，无法感受农民画中的寓意；第一次尝试运用大量的纯色来创作构图饱满的作品，是对学生技法的检验与探索；教师在指导时会出现一些对农民画认知与理解上的瓶颈；等等。这些都是需要我们破解的，同时也是在教学中需要学生归纳、梳理并掌握的。

在这样几乎贫瘠的东丰农民画认知土壤中，教师必须遵循学生的成长规律、审美规律和美术学习规律。教师在课程资源的选择、知识脉络的构建、学习方式的运用、组织形式的变换、学习卡片的设计、教学空间的规划等方面都要独具匠心、引人入胜、深入浅出、融会贯通，这样学生知识的小树才能发芽抽叶，茁壮成长。这无疑是一个挑战，同时也会成为此类地方文化课程的新典范，行动研究的成果将辐射推广到类似的很多课程中，具有很大的研究价值。

四、教学目标

（1）了解东丰农民画的内涵、历史、内容、特点，以及艺术表现手法与色彩的特点，添画或创作一幅农民画。培养学生的观察力、感悟力、想象力、表达力、创作力与鉴赏力。

（2）借助学习卡片完成任务，以个人思考为先，以小组探究为主，以集体交流为重。

（3）增进对祖国民间艺术的喜爱之情，从而尊重祖国传统文化，尊重多元的艺术形式，激发学生热爱家乡的情感。

五、单元教学设计

表1

课时	学习目标	学习内容	学习活动	学习资源
第1课时 欣赏	1.了解东丰农民画的内涵、历史、内容、特点。 2.培养学生的观察力、感悟力、想象力、表达力、创作力与鉴赏力。	通过欣赏，用图像艺术作桥梁，设置学习卡片问题为向导，将课堂演变成东丰农民画馆，分析讨论东丰农民画的内涵、历史、内容和特点。	提出问题，通过个人、小组、集体三种学习组织形式分析探究，解决问题。	六段视频 农民画作品 学习卡片
第2课时 创作	1.了解东丰农民画的表现内容、形式、手法及色彩的特点，添画或创作一幅农民画。 2.增强对祖国民间艺术的喜爱之情，从而尊重祖国传统文化，尊重多元的艺术形式，激发学生热爱家乡的情感。	感受农民画质朴的美感与情怀，知道画面里面蕴含的故事，知道农民画的地位与价值，通过欣赏、对比、观察等方法总结归纳东丰农民画的表现手法，利用直观演示法和对比讨论法进行改画、添画或创作一幅农民画。	小组学习，集体交流，个人创作。	农民画作品 画纸 彩笔

续表

课时	学习目标	学习内容	学习活动	学习资源
第3课时 评价	通过多种评价方式，总结改进作品，引导学生了解东丰农民画在表现生活、美化生活方面的重要作用。	归纳东丰农民画的评价点。通过多种评价形式，促进学生相互交流、学习，深化对东丰农民画特点、艺术表现风格的认识与理解。	自评、互评、小组研讨、教师点评等。	学生作品评价卡

六、率性教学的展开过程

本单元的研究重点是有过程的美术学习，尝试归纳，重在体验。欣赏、观察、思考、分析、探究、比较、联想、判断、归纳、总结、体验、表达……这些主动的学习行为贯穿在主要环节中。

（一）欣赏六段视频，置身农民画馆

在欣赏环节，六段视频的设置如同电影情节，巧妙地牵引着学生情绪，引领学生走进东丰农民画馆。欣赏就要身临其境、感同身受，用图像艺术作桥梁，设置学习卡片问题为向导，将课堂演变成东丰农民画馆，带领学生踏上东丰农民画的艺术之旅。

观看视频，询问学生知道了什么？还有哪些问题？根据学生的回答来梳理问题。本课重点解决四个问题：内涵、历史、内容、特点。

（1）了解内涵，认识历史。在浏览了大量东丰农民画的基础上，提问：什么是东丰农民画？

生1：农民画就是农民画的画。创作群体主要是农民。

生2：农民没有经过专业训练，所以他们的画特别自由。

生3：东丰农民画应该是吉林省东丰县的农民创作的画，与其他地方的农民画不一样，能够体现东丰县特点。

经过学生自己的总结归纳，他们了解到东丰农民画就是以关东地区民俗为养分、融合北方民族文化元素的民间绘画艺术形式。经过这样的思考与总结，

学生学习更加深入自主。

东丰农民画是如何由一颗小小的种子，发育成幼芽，进而茁壮成长为一棵参天大树的呢？它的发展历史是怎样的？为了更加清晰地呈现东丰农民画的发展历史，老师给学生播放了三段视频，非常清晰地展现了东丰农民画的历史发展轨迹。

生1：东丰农民画最开始就是几个农民自己随便画的，在劳动之余作为娱乐，没想到画着画着，就越画越好，画出了名，还得了奖。大家就受到了鼓舞，于是更多人开始画画。

生2：这些农民画家因为没有受过专业训练，反而不受拘束，用色特别大胆，形成了自己鲜明的风格。开始就是农民自己琢磨怎么画，后来又参加各种比赛，然后代表中国出去展览。

生3：我觉得东丰农民画之所以能够不断地获奖，从中国到亚洲，乃至世界，就是因为农民画的是自己的生活，艺术来源于生活，记录生活，让世界上更多的人了解了东丰农民的生活。

教师提供了三个阶段的视频：①崭露头角，问鼎国展；②星火燎原，享誉亚洲；③盛会大展，走向世界。三个阶段层次鲜明的视频，使学生思路清晰，了解到东丰农民画是怎样从星星之火，逐渐发展，最终走上世界舞台的。

（2）发掘内容，分析特点。展示作品，引导学生一起来分析判断农民画的题材内容。

生1：表现了农民伯伯秋收的场面，一片金色，说明今年获得了大丰收，这是他们劳动的场面。

生2：东北农民的生活很丰富，二人转是他们的一种娱乐节目。画中还有农民家里的情形，房间里有大火炕，窗子上贴着窗花，红红火火的。

生3：有一些动物是农民画里经常出现的，比如猪、公鸡、鱼，都象征着富裕、快乐、美好。

生4：农民画里还有一些瓜果蔬菜，都是农民辛勤劳作的收获。

生5：农民生活在农村，因此我看到农民画中有很多农村的风景，是按照四季的不同样子描绘的。

……

学生通过小组讨论与集体交流，最终归纳出东丰农民画的内容题材有常见动物、蔬果作物、乡村风景、农民的幸福生活、生产劳动等等。

本单元重点是引领学生归纳东丰农民画的主要特点，小组讨论：东丰农民画有什么特点（可以从构思、色彩、造型、构图角度来谈）？通过图片的视觉引导感知，通过问题的提出引发思考，通过与既往的知识进行对比，由学生先归纳，教师再总结，由学生先尝试，教师再指导等。在师生共同的探究下，东丰农民画的特点逐渐清晰：在构思上要大胆想象，自由表现；在色彩上要鲜艳明快、装饰性强；在造型上要夸张生动、粗犷豪放；在构图上要饱满丰富、空间平面化。

东丰农民画与世界大师们的作品具有很多异曲同工之处，已经逐渐在与国际接轨了。正是这些没有受过专业训练的不起眼的农民画家，使中国的绘画艺术成为世界的新风尚。询问学生：应该向农民们学习什么？

生1：边劳动、边学习、边绘画，心怀愿景，脚踏实地，笃定信念。

生2：将自己的生活画下来，最平凡的也可能成为最伟大的。

学生从农民身上也学到了很多宝贵的品质，美术学习不仅仅是技能的借鉴，更是向艺术家的学习。美术欣赏其实也是"桃李不言，下自成蹊"的艺术，有些观念、有些感受是深深植入学生内心的，语言反而显得苍白无力。随着知识与阅历的增长，这些观点，感受会逐渐沉淀为学生的审美品质与美术素养。

（二）创作农民画作，描绘乡土风情

首先回顾特点，然后请学生提出创作中可能遇到的问题，再从中选择重点加以突破。对比分析三组作品，思考东丰农民画和以前学过的画有什么不同。

第一组是分析毕加索的作品和东丰农民画在线条的运用和形象的塑造上有什么相同之处？第二组是分析比较马蒂斯的作品和东丰农民画在色彩的运用上有什么相同之处？第三组是分析比较米勒的油画《拾穗者》和东丰农民画在画面构图上有什么不同？

生1：第一组的人物极为概括，线条简练。

生2：第一组的动态夸张，形象非常生动、质朴。

生3：第二组在色彩运用上多采用对比色，给人强烈、艳丽、欢快、装饰性强的感觉。

生4：第三组在空间表现上截然不同：米勒的画追求立体，农民画追求平面。

生5：第三组米勒的画注重实际的大小、远近关系，农民画可以不按实际空间比例进行表现，更加自由。

在对农民画和其他画作进行对比分析后，学生更加深入地感悟到农民画的艺术表现方法，然后提出创作要求：利用概括、夸张、装饰、变形等方法和冷暖对比、艳丽欢快的色彩，添画或改画一幅农民画。创作步骤也归纳出来：首先起稿，构图饱满（平面化处理）；其次配色，多用原色、间色；然后调色，由浅入深，水与色的调配适量；最后填色，明暗对比、冷暖对比。学生根据自己的需要进行取舍，让绘画更具有装饰美感，更能表达强烈的情感。由此，欣赏与创作一体化，实现了美术学习中临摹与创新的目的。

（三）评价展览作品，发表多元观点

评价要素的归纳要以学生为主，根据学生自评、互评的情况，引导学生自主总结评价点并板书。

生1：内容更贴近生活。

生2：形象都比较夸张，画得虽然不精致，但是很生动，很豪放。

生3：色彩鲜艳明快，装饰性强。

生4：构图饱满，画更像是平面的。

由学生自己归纳评价点，更能加深他们的理解。首先是自我评价，填写评价卡片自评部分，组内填写互评部分。然后用曲别针将评价卡片别在画的右下角，将作品贴在白板上。最后同学自主参观，进行互评（单项：好的方面打"√"。每人选出三幅最好的画，贴上标记。）打破插秧式的座位局限，让学生能够互动交流、展示评价，使美术欣赏与创作更深一步。

综上所述，我们重点归纳学习的是东丰农民画的主要特点与创作方法，但是美术学科的归纳不是理性的、严谨的，而是艺术感悟力与表现力的体现，更重要的是让学生学会欣赏与体悟东丰农民画的美感、寓意，并亲手创作出自己的农民画作品。东丰农民画由乡村入城市，从城市归乡村，需要跨越认知的代沟。我们应尽力寻找更适合学生理解的突破口，努力呈现符合他们年龄段和理解力的作品。

执 笔 人：马宏艳
研究团队：马宏艳、刘冰、孙逊、房楣、吴迪、刘倩含、江佳阳、闫志涛、殷实

六年级"动起来的画"单元案例

一、设计亮点

在学校率性教育理念的指引下,我们团队尝试突破美术学科内各学习领域和学科间的藩篱,构建基于培养美术核心素养的学习需要,融合本学科"造型·表现""设计·应用""欣赏·评述""综合·探索"等不同学习领域,与计算机学科进行有效连接的六年级《动起来的画》率性教育校本单元。激发了学生的想象与创意,调动了多方面的能力,培养了学生的图像识读、美术表现、创意实践、审美判断和文化理解等美术核心素养。

(一)以美术学科为主体,进行课程统整和融合

学生联系生活实际,在进行创编和制作小动画的一系列综合性的美术活动中,拉近学科内不同领域之间、学科之间、学科与学习者之间、学科与生活之间的距离,让核心素养在各领域融合中落地有声。

(二)动画创作技法的掌握在有过程的归纳教学中实现

本单元在探索如何结合新媒体开展丰富创作形式的过程中,结合动画制作相关内容展开的学习活动与率性教学中有根源、有过程、有个性的教学理念相契合。在美术创作环节中,动画片的制作方法的发现、提炼和总结需要通过有过程的归纳教学方法得以实现。让学生在情境体验中自己发现问题、研究问题、解决问题,保护学生的个性,关注学生的情感体验和积累,培养学生的创造力。

二、内容分析

本单元教学以人美版国标教材六年级《动画片的今昔》为蓝本,进行校本课程开发,构建了以"动起来的画"为主题的单元课程。

(一)调整学习领域,利于综合能力培养

基于文化理解、创意实践和审美判断等综合能力的培养,我们将单元教学

由原本的"欣赏·评述"学习领域，调整为"综合·探索"学习领域。打破以往小学动画教学中先欣赏后评述的单一学习手段，引导学生在原有的创作经验基础上，通过探索动画历史、研究拍摄方法、创编动画故事、制作拍摄道具、多次拍摄制作、交流展示等解决一系列综合性问题，将美术各学习领域的知识与技能融为一体，培养图像识读和美术表现等综合能力。

（二）补充教学内容，提高创新实践能力

本单元是小学阶段最后一个动画专题学习内容，学生对动画片的认知和学习已经从单纯的注重色彩深入到关注这种艺术形式的发展史和科学制作原理的层面。枯燥的理论变为既有趣又有效的学习，更让孩子们喜欢，单元内容顺应学生的学习兴趣，增加拍摄环节，学生借助平板电脑等现代化工具，表达自己对动画制作的个性化理解、对生活的感悟及对文化的认知和体会。这有利于补充小学动画课程在制作环节的缺失，丰富了课程学习内容，使单元内容更适切、合理，提高了学生学习美术的兴趣。

（三）增加创作课时，丰富评价手段

单元课时由国标教材要求的原有一课时调整为四课时，为学生归纳总结拍摄方法、制作道具、拍摄动画和多次完善作品提供了充足的学习和创作时间，使动画学习的独特生命力得以焕发。吉林动画学院作为国内专业的动画产业基地坐落在长春市，拥有动画教学与制作的丰富经验和基础。我们邀请吉林动画学院制作部王闯主任为全体五年级学生进行讲解示范，给了学生更宽广的视野。多元评价环环相扣，逐步解决拍摄难题，一次拍摄交流经验、初步归纳创作方法，二次拍摄讨论怎样拍得更好，课后推介评价进行动画展示专场活动。把美术的审美能力、美术技能与评价活动有机地结合起来，融艺术性、知识性、趣味性、表演性于一体。

教室设"材料角"、收集图鉴和拍摄资料的"信息角"、收集工具使用方法的"工具角"，集中放置拍摄完整的成熟的动画等学习资源。步骤图提示了怎样做以及相关学习要求，这样细致的提示使学生一看就知道自己该怎样做。这为学生的自主学习带来了方便，也为学生提供了帮助和自由发挥的空间。

三、学情分析

在实施单元教学前，我们团队运用问卷法和访谈法对2个实验班级的80名学

生进行了问卷调查,学生们对动画片的喜爱程度达到100%,甚至不同程度地"崇拜"动画形象。浓厚的兴趣和高涨的创作热情,为开展本单元教学奠定了基础。

(1) 从学习基础上看:依据美术课程标准,蓝本教材中教学内容隶属"欣赏·评述"学习领域,从低年段的《卡通明星总动员》到中年段的《动漫》,学生已学习过动画的形象、故事情节和分类等基本知识,并能够运用色彩、造型等基本的美术语言对动画作品进行简单赏析,接触过《变形金刚》《阿童木》《千与千寻》等多部具有代表性的外国作品和具有民族特色的《骄傲的将军》《小蝌蚪找妈妈》《九色鹿》等优秀国产动画片,同时这一阶段的学生有了一定的分析、思考和创作能力,需要多种美术创作手段和情感流露的表达方式。

(2) 从认知兴趣上看:绝大多数学生已不满足于单纯的欣赏和评述,他们对动画作品的拍摄方法和手段不够了解,对动画的制作既好奇又觉得深不可测。本课程利用自己的课堂画作,运用简单易懂的定格动画拍摄方式初步尝试拍摄小动画,弥补了以往课程内容的不足,新颖的创作方式激发了学生的学习兴趣,改变了其对动画制作的畏难心理。

(3) 从生活经验上看:现代化通信手段飞速发展,学生使用计算机、手机和平板电脑等现代化工具日趋频繁,广大学生又是信息浪尖上的弄潮儿,微信已是他们之间常用的沟通工具,在信息一来一去的交流中,动画是他们再熟悉不过的内容。动画的制作已悄然渗透到生活中,绝大多数高年段学生已掌握简单的拍摄方法,其实这也是动画片设计制作的基本语言与基本技法。简单的卡通造型已经不能满足高年段学生视觉上的需求。我们常常可以见到学生使用手机和摄影器材拍摄的定格动画,能够感受到其中的创作手段和美感,这就具备了教学的必要前提。

四、教学目标

本单元从学生原有的美术学习经验出发,通过综合性课堂动画拍摄教学活动,激发学生的创造力和好奇心,使其能够涵养美感、生发创意、感知文化。有的放矢地确定教学目标,梯度渐进,弹性处理,使不同学力基础的学生能够选择适合自己的学习任务。

知识与技能:初步了解动画片的发展过程及制作原理,初步尝试运用电子设备使画面动起来。通过合作能够制作一部或两部简单的小动画作品。

过程与方法：通过对比的方法，总结出正确的拍摄流程，通过自主探究，初步了解动画片中的形象是怎样动起来的。

情感、态度与价值观：初步感受国内外动画片的不同美感，体会制作动画片的快乐与艰辛，感悟什么样的动画是美的，利用数码设备创作动画作品，明确视觉美和内涵美的不同感受。

五、单元教学设计

表 1

课时	学习目标	学习内容	学习活动	学习资源
第1课时	1. 欣赏不同国家、不同时期的动画片，简单了解世界动画片的发展史。 2. 了解动画制作原理。	欣赏动画、了解动画制作原理。	了解动画历史和简单的制作原理，激发学生制作愿望。	第一部动画片，第一部有声动画片，第一部彩色动画片，第一部民族特色动画片，第一部美国三维动画片，第一部日本动画片
第2课时	1. 建立美的动画片的概念，确立画面主题，运用"层"的概念，将绘画作品分层绘制出来。 2. 以欣赏、讨论、比较等方式，确定画面主题，分工合作创作作品。 3. 感悟什么样的动画是美的，体会绘画带来的乐趣。提高学生对美好生活的向往，增强对正能量的弘扬。	确立主题、绘画创作。	确定故事主题，运用"层"的概念，将绘画作品分层绘制出来。	学生画作、分层小形象和简易道具、学习卡片、民族化动画片《骄傲的将军》、第一部国产彩色动画《九色鹿》

续表

课时	学习目标	学习内容	学习活动	学习资源
第3课时	1. 知识与技能：知道动画片中的形象是怎样动起来的。初步尝试运用电子设备使画面动起来。 2. 通过对比的方法，总结出正确的拍摄流程。 3. 体会制作动画片的快乐与艰辛，鼓励学生主动探索美术信息，利用数码设备创作美术作品。	实践操作、归纳总结。	1. 尝试运用电子设备使画面动起来。 2. 实践动画拍摄 （1）归纳问题和总结创作方法。 （2）归纳如何更好地呈现画面。 3. 对原有观点进一步的生成和整合，进行二次创作。	平板电脑、支架、自制道具、安静的拍摄地点（走廊和教室）、现代多媒体教学软件（白板等）
第4课时	1. 综合运用已经学过的美术知识和技能，用自己喜爱的美术形式，小组合作拍摄一部小动画。 2. 学生在体验交流中发现动画美的真正含义，通过分析学生作品，汇总造型表现的方法，寻求新的表现技法进行创作。 3. 在小组合作中培养学生的合作精神和团队意识。	欣赏评价、交流提高。	学生欣赏作品，互相评价。	现代多媒体教学软件白板、拍摄好的小动画。

六、率性教学的展开过程

本单元教学从学生原有的经验出发，通过欣赏、分析、初步创作、归纳问题与方法、再创作、交流与评价，使学生逐渐完成从个别到一般的归纳推理的思维发展。第1课时了解动画片的今昔，感受中外动画的艺术美；第2课时确立故事主题，运用"层"的概念，将绘画作品绘制出来，让画美起来；第3课时主要利用现代多媒体教学软件白板等进行有主题的简单动画制作，平板电脑等电子设备的使用帮助学生搭建起了绘画与拍摄动画之间的桥梁，让画动起来；第4课时进行组际作品交流，在交流创作经验的基础上取长补短，提出修改意见，再进行作品完善，环环相扣，循序渐进，最后达成学习目标。以第3课时《动起来的画》为例。

（一）独立学习，在自由探索中积累经验，初步归纳方法

在教学中，教师引导学生赏析不同类型的动画片，进而从中寻找动画片中潜在的规律或相似点，了解绘画与动画间紧密的联系。学生在学习过程中运用个别经验尝试创作，在小组交流中获得一般经验，即归纳拍摄的方法，从而为接下来的归纳奠定基础。

教学片断：

师：同学们，第一节课我们欣赏了动画，第二节课我们确定了主题，分层次绘制了画面内容。这节课你们最想干什么？

生：想拍。

师：别着急，先欣赏三部动画片，这是世界上第一部无声动画片——《滑稽脸的幽默相》，这是小朋友自己做的翻纸动画，这是我们学校动画社团同学拍摄的获国家二等奖的定格动画作品《汤》。

师：我们欣赏了三个用不同方法制作的动画，他们用了哪些方法？

生1：翻纸。

生2：一帧一帧。

生3：摄像机。

师：你们的知识面可真广。你们现在想不想拍？

生：想拍。

师：好，那我们就来拍动画，一起让画动起来。现在请大家观察桌面上的资料——一台平板电脑、我们的绘画作品，你们要如何运用这些东西让画动起来？现在给大家3分钟时间自由探索，各小组准备好了吗？开始！

（二）小组学习，小试牛刀在思维碰撞中归纳出问题和方法

学生要根据自身美术基础和学力水平来确定要完成作品的难易度，再进行

分组，组内分工、合作、交流、互动。在同心协力、互相促进完成学习任务的过程中，绘画能力强的学生可以完成绘画部分，手工好的学生可以承担道具制作任务，拍摄技术好的同学可以操作平板电脑，音乐和语言方面有天赋的同学可以去配音……

小组学习是对归纳拍摄方法的适切性的验证，学生在小组合作创作过程中还会遇到一些问题，如手抖、穿帮、位移、噪音等，在交流中归纳出普遍存在的一般性问题。为进一步解决这些问题，每个小组对各自的方法进行分享与讨论，进一步归纳出解决这些问题的方法。这培养了学生的归纳思维和合作意识。

教学片段：

师：好，谁来说一说你们组是如何让画动起来的？

生：我们组用的是拍摄功能，先拍摄一张，然后暂停，移动要拍摄的物体，再拍摄，再移动。

生2：我们组和前面小组的做法差不多，也是先拍摄、再移动、再拍摄。

师：你们用的是这种方法，那其他组呢？你们用的是什么方法？

生3：我们组用的是拍照功能（不同的方法）。

师：好，一会儿你们用这两种方法都试一下，看哪种方法更好。你们发现了吗？这几组的制作方法基本相同。好，我们归纳一下：

（板书：方法 拍摄——移动）

师：我们用这个方法再试拍一次。好，来看学习指南……巡视并记录（手抖、穿帮、移动过快、噪音）。

师：好，请回位，哪组先来展示作品？我们先来看看××号作品（穿帮、手抖），这幅作品画面上出现了什么问题？

生4：我发现他们在拍摄的时候把周围东西都拍摄进去了。

生5：画面在抖动。

师：的确是这样，你们看一下自己小组的作品，还有哪个组也遇到了相同的问题？请举手示意我……看来这个问题普遍存在。

（板书：穿帮 手抖）

师：那谁有好的解决办法呢？

生：可以靠在自己的身上，找支撑点。

生：压低镜头，调整焦距，放安全框。

师：这种办法你们觉得怎么样？一会儿再次拍摄时可以试一下这个方法。接下来我们再看看××号作品（移动过快、噪音）。这一组在拍摄过程中遇到了哪些问题？其他组遇到这种问题了吗？

生：他们组的画面一跳一跳的，没看清楚就过去了。

生：有混乱的声音。

（板书：移动快　有噪音）

师：这些问题该如何解决呢？谁有好方法？还有要补充的吗？你们同意他的方法吗？

生：每拍一下的时候，物体运动的距离小一点儿，多拍摄几个镜头。

生：播放时关闭声音，现场配音，找个安静的地方拍摄。

师：这些方法不错，你们都可以试一试。

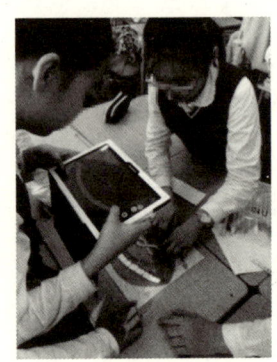

图1　　　　　　　图2　　　　　　　图3

（三）集体交流，大展身手，在创作中运用归纳的方法

在集体交流中运用归纳方法不断完善画面，使画面更加生动、逼真。激发了学生学习的热情，培养了学生在相互学习中解决问题的能力。重视操作层面，实际上艺术创作来源于生活又高于生活，强调的是个人先观察，产生独特感受，再尝试表现，在教学实践中我们发现，提供充足的教学资源，学生们就会选择适合自己审美能力的作品进行色彩、造型、画面构图和音效处理等多角度分析；在初次试拍的操作中发现问题，找到解决办法，并在二次、三次或多次的拍摄

中解决问题，归纳出个别意见，经过多数人认同后总结出拍摄的一般规律。

教学片段：

师：我们归纳出了这些普遍存在的拍摄问题（指板书），并一一破解了难题，再次拍摄请大家一定注意这些问题，帮助我们完善画面效果，使画面更加生动、逼真。

师：你们想不想再拍摄一次啊？

生：想。

师：好，看学习指南，再尝试一次。

（生：阅读学习指南并再次进行拍摄。）

（教师巡视并记录：手不抖、不穿帮，移动距离小，噪音小，创意主题，色彩，画面整体效果。）

师：时间到，请回到座位上。阅读学习指南后，我们来看看大家拍得怎么样。我们先来看看××号作品（画面整体效果最好，色彩也好的组）。你们能介绍一下自己的作品吗？大家觉得他们拍得怎么样？

（四）交流创作经验，不断加以改进和优化

教学片段：

师：这位同学说得可真好，从艺术的角度给大家进行了评述。

师：我们再看一下××号作品（创意主题，画面构图），请这组同学简单介绍一下你们的作品。

生：我们组拍摄的是关于宇宙飞船的小故事。

师：大家觉得他们的画面怎么样？

生：他们的画面非常优美、简洁，运用了冲突的黄黑两色。

师：评价得非常好，这说明你认真观看并且思考了。其实老师特别想看看××号作品（拍摄技巧）。能给大家展示一下吗？

生：他们运用的是立体拍摄，非常有创意，设计也很巧妙，并且借鉴了经验，没有出现……的问题。

师：大家觉得这次拍摄和上次比怎么样？

生：已经没有手抖、穿帮等问题了。

师：看来各个组在这次拍摄的过程中都有所进步，你们的动画作品各有千秋，有的画面细腻、优美，有的想象力丰富、充满童趣、寓意深刻，还有的合理运用了拍摄技巧。看到这样的作品老师真的为你们感到高兴。在今后的学习过程中，请同学们善用电子产品，将传统手绘技巧与新科技相结合，创造更加辉煌的中国动漫产业。

运用传统与现代的媒体材料、技术，结合美术语言，赏析中外动画，了解动画发展历史，并进行分析、思考和探究，对自己的画作进行分层处理，使其符合创意构想，并进行拍摄，集体交流后加以改进和优化。通过观察、想象、构思、表现等过程，创造有意味的视觉形象，表达自己的意图、思想和情感，感受动画的造型、色彩、材质、肌理、空间等形式特征，通过各种方式搜集信息，进行分析、思考和探究，对物品和环境进行符合实用功能与审美要求的创意构想，并通过草图、模型等形式予以呈现，不断加以改进和优化。

实践证明，"动起来的画"这一单元，让学生能具体分析、感受中外动画片中蕴含的文化魅力和艺术美，能培养学生的创新意识、自主学习能力和审美能力，增强了他们的人文底蕴与审美情趣。铸就文化内核，立足国标教材，探索适合每个学生特质的校本课程，将静态的国家课程转变为动态的校本融合课程，这种融合将会更广、更深，更有意义和价值。

执 笔 人：苏晶

研究团队：苏晶、刘立军、佟茵、李小娇、董蕊、王博

科 学

三年级"风的成因"单元案例

一、设计亮点

(一) 从人为现象到自然现象,逐层递进,归纳风的成因

风是一种学生非常熟悉的自然现象,在日常生活中学生能接触到很多种人为制造的风。在本单元的教学中,学生先研究自己制造的风,利用各种方法体验风的形成,在众多现象中归纳"人造风"形成的原因。再由"人造风"拓展联系到自然界的风,比较自然界的风在形成时与"人造风"的相似之处,然后进行归纳总结。最终学生发现,无论是人为现象还是自然现象,各种形式的风都是因"空气的流动"引起的,区别在于导致空气流动的原因不同。

(二) 以问题为导向,经历观察、实验、归纳、反思的探究过程

本单元教学从一系列与风相关的图片展开,学生对风的相关现象进行观察,提出一系列问题。梳理问题后确定首要的问题是要明确风的成因,继而假设、实验、归纳、反思等。在每一个探究活动中,设计关键问题,关注学生思维过程。在探究过程中关注学生的思维留痕,强调自省和反思。

(三) 关注个性的独特发现,促进科学思维发展

利用总结交流、对话省思发现学生的个性思考,挖掘对风的成因的独特思考,促进学生深入思考,做出有依据的假设和归纳。从学习卡片的填写情况中可以了解学生的思维过程以及对相关知识点的掌握情况,将科学思维的发展情况以学习卡片的形式展示在纸上,将不易观察和记录的思维转化成可视的记录,促进了学生科学思维的深度发展。教师对学生学习情况的掌握也是真实、有效、

及时的，有利于学生科学思维广度的发展。

二、内容分析

（一）内容来源

"风的成因"单元案例的内容来自教科版小学科学三年级上册"空气"单元的第6课"我们来做'热气球'"、第7课"风的成因"，以及"天气"单元的第5课"观测风"。单元结构按照"观察风—制造风—研究风"的顺序进行安排。

（二）对内容的重组和开发

2017年最新印发的《义务教育小学科学课程标准》提出，学生应该掌握"空气是一种常见而重要的混合物质"这一基础的主要概念。而该主题下的三项学习内容之一就是"空气的流动是风形成的原因"。此学习内容是小学生较早接触到的因果性知识，从事实性知识的学习到因果性知识的学习，标志着小学生所学习的物质科学知识类型的丰富和水平的提高。因果性知识具有解释力，科学解释属于高阶思维，因果性知识的学习可以发展小学生的高阶思维能力。因此，让学生真正理解空气的流动形成风正是三年级科学学科领域的一个关键内容。

归纳是从个别到一般，找规律的过程。本单元从生活中各种跟风相关的个别现象入手，归纳出形成风的根本原因，即空气的流动形成风这个一般规律。利用有过程的归纳教学，更有利于实现该目标。科学探究活动一般经历观察、提出问题、提出假设、设计实验、实验验证、得出结论等过程。在以往的研究中，归纳通常体现在得出结论的环节，本次研究，将重点放在提出假设的环节上，鼓励学生深入思考，培养学生的科学思维。

三、学情分析

（一）学生的前概念

通过对学生的前概念调查，我们发现，大部分学生认为风的形成可能跟空气有关、跟速度有关、跟机械有关、跟力有关、跟电有关，少部分同学认为与空气的流动有关，但因为空气看不见，所以无法证明自己的观点。

（二）学生已有的经验

学生已经知道自然界中存在风，也了解不同的风力、风向带来的现象和感受。与自然风相比，学生更熟悉的是人为制造的风，如手摇扇、开电风扇、吹气、快跑、坐车开窗、开空调等形成的风。生活中，烟气、加湿器喷的雾、洗澡时的热气等可见"风"也能激发学生对空气流动的思考。

（三）本单元学习的难点

空气的不可见性是本单元学习的难点之一，在寻找证据证明空气流动形成风的过程中，学生只能借助烟雾、旗子、火焰等可见物推理空气的流动，这种思维的迁移对于三年级学生来说有一定困难。

设计实验方案是本单元学习的难点之二，学生需要设计实验验证自己的假设，将生活中的偶发事件，以实验的形式重现出来，并说明空气流动与风之间的关系，这里面潜在的逻辑关系对于三年级学生而言有一定的困难。

四、教学目标

（一）科学概念目标

（1）明确空气的流动形成风。

（2）明确热空气向上升，冷空气向下降，形成空气的流动。

（二）科学探究目标

（1）对风的成因提出自己的假设，并能为自己的假设提供依据。

（2）设计可行性实验验证自己的假设。

（3）分析实验现象，根据现象得出合理的结论。

（三）科学态度目标

（1）对风的成因产生探究的兴趣。

（2）以事实为依据提出假设。

（3）尊重事实，以实验现象为依据得出结论。

（4）产生质疑时，能够主动分析原因，并通过改进实验或反复实验的方法进行验证。

（四）科学、技术、社会与环境目标

（1）利用恰当的工具，使观察、实验等更方便、准确。

（2）了解风的特点和成因后，知道如何帮助人类更好地利用风，如风力发电等。

五、单元教学设计

表 1

课时	学习目标	学习内容	学习活动	学习资源
第1、2课时	1. 能基于已有经验和所学知识，对人造风现象、风发生的条件、过程、原因等提出假设。 2. 能用画图、文字描述等方式表示出自己的实验设计。 3. 能对自己的假设进行反思，做出评价和调整，制订简单的探究计划。	由多幅与风有关的图片引发学生思考，展开对风的特点的讨论，又能从中选取人工制造的风来研究。	让学生根据已经掌握的知识来猜想"人造风"形成的主要原因，然后对应自己的假设，设计出比较合理的验证实验方法。	PPT、学习卡片、一根香、一个洗耳球
第3课时	1. 对风的成因提出自己的假设，并能为自己的假设提供依据。 2. 设计可行性实验验证自己的假设。	1. 对自然界的风进行研究。 2. 对"自然界的风是怎样形成的?"建立自己的想法。	1. 对"冷热不同会使空气流动吗?"提出假设。 2. 针对假设，设计实验。	学习卡片
第4课时	1. 知道受热的空气会流动形成风。 2. 经历假设、实验、分析的过程，通过探究烟的路径，分析风的成因。 3. 能够主动反思自己的假设和实验现象之间的异同，从事实出发分析风的成因。 4. 能将风的成因与自然界中的风相联系，体会风对人们生活的影响。	1. 认识"蜡烛小屋"实验装置。 2. 利用"蜡烛小屋"模拟受热的空气流动形成风的实验。 3. 根据烟的路径，分析空气流动的路线，进而得出受热的空气会流动形成风的结论。 4. 了解自然界中的风的成因。	1. 独立学习：了解"蜡烛小屋"实验装置，并对烟的流动路径做出假设。 2. 合作学习："蜡烛小屋"实验活动。 3. 集体学习：分析结果，得出结论。 4. 拓展活动：了解自然界中的风的成因。	"蜡烛小屋"实验记录卡，"蜡烛小屋"实验装置（蜡烛、香棒、沙土、点火器、塑料膜、纸盒），PPT课件（季风成因图）

六、率性教学的展开过程

(一) 聚焦现象,对"人造风的成因"做出假设

1. 通过情境图片,唤醒学生对"风"的经验感受,提出研究问题

学习伊始,教师出示精心选择的与风相关的图片:人为制造的风、自然风、风的用途、风的好处、风的坏处、狂风、微风等等。考查学生的观察力和洞察力,让学生通过观察图片发现跟风有关的各种信息,从而唤醒学生的生活经验,引导学生提出各种关于风的问题。以下是课堂上师生的交流记录。

师:这些图片都跟一个信息有关,你们能联想到什么?

生:风。

师:关于风,你们知道什么?还想知道什么?

生1:我知道风有时大有时小。

生2:我想知道多大的风能把树吹倒。

生3:我想知道龙卷风是怎么形成的。

生4:我知道台风很厉害。

生5:我知道夏天有风就凉快。

生6:我想知道为什么风有时大有时小,有时候还没有风。

……

帮助学生梳理问题之后我们发现,研究风力、风向、龙卷风等问题的前提,是要先弄清楚风的成因,进而提出本节课研究的主题。

2. 追问引导,根据现象,归纳"人造风的成因"的假设

学生最初对风的成因的假设源于自身的生活经验,比如,快跑时有风、打开冰箱门时感到有冷风、打开风扇或空调时会有风。怎样帮助学生将"感受"转化为"假设"是个值得注意的地方。本单元紧紧围绕现象引导学生做出合理假设,以下这段师生对话是教师引导一个学生关注现象,启发其他学生做出有依据的假设的教学片段。

生:我认为空气快速转动,产生气流,就产生了风。

师：你为什么觉得空气快速转动了呢？

生：因为我快速旋转矿泉水瓶，瓶里的水就形成旋涡，很像龙卷风的样子。

师：可是空气不是水呀。

生：那我用手快速旋转，能感觉到有风，有可能也形成了旋涡，只是空气看不见。

师：虽然空气看不见，但能感受到，你感受到什么了？

生：感受到有风吹到手上。

师：那你的手不旋转的时候，感受到有风了吗？

生：没有。

师：那你的手慢速旋转的时候感受到风了吗？

生：有一点。

师：看来并不是快速转动才形成风，根据刚才的现象，你还坚持自己的假设吗？

生：我要再想一想。

……

有依据的假设才是有效的假设，而一个有效的假设能大大增加探究的科学性和成功率。此环节的交流，对后续学生设计实验以及归纳结论都起到思维上的铺垫作用。

3. 对比现象，明确风的成因

空气是看不到的，借助烟雾的流动、旗子的飘动等现象，推理空气的流动形成风，这种学生认为理所当然的事情，暗含着证据意识和参照系的分析方法。香棒的烟雾在没有风的时候是竖直向上的，学生用洗耳球制造风，可以理解空气流动的过程：空气在洗耳球的球囊里被慢慢挤压，从出口缓缓流出，形成流动。洗耳球"吹"出的风使烟雾向指定的方向飘动，改变风的方向，烟雾飘动方向随之改变，烟随风动的现象说明风的成因是空气的流动。

(二) 基于学生经验，引发对"热空气流动形成风"的思考

1. 点燃蜡烛让"纸蛇"旋转，激发学生进行大胆假设

利用上节课得到的结论，先使用多种方法让纸蛇旋转起来，比如用小扇子、洗耳球等，都能实现"纸蛇"的旋转，这是学生能够利用已学知识解释的现象。然后点燃蜡烛，"纸蛇"也能旋转起来，引发了学生的思考："纸蛇"转，说明有风，但是老师并没有用学生熟知的方法制造风，那么风从哪里来？这个问题冲击着学生的大脑，学生很快把思想聚焦到点燃的蜡烛上，展开大胆的假设。

生1：可能是火焰的力量推动空气流动，你们看火焰一跳一跳的，可能在往上推空气。

生2：可能是热胀冷缩，蜡烛把空气加热，空气变大的过程中形成风。

生3：火焰的摆动让空气流动了。

生4：会不会是蜡烛的光让空气流动了？

生5：是不是蜡烛的热让空气流动了？

生6：我想起来了，是孔明灯的原理。

……

学生的假设有一些看似天马行空，有一些是看了科普书籍后得到的直接结论，有一些假设在课堂上有条件验证，而有一些则需要更丰富的知识储备，所以学生的假设，需要他们自己进一步寻找相似的经验去支持。

2. 经验反思，明确让"纸蛇"旋转的风与热有关

学生的生活经验是提出假设的宝贵依据。此环节中，教师顺应学生思维，调动学生脑海中的生活经验，让学生做出自己的假设，而不是顺应老师的想法，

做出老师想要的假设。以下是本单元的一段师生对话。

师：你们的假设不能是瞎想，它一定要有一些经验来证明。那现在我们来想一想，你们的假设有没有什么日常生活中的经验能支持？

生1：我去科技馆，那里有个台子是模拟龙卷风的，我感受到上面冒的是热风，下面冒的是冷风，然后就有龙卷风。所以我认为热、冷空气相遇时能形成风。

生2：我在看书的时候看到了热空气会往上升。

师：书上说的是写书人的经验，你有没有试过？

生2：没有。

师：老师建议你试一试。那你有倒热水的经验吗？那倒热水时会有什么现象？

生2：白气、热气……

师：那这白气、热气往哪里走？

生2：往上走。

师：那你觉得白气为什么往上走？

生2：可能是因为水很热。

师：这个经验会支持你的假设。

生3：我妈妈做好饭，打开电饭锅时也能看到热气往上走，所以我觉得热也能让空气流动。

……

经验的支持，让学生的无依据假设变得更接近真相。

(三) 实验、反思，归纳"自然风"的成因

1. 分析学生对"蜡烛小屋"做出的假设，了解学生原有思维

在完善实验方案后，教师出示"蜡烛小屋"实验材料，再次确认蜡烛、香棒的位置，此时，不急于操作实验，让学生针对"蜡烛小屋"做出假设，思考在点燃蜡烛前后，烟的路径是怎样的，将思考结果画在学习卡片上，留下思考的痕迹，并说一说自己的思考。

师：你们觉得为什么点燃蜡烛前，烟不进入"蜡烛小屋"，而是竖直向上

的呢?

生1:因为这时还没有风,烟应该是竖直向上飘的。

生2:老师,我觉得这时也有风,香棒点燃后就变热了,热空气上升,烟被风吹着竖直向上。

师:说得都很有道理,一会儿我们做实验时仔细观察。(板书关键词:没有风;有风向上)

师:你们觉得为什么点燃蜡烛后,烟会直接从侧面圆孔直线飘到上面圆孔呢?

生1:我觉得在上面圆孔的位置会形成抽力,直接把烟抽走。

师:像抽油烟机一样?

生1:嗯,对。

师:跟他想法一样的同学举手。

……

孩子们对烟的路径做出了多种假设,有的认为是进入侧面圆孔后先竖直上升,然后水平飘到上面圆孔;有的认为是水平进入侧面圆孔,到达蜡烛处后竖直上升到上面圆孔。教师把几种假设的记录张贴在黑板上。在这个环节中,不对学生的假设多做评价,只要学生能说出针对假设的思考即可。

2. 演绎推理,归纳"自然风"的成因

因为空气的特殊性,"蜡烛小屋"的实验不能让学生亲眼看到热空气上升,冷空气下降,但能通过烟的飘动路径分析出风的形成与"热"有关,不论学生如何解释烟的飘动路径,基本都围绕"蜡烛加热空气后,热空气从上面流出'蜡烛小屋',冷空气从侧面进入'蜡烛小屋',空气流动形成风"这样的观点,通过此环节,学生基本理解空气受热会流动形成风的道理。

最后由"蜡烛小屋"的结论迁移到自然界的风的成因,自然界中没有那么大的蜡烛,风是怎样形成的呢?多数学生认为是太阳加热空气,让空气流动起来形成风,这时教师用图片资料简单介绍季风的形成原因,只需说明季风的形成也是由于温度的差异导致空气的流动即可,不做更深入的讲解,旨在让学生带着意犹未尽的感觉将探究延伸到课后。

从整体上看这个单元的设计,学生对风的成因的理解过程不再是简单的一语带过,而是层层递进,不断深入的真探究和真归纳。从熟悉的"人造风"入手,体验风的形成,归纳"人造风"形成的原因;再分析"自然风",找特点找证据,用生活经验不断夯实自己的认知。在探究活动中,引导学生梳理关键问题,关注学生思维过程。在探究过程中关注学生的思维留痕,强调自省和反思。在师生交流中,善于发现学生的个性思考,因势利导深层挖掘,促进学生做出有依据的科学假设和合理归纳,让学生真实、科学、有效地形成自己的科学概念。

执 笔 人:信海凤、张英妮
研究团队:信海凤、张英妮、刘辉、薛洪啟

四年级"摩擦力的科学"单元案例

一、设计亮点

本单元案例的设计突出体现率性教育理念下的"有过程"的归纳式探究教学特征。

(一) 在充分的探究体验过程中,发现摩擦力的影响因素

在单元整体设计方面,本案例提供了四课时的学习过程,增加了学生的探究时间与学习机会,让学生们充分经历"体验感受—提出问题—设计方法—实验探究—交流分析—归纳总结规律"的过程。在探究学习设计中,为学生增加对摩擦力影响因素的实验方法进行反复的思考与修改的环节。对学生出现的实验误差或操作错误进行记录,本课设计教师不能急于代替学生说出科学的答案,而是要让学生经历汇报、碰撞思考的过程,扎实的学习过程是学生获得探究技能、深入探究的保障。

(二) 在多层渐进的归纳过程中,搜集证据得出科学规律

案例设计了真实的情境,学生要基于经验感受,对摩擦力的内容进行初步归纳。然后经过科学的思考与研究,对实验数据进行处理、分析,在此基础上对摩擦力的科学认知理解进行较为深入的归纳与总结,同时在多次对实验方法进行修改的过程中,让学生掌握研究方法。本案例设计了两层渐进的归纳学习过程:一是基于反复修改,对科学研究方法的归纳;二是基于从对已有经验的感性认识,到基于实验数据的理性认知,渐进地进行对科学概念归纳的理解,促进学生自主构建科学概念。

二、内容分析

《摩擦力的科学》主题单元案例的内容设计，以教科版小学科学四年级上册"运动和力"单元中第五课和第七课的内容为蓝本，对原教材内容进行了整体的调整、组合与创编。摩擦力属于物质科学领域"运动"主题下的重要内容。原教材设计了"认识摩擦力与物体运动的关系""学习摩擦力的测量方法""研究影响摩擦力大小的两个主要因素""讨论与思考影响摩擦力大小的其他因素"以及"讨论与分析摩擦力的利与害"等多个学习内容。

我们审视回望平时的教学，分析教材编写思路、内容容量与实施困境之间的关系，发现在探究教学中我们为学生提供的科学探究缺乏"真"的学习过程体验。受固定课时客观因素影响，原教材设计一课时的学习参考建议，但是摩擦力实验探究内容的设计容量是比较大的，这样的内容设计会使教师选择为学生提供"片段式"或是"快餐式"的探究过程，导致学生没有充足的探究经历，缺少足够的时间对问题以及实验设计进行反思和改进，很难促进学生自己进行归纳总结、得出科学结论。

本单元内容在原教材的基础上按照"感受与认识摩擦力—提出研究问题—设计对比实验并进行实验探究—得出结论与思考"的科学探究学习的思路，对学习内容、重点活动及课时安排等进行了整体调整与创编设计。以此改变学生以往探究学习浮于表面、流于形式的现状，培养科学思维、促进科学概念的形成与构建，支持学生对探究学习的结果进行归纳，扎实提高学生探究技能，从而培养学生敢于质疑的科学精神和追求实证、实事求是的科学态度，促进学生科学素养的综合提高。

三、学情分析

摩擦力在生活中无处不在。通过与学生关于摩擦力话题的交流以及关于增大或减少摩擦力方法的调查可知：

图1　　　　　　　　图2

四年级的学生对摩擦力有一定了解，由于北方的季节、地域特点，学生们对冰雪天气所引起的摩擦力的变化有较丰富的体验感受，知道摩擦力与物体运动之间有一定联系，能说出一些生活中与摩擦力有关的设计或事例，如用手拿起物品、走路，都要有摩擦力。但对于摩擦力与物体表面粗糙程度的关系会有一些错误的理解，比如学生认为相同条件下柔软的毛巾或砂纸产生的摩擦力比桌面产生的摩擦力小。

图3

根据以上调查可知，学生要说清楚摩擦力的影响因素，用科学的方法研究与摩擦力有关的一些推测猜想，并搜集处理信息，归纳得出科学结论还是有一定难度的。

四、单元目标

（一）科学概念目标

（1）知道一个物体在另一个物体表面运动时，接触面间发生摩擦，会产生摩擦力；

（2）理解摩擦力的大小与物体接触面的光滑程度、物体的重量有关。

（二）探究过程与归纳能力目标

（1）通过活动体验，分析归纳原因，推测摩擦力大小的影响因素；

（2）通过设计摩擦力的对比实验，归纳研究摩擦力的科学方法；

（3）实验探究摩擦力与接触面和重量的关系；

（4）根据实验数据，归纳得出影响摩擦力的主要因素。

（三）科学态度目标

（1）培养认真实验、根据数据得出结论的科学态度；

（2）敢于质疑，善于提出问题，乐于表达与分享自己的发现。

（四）科学、技术、社会与环境目标

（1）通过调查了解摩擦力在生活中的应用，感受科学技术与社会的关系；

（2）知道摩擦力对我们有时是有益的，有时是有害的，在生活中有时需要增大摩擦力，有时需要减小摩擦力。

五、单元教学设计

表 1

课时	学习目标	学习内容	学习活动	学习资源
第 1 课时	1. 能积极参与摩擦力的体验活动。 2. 认识摩擦力是一个物体在另一个物体的表面运动时产生的。 3. 认真思考与分析可能影响摩擦力大小的因素，表达自己的观点。	体验与认识摩擦力。	两个与摩擦力有关的体验活动："分不开的科学书本"和"以弱胜强拔河比赛"。	PPT、学习卡片、实验材料（粗绳、布料、厚的书籍）
第 2 课时	1. 能初步设计摩擦力研究的对比实验。 2. 养成认真细致、严谨求实的科学态度。	设计实验方案。	学习对比实验设计方法，独立思考、小组交流讨论。	PPT、学习卡片
第 3 课时	实验探究摩擦力与接触面和重量的关系。	实验探究影响摩擦力大小的因素。	1. 再次修改与完善小组的实验方案。 2. 实验探究测量与记录数据。	PPT、学习卡片、测力计、钩码、毛巾、砂纸、木块

续表

课时	学习目标	学习内容	学习活动	学习资源
第4课时	根据实验数据，归纳得出影响摩擦力的主要因素。	汇报交流与拓展。	处理、分析数据，汇报实验结果，归纳得出科学结论。	PPT、学习卡片

六、率性教学的展开过程

在率性教育理念的指导下，科学学科开展"有过程"的归纳探究教学研究，培养学生科学思维，提升科学探究能力。在学生进行归纳探究的过程中，既要注重学生对科学概念构建的归纳过程，又要关注学生对探究方法习得的归纳过程，让学生对科学概念与科学方法的认识协调发展、互相促进。本单元案例的实施过程，较为完整地展现了学生运用归纳的方法与思维、教师有意识指导归纳的做法在探究过程中所发挥的重要作用。

（一）促进概念形成的经验归纳阶段

学生的前概念与生活经验是科学学习的基础。学生学习之前形成的这些丰富的认知，通过体验活动后的交流表达出来，从中提出问题、聚焦问题。在对观点进行分析、分类与归纳的过程中，可以提炼出事实性知识。这个过程有利于教师发现学生科学学习的最近发展区，掌握学生学习的难点与困境，为学生科学概念的构建与能力的发展提供有效帮助。

本单元第一阶段设计了"分不开的科学书本"与"以弱胜强拔河比赛"两个非常有趣的探究体验活动，这个过程一方面可以探查学生关于摩擦力的已有知识和经验，另一方面让学生可以基于感受和经验，进行分析和分类，推测影响摩擦力的可能因素，并初步进行归纳。

比如，教师设计趣味实验挑战活动，组织学生体验"分不开的科学书本"活动后联系生活，认识摩擦力，教师与学生交流生活中与摩擦力有关的事例。接下来，教师创设一个真实的情境：如果咱们班大佟同学与小琪同学进行一场拔河比赛，怎样让力量小的小琪同学战胜力量大的大佟同学呢？

生1：让大佟同学穿上轮滑鞋。

生2：力量小的小琪同学戴上防滑手套，大佟同学手上抹油。

生3：大佟同学把鞋脱掉，脚踩在纸上。

生4：让大佟变瘦，小琪多吃些长胖。

生5：小琪这边再增加一些同学。

图4

学生们在有趣的真实情境中体验摩擦力大小，积极思考分析原因，教师要有目的地引导学生交流，关注拔河比赛与摩擦力之间的关系，在交流探讨中聚焦问题和归纳摩擦力的影响因素。

教师与学生一起把这些基于生活经验的观点进行初步归类、归纳。

师：看来同学们这么多的方法中有一些是非常有效果的，真的让力量小的小琪同学获胜了，同时也要表扬大佟同学，非常认真地配合我们完成了拔河比赛！那么，让我们看看大家的办法，有没有哪些可以分为一类呢？

生1：脚下踩纸、抹油属于一类。

生2：穿轮滑鞋单独属于一类。

生3：小琪同学吃胖些与多一些同学帮助她一起拔，属于一类。

……

学生积极发言，教师重点指导学生在初步分类归纳的基础上，尝试运用"重量、表面粗糙与光滑、滚动"等科学词汇进行表述。

通过归纳形成的事实性知识是学生最终形成概念性知识与方法性知识的基础。这些基于感受、体验的方法总结、归类的过程，让学生们对摩擦力大小与运动的关系有了更丰富的感性认识，这为后面运用科学实验方法研究摩擦力奠定了很好的基础。

（二）提高探究技能的方法归纳阶段

教师根据学生对摩擦力的认知基础与经验感受，聚焦研究问题，针对影响摩擦力大小的因素提出学习任务，在探究问题、解决问题的过程中培养学生猜想假设、设计对比实验方案的能力。四年级学生完全独立进行对比实验方案的设计是非常困难的，他们还不能很好地把研究问题、对比实验方法和选择实验材料等多个层面的考虑综合在一起，不能完整呈现出一份规范、严谨、详细的方案，这个过程需要教师的指导与培养，更需要学生经历不断"试错"的过程。学生经过不断总结与归纳，掌握设计科学实验方案的要领与科学思维方法，同时领悟科学研究中蕴含的科学精神与科学态度。

第一层次，教师指导学生进行对比实验设计，学生分小组讨论初次设计的对比实验方案。

师：我们做实验设计时首先要想到两个因素可能同时起作用，如果是这样，我们能不能将两个因素一起研究？

生：不能。

师：那么我们怎样研究呢？

生：可以一个一个地研究。

师：怎样一个一个地研究呢？举个例子来说，如果我们先来研究物体重量对摩擦力大小的影响，该怎样做呢？

生1：我认为可以先用测力计勾住小车，然后把钩码一个一个地加进去，这样就可以了。

师：说得不错，请坐！老师要强调在匀速拉动小车时拉力才等于小车所受的摩擦力（板书）。细心的同学听到他刚才的实验设计中有一个因素在变化，是哪一个？

生：重量。

师：对，改变了重量，其他的条件能不能改变？

生：不能改变。

师：老师为大家准备了实验设计单，一会儿请大家先分小组讨论确定要研究的一个影响因素，然后完成一份实验设计方案。

学生分小组讨论后填写实验设计方案，教师组织汇报并提示"小组汇报方案设计时我们要相互借鉴，总结归纳一下对比实验设计的设计要领"。

第二层次，教师分析学生在进行对比实验方案设计中遇到的困难，帮助梳理并归纳探究的过程。学生明确问题与研究目的，进行多次改进，从中逐渐形成方法性知识。为学生提供反思、改进、总结与归纳的学习机会，有利于学生掌握与领悟对比实验的特点与要领。

师：之前我们经历的学习过程是怎样的？刚开始时我们在老师的带领下进行了一个什么活动？

生：拔河比赛活动。

师：活动过后，老师提出了研究的问题，然后组织大家动脑，去说、去写，我们说了什么？

生：摩擦力大小与重量，还有接触面粗糙度的关系。

师：摩擦力的大小可能与物体重量和接触面粗糙程度有什么样的关系？

生：我们猜测接触面越粗糙，摩擦力越大。

师：它与重量的关系是什么？

生：我们猜测物体越重，摩擦力越大。

师：科学光靠猜测行不行？不行！我们要依靠证据，证据来自什么？

生：实验。

师：实验中的什么？

生：测量结果、数据。

教师板书把研究的路径书写出来，与学生一同归纳出科学学习中探究的一般过程。

学生小组修改实验设计方案，初次进行实验研究。实验结束后，教师开始指导分析实验结果。

图5

师：老师下去观看时发现有些小组不会记录，在实验过程中需要记录几次？

生：3次。

师：每次放入多少钩码？取什么数值？

生：2个，取平均值。

师：这个平均值会更加接近准确值。

教师提示实验测量过程的规范性与记录过程的重要性，这使得学生的实验目的更加明确、操作更加规范有效、得到的数据更加具有科学性。

在整个学习过程中，教师为学生提供多次改进实验设计的机会，对新方法的习得提供消化理解、归纳总结的机会。这些探究方法的归纳过程可以保证科学数据搜集的真实性和准确性，为科学的发现与猜想证明提供科学可靠的事实支撑。

归纳的学习伴随着"集体学习—独立学习—小组学习"三种学习形式不断深入，在经历"教师讲解与演示—学生独立思考、小组合作—集中交流表达—改进与完善方案"这个学习过程后，学生们已经可以通过总结归纳，呈现出一份较为完整、科学的实验设计方案了。

（三）构建科学概念的证据归纳阶段

学生对科学的学习方法与科学本质的感知通过科学探究的过程获得。本课通过对比实验的设计和测力计的实际测量得到多组数据，在搜集到证据之后，教师指导学生分析数据，总结归纳其中的规律，得出科学的结论。

师：谁来代表小组进行汇报？

生：我们组第一次放入2个钩码，第二次放入4个钩码，第三次放入6个钩码，测力计测得的摩擦力不一样，记录测量的数据，然后算出平均数。

师：你们做的实验叫什么？研究的是什么问题呢？有没有同学记得？

生：摩擦力的大小与物体重量的关系。师：在刚才的汇报中，我们发现随着钩码数量的增加，测力计的数值也在？

生：增加。

师：所以你们得到的结论是？

生：钩码越多，拉力就越大。

师：拉力代表的是？

生：摩擦力。

师：所以我们得出关于摩擦力的结论是？

生：钩码越多，摩擦力越大。

师：钩码越多，物体越重，摩擦力越大，下面让我们完整地说一遍！

生：钩码越多，物体越重，摩擦力越大。

一步一步地引导学生自己通过数据归纳得出关于摩擦力的科学结论。归纳的思维将具体的事实概括出一般原理，对数据的分析和归纳过程有利于学生由事实性知识向具有证据支撑、抽象的概念性知识发展，培养学生尊重事实证据的科学精神和逻辑推理能力。

归纳的过程既是学生个体处理数据，从中证明假设猜想的内化过程，又是集体达成共识的过程。

率性教育理念的实践改革，倡导教师进行"有过程的归纳教学"。《率性教育建构与探索》中指出这个"过程"必须姓"学"，而非教师主观预设的过程。强调学生学习发展的"真"过程，促进由"教"向"学"的转变。扎实的归纳探究学习过程能有效提高学生的探究能力、促进学生自主构建科学概念，能让学生养成独立思考习惯与合作分享的意识，形成追求实证、实事求是的科学态度。随着对率性教育理念的深入践行，我们逐渐感受到在教育教学的道路上，应该彼此尊重。

执 笔 人：吴睿文

研究团队：甄庆祝、李杨、吴睿文、王旭、刘中光、张诗

六年级"杠杆"单元案例

一、设计亮点

(一) 归纳思维培养——学生对杠杆要素的理解需要经历由具体到抽象的过程

杠杆要素（动力、阻力、支点、动力臂、阻力臂）是杠杆平衡规律的基础，它对学生杠杆概念的构建起重要作用。但在以往教学中，因受时间限制，对于这一内容的学习，教师通常将这一知识点直接讲授给学生，或为学生提供阅读资料供其自学，然后应用该知识点，对比生活中的实例（剪刀、跷跷板等）验证和巩固。学生从抽象的一般性知识入手，再具体验证，这样的学习过程是演绎的。实践证明，这种方式省时省力，但对大多数学生来说，效果并不好。学生对杠杆的科学概念的构建并不完整，理解存在偏差，这一问题在多次纸笔测试中都有体现。以往教师只是按照知识点来讲授，而学生对杠杆概念的学习是自主建构的过程。因此，从具体实物入手，让学生经历先具体进而抽象的过程，更有助于学生对科学概念的构建。

(二) 集体论证——杠杆平衡规律的发现需要更充分的数据基础

对一个或然的推理来说，样本越多，归纳的结果越可靠。平衡规律的归纳，需要建立在大量数据的基础上，对于全体学生来说，这是归纳的过程。但是对实际教学中的个体来说，由于时间限制，加上个体差异的存在，每个学生获取的数据都是单一而有限的，归纳过程的展开并不充分，并不利于归纳结论的得出。因此，在新的单元框架下，我们给学生充足的时间，采取相应措施，让学生经历充分而真实的探究过程，这样才能使归纳结论更真实、有效。

二、内容分析

"杠杆"单元课程内容的开发主要依据教科版小学科学教材六年级下册"工具与机械"单元的第二课"杠杆的科学"和第三课"杠杆类工具的研究"。简单机械包括杠杆、轮轴和滑轮等,从原理上来讲,轮轴和滑轮都属于杠杆类简单机械,是杠杆的变形,遵循杠杆原理。可见,杠杆是学好简单机械的基础和前提。作为科学技术与工程领域经典内容,《义务教育小学科学课程标准》中明确了杠杆的学习目标为:知道杠杆、滑轮、轮轴、斜面等是常见的简单机械;使用杠杆、滑轮、轮轴、斜面等简单机械解决生活中的实际问题。课标中规定的"知道"和"解决实际问题"之间存在一定距离,要想完成二者之间的跨越,使学生从"知道"发展到"解决实际问题",就需要放大学生的学习过程,促进科学概念发展。为了更好地实现这一目标,我们以教科版教材为蓝本,在原有的基础上,构建了以"杠杆"概念学习为核心的独立单元。

三、学情分析

为了明确学生科学概念发展的起点,课前,我们以授课班级全体 36 名同学为调查对象进行了学情调查。为保证结果准确,调查前,教师向学生强调独立完成卡片。

调查内容为判断 6 种生活中的常见工具(开瓶器、壁纸刀、钓鱼竿、撬棍、天平、羊角锤)是否是杠杆并写明理由。根据学生的测试情况,按照工具类别,我们将每个学生的判断结果进行统计汇总,如表 1。

表 1

结果	工具					
	开瓶器	壁纸刀 (非杠杆)	钓鱼竿	撬棍	天平	羊角锤
正确人数	33	36	16	36	9	36
错误人数	3	0	20	0	27	0
正确率	91.7%	100%	44.4%	100%	25%	100%

根据上表的统计，并结合学生给出的理由，可以发现学生对杠杆的认识并不是完全空白的，他们能对一些生活中的工具是否是杠杆做出初步判断，部分同学能简单说明这些工具是杠杆的理由，这对接下来的教学设计很有借鉴意义。

(一) 正确率的分析，确定教学重点

就正确率而言，学生对各个工具的判断结果差异较大。在这六种工具中，有些对学生来说并不难判断，例如壁纸刀、羊角锤、撬棍和开瓶器。最有争议的是天平和钓鱼竿。

这种现象的出现，跟学生头脑中已经存在的判断标准即杠杆的原型有关。在学生给出的判断理由中，"支点""撬"这两个词出现的频率很高。它们都出自于阿基米德名言——给我一个支点，我就能撬起整个地球。这就是绝大多数学生头脑中存在的杠杆原型。

这些工具与杠杆原型的相似度，影响着学生的判断。这些工具按照与杠杆原型相似度由高到低排序，分别是撬棍、羊角锤、开瓶器、钓鱼竿、天平、壁纸刀。其中，撬棍、羊角锤、开瓶器与杠杆原型的相似度最高，学生也最容易判断。

而钓鱼竿、天平与学生头脑中的杠杆原型相比，有一些不同，例如，钓鱼竿的支点不在阻力点与动力点中间位置，天平完全靠重力，没有人为施加的力，动力臂和阻力臂一样长，这些都影响着学生的判断。突破了这些困难，学生对杠杆的概念会理解得更加科学完善。在接下来的教学中，教师将会将这两个工具作为重点话题，组织学生讨论，增加教师教学组织的针对性。

(二) 针对学生前概念的分析，确定教学起点

学生在做出判断后，也相应给出自己判断的理由。从这些理由中，我们也可以发现学生的一些前概念的情况，并将其作为接下来教学设计的重要依据。

1. 关于支点

在所有学生给出的理由中，提到"支点"的学生最多，有68%的学生用支点作为杠杆的判断依据，说明关于杠杆，学生对支点最为熟悉，都知道杠杆要有支点。所以可以以支点作为出发点，组织教学。但是我们也发现了关于杠杆支点的迷思概念。在对钓鱼竿的判断中，部分学生给出的理由是"支点没有在中间位置"。因此，在以支点为出发点组织教学时，需要对这一问题

组织讨论。

2. 关于杠杆要素

在学生给出的理由中，我们发现，部分学生关注到了杠杆的力的问题。例如有学生说"杠杆都是省力的""杠杆是用力撬动东西的（它是一上一下的）"，这说明学生已经关注到了杠杆的力的要素。只有学生注意到了力的要素，才能关注到力的作用点，这是杠杆概念发展的基础。同样的，学生对天平的判断出现了较大的差异，学生给出的理由是"天平没有人为施加的力""天平是用来称重量的"，说明学生对力的要素的理解还停留在力的来源上，没有关注到力的本质。

教师掌握了学生概念发展的起点，才能以此为基础开展教学。

3. 根据对学生理由表述的分析，确定教学难点

11%的学生对这些工具进行了判断，但是没有说明理由，33%的学生给出了理由，但是非常简略。能够进行判断，说明他们对杠杆是有一定认识的。但他们的判断完全凭直观感受，当然包括给出理由的学生，他们也在一定程度上依靠直觉，并没有上升到理性思维的高度，这也恰恰是学生接下来学习的重点。

在直觉阶段，学生是用一种隐蔽的、简略的、概括的内部言语进行思维，因此，他们的表达有一定的困难。这种内部言语在研讨中转化为外部言语说出来，标志着学生科学概念的形成。思维和语言相辅相成，思维的发展推动语言的表达，语言的发展又促进思维的发展。为突破这一难点，教师可以设计一系列的活动，让学生充分利用工具体验、语言交流、适时追问，为学生搭建思考支架，促进学生的思考。在动作体验、语言和思维的相互发展过程中，促进学生概念的形成。

四、教学目标

希望通过本单元的学习，学生能发展出关于杠杆的科学概念，并形成完善的体系，因此，确定单元目标如下：

（1）通过生活中多样的杠杆实例，总结出杠杆的要素等共同特征，学生知道杠杆作为一种简单机械，有动力、阻力、支点、动力臂、阻力臂五大要素。

（2）通过实验探究，基于大量数据，总结杠杆省力、费力和不省力也不费力的规律，学会用力臂的关系来判断杠杆是否省力。

（3）通过体验多种杠杆类工具，利用杠杆平衡原理，归纳这些工具的杠杆类型并能解决实际问题。

五、单元教学设计

表2

课时	学习目标	学习内容	学习活动	学习资源
第1课时	1. 认识到杠杆有三个重要的点。 2. 理解杠杆是由一根硬棒构成的。	1. 杠杆的特征。 2. 杠杆的条件、杠杆的要素。	1. 撬棍活动体验。 2. 杠杆要素的讨论。 3. 多种工具体验。	大米、拖布杆、学习卡片
第2课时	理解杠杆平衡原理。	杠杆的平衡原理。	探究活动——杠杆尺的研究。	杠杆尺、钩码、学习卡片
第3课时	能够根据三个点的位置将杠杆分类。	杠杆的分类：省力杠杆、费力杠杆、等臂杠杆。	1. 杠杆类工具体验活动。 2. 杠杆分类。 3. 制作小杆秤——小杆称的研究。	杠杆类工具（剪刀、筷子、镊子、订书器、开瓶器、天平、指甲刀）、学习卡片

六、率性教学的展开过程

本单元共分三课，每一课学生科学概念的构建都离不开归纳。随着学习的不断深入，归纳出的概念层层递进，最后形成体系。

图1

(一) 通过多样工具,归纳杠杆要素

1. 动手操作,还原情境,构建杠杆模型

课堂开始,教师创设情境,提出"提大米"任务。学生自然想到了用拖布杆做成杠杆将大米挑起来的方法。教师适时组织学生开展体验活动,感受杠杆的作用。

通过体验活动,唤醒了学生的生活经验,学生初步在头脑中建立了杠杆的模型。在接下来的判断中,学生会下意识地将其他工具与这个原型进行对比,因此,模型的建立非常重要,为接下来的归纳打下了基础。

2. "类"的辨别,寻找共性,归纳杠杆本质

归纳是由个别到一般的过程,在这一环节中,这个"个别"就是生活中常用的工具的不同属性,"一般"则是学生归纳出来的杠杆共性。教师向学生公布学情调查的答案,组织学生讨论这些工具作为杠杆的共同属性。通过这种"类"的判断,学生逐个对这些工具进行分析,从而归纳出杠杆的共同属性,也就是杠杆的要素等特征。

以下是学生小组讨论的一段实录:

生1:你来说说为啥你们原来认为开瓶器不是杠杆。

生2:我就是感觉它比较短,不像其他工具那么长。(没有去除长短这个外在的物理属性)

生3:我觉得是否是杠杆跟它的长短没有关系,只要它有支点和……棍,就是杠杆。

生4:对啊,不是说它长就是杠杆,短就不是了。其实是不是杠杆跟长短没什么关系,你看那个提大米的拖布杆,短一些的就不是杠杆了吗?

生2:嗯!(认同)

这个小组的学生已经能够由开瓶器联想到撬棍,并将二者进行对比,进而对开瓶器这种工具进行分析,除去外在物理属性,保留力、支点、转动等要素。通过交流,修正了生2对于杠杆的迷思概念,小组明确了长短不能作为判断杠杆的依据,初步认识了杠杆要素的构成,但是也暴露出学生对支点的认识还不全面的问题。

3. 总结交流，对话省思，完善杠杆认识

针对学生讨论中暴露出的问题，在集体研讨中，教师为学生搭建脚手架，合理追问，激发学生思考，促进表达，形成概念体系。例如对支点的认识：

师：（提出讨论话题）钓鱼竿是否是杠杆？

生：是！

生1：钓鱼竿是杠杆，因为它是撬东西的。

师：撬东西？

生2：因为它们都是一上一下的。

师：一上一下？那是什么样的运动？

（学生无反应）

师：我们在学习摩擦力时知道物体的运动有滚动和滑动，杠杆是这两种吗？

生3：都不是，应该是转动！

师：你们同意吗？为什么说它是转动的？

生4：因为它是绕着一个点的，这个点就是支点！（生4原来一直把支点叫作"借力点"，认为支点是"借力"的。通过刚才的对话，他对原有认知进行了改进，完善了对支点的认识）

师：是这样吗？

生：是。

（教师书写"转动"和"支点"两个词在黑板上）

通过第一课的学习，学生从各种各样的工具出发，能够用科学的语言进行表达，杠杆概念体系初具规模。但是这节课还遗留一个问题：在挑重物的体验活动中，学生发现，并不是所有情况下杠杆都省力。这个问题有待解决。

（二）基于数据分析，归纳杠杆平衡的规律

第二课是杠杆的研究，源于学生"什么情况下杠杆能省力"的问题，也就是杠杆平衡原理。这一问题的解决，不能只靠语言交流，它需要学生在实验探究中，去搜集证据、获取大量数据，通过分析数据之间的关系，才能总结出杠杆平衡的规律。

1. 合理猜想，为归纳指明方向

课堂开始，师生回顾上一节课的情境和待解决矛盾，明确接下来的研究问题。之后，教师组织学生对这一问题进行猜测。合理的猜测至关重要，它决定着接下来的研究方向和实验方法，从学生思维发展角度来看，它更决定着归纳出来的结论的深度和有效性。

这里，比较典型的是学生 S，通过课堂观察发现，她的概念发展（见以下流程图）比较典型，代表了一类学生。在学情分析时，她认为羊角锤是杠杆而钓鱼竿不是，她给出的理由是羊角锤省力而钓鱼竿不省力，这一想法在提重物活动中得到修正，因为她在用拖布杆提重物时自然想到手放得离支点远一些，她的经验通过活动被唤起。这个想法的形成为接下来的探究实验指明了方向，学生利用杠杆尺实验来搜集动力、阻力、动力臂、阻力臂等相关数据。

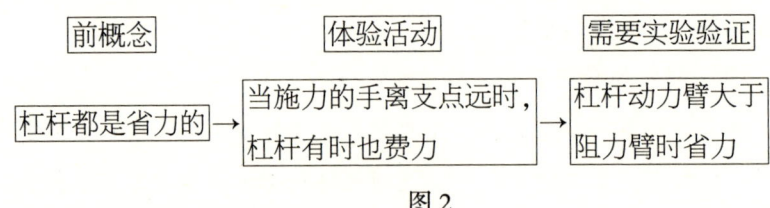

图 2

2. 数据搜集，为归纳打下基础

在设计好实验方案后，学生自己动手操作杠杆尺，在上面挂钩码，搜集记录杠杆尺平衡时动力与阻力的大小以及它们与支点的距离。数据的获得是归纳的基础，数据的多少和准确性密切关联。因此，要给学生充分的时间。

3. 数据汇总，为归纳搭建支架

数据越多，越有利于归纳结果的准确性。首先，在小组学习中，学生将数据记录在卡片上。在有限时间内，每组学生实验所得数据多少和类型并不相同，为保证数据的丰富性，学生通过集体汇报的方式将各组数据汇总。这一环节，教师使用了互动性强的电子白板，帮助学生呈现集体的数据。数据汇总不仅是简单的数据叠加过程，同时也是数据的鉴别过程。

4. 数据分析，交流归纳结果

到底什么情况下杠杆能省力？面对大量的数据，学生归纳的概念层次也是不同的，可以分四个层次：一小部分学生处于层次一，他们仅仅关注到力的比较；层次二的学生关注到距离的问题；层次三的学生想到了动力臂和阻力臂的长短关系；甚至有些学生达到了层次四，他们能注意到杠杆力臂与力的反比关系（见图3）。

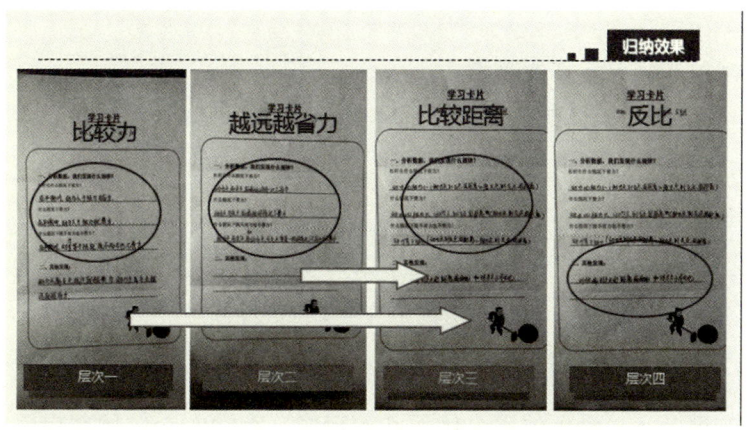

图 3

不同概念层次的学生归纳的结果不同，这就需要集体研讨。在学生小组讨论时，教师通过巡视，掌握不同小组学生概念发展水平，集体交流时，组织低层次概念水平的学生发表观点，引导高层次概念水平的学生进行补充。

下面是集体研讨的一段实录。

师：看看这些数据，你们都发现了什么？

生1：并不是所有杠杆都省力。

师：什么情况下杠杆能省力呢？

生1：动力小于阻力，杠杆就省力。（层次一）

师：好。谁还有补充？

生2：动力点到支点距离越远越省力。（层次二）

师：远到什么程度呢？

生2：当动力点到支点距离大于阻力点到支点距离时，杠杆才省力。（层次三）

师：相等呢？

生3：相等时不省力，也不费力，动力点到支点距离小于阻力点到支点距离时费力。

师：对。这涉及两个距离的比较，大家同意吗？

生：同意。

师：大家还有什么发现？

生4：老师，我还有个发现，实验到最后我觉得我好像不用费力实验就能知道数据了。

师：哦？那你说说你的想法。

生4：（指着电子白板）大家看，当在5格那儿挂4个钩码时，右边在2格挂10个钩码就可以平衡，5乘4等于20，2乘10也等于20，其他都一样，他们乘积都相等。（层次四）

最后，老师总结杠杆平衡规律并板书。至此，通过数据分析，学生将各自归纳结果进行交流研讨，各概念层次的学生均有发展。

（三）杠杆类工具的实践研究与分类

到第二课为止，学生的概念体系基本形成。归纳作为一种逻辑思维方式有其局限性，需要与演绎相结合；另外，从实物出发归纳出来科学概念，学生的思维经历由具体到抽象的过程，这个概念的巩固，则需要由抽象到具体。因此，第三课《杠杆类工具的研究》非常必要。

1. 操作体验，由具体到抽象，画出杠杆模型

与前两课相比，第三课更倾向于实践。我们特意选取了筷子、镊子、订书器、开瓶器、剪刀等杠杆类工具让学生自己动手操作，学生一边尝试使用这些工具（图4），一边寻找这些工具的支点、动力点、阻力点，将其抽象成杠杆模型（图5），并将其画在卡片相应位置。此过程加深了学生对杠杆概念的理解，同时也是对前期归纳结果的应用。

图4

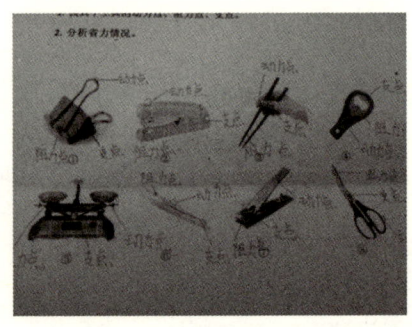

图5

2. 演绎推理，由抽象到具体，归纳杠杆类型

通过前两节课的学习，学生总结出杠杆平衡规律，接下来，学生运用这一科学概念（杠杆是否省力跟动力臂与阻力臂的长度相关），将这些工具进行分类，分析它属于费力杠杆、省力杠杆以及等臂杠杆中的哪一种。最后，学生将自己的归纳结果进行交流，互相修正，最终达成共识。像筷子、镊子的动力臂小于阻力臂，因此，它们是费力杠杆；天平的动力臂等于阻力臂，是等臂杠杆；选取的其他工具动力臂大于阻力臂，是省力杠杆。

学生的思维过程从来不是单向的，我们不仅要重视归纳的过程，由具体到抽象，也应重视归纳结果的运用，由抽象到具体，以强化学习成果。在本课的学习中，具体与抽象相结合，归纳与演绎相互促进，学生构建了比较完整的杠杆科学概念体系。

综合这三节课，主要概念的习得，都与归纳密切相关。前两课以归纳为主，但归纳的载体和结果有所不同。第一课学生归纳的重点是通过分析比较大量工具的特性，归纳出这些工具作为杠杆的共性，也就是杠杆的要素等，这是基于对实物本身的特征进行抽象，归纳出杠杆的一般属性。第二课的重点在于让学生搜集大量杠杆平衡时的相关数据，归纳出杠杆的平衡规律，这是基于对这些数据的分析，归纳出杠杆平衡的一般规律。而第三课则注重归纳与演绎相结合，在前两课的概念学习基础上，运用归纳结果，将生活中的杠杆类工具进行分类，使学生科学概念的构建更加完善。

执 笔 人：迟艳波
研究团队：迟艳波、武婷、陈晨

综合实践活动

三年级"我爱动画片"单元案例

一、设计亮点

综合实践活动是基于学生的直接经验，密切联系学生的自身生活和社会生活，体现其对知识的综合运用的课程形态，是一种以学生的经验和生活为核心的实践性课程。对"生命和生活"的理解，是综合实践活动课程的出发点。

（一）追根溯源——立足学生兴趣，探究动画片的历史文化

本节课的设计从喜欢动画的情感出发，教师别具匠心地引领儿童走进动画世界，探究动画之"根"。"有根源"是率性教学的特征之一，教师在教学活动中注重挖掘动画的本源，寻找知识线索上的"根"。我们探索古今中外的动画发展历史、不同国家的动画特点、同一部动画不同年代的呈现方式、不同年龄段对动画的不同认识……在学生感受动画片趣味的同时，适时点拨，引领学生探究动画发展的"根"。

学生对所有动画的研究源于热爱，通过对家庭成员喜爱的动画片的小调查，丰富了学生们对动画片的了解。随着对动画片的研究不断深入，教师引领学生走近第一部从国外引进的动画片《铁臂阿童木》，随后教师又尝试引领学生追溯我国最早的动画形式——皮影戏，以及古希腊最早的动画形式。通过寻"根"，学生们了解了中外最早的动画表现形式，对"动画"有了更广泛和更深刻的认识。

本节课教师还引入了大量的课程资源，查找了美国、日本、欧洲以及中国60年代和当下各具特点的动画片段。这些学习资源让学生的活动体验变得更加丰富，同时也增强了民族文化认同感和自豪感。

（二）注重归纳——关注学生经验，归纳动画片的典型特征

本节课学生在发现动画片特点的调查、交流中，经历了从个别到一般、从经验到认知提升的学习过程，这正是"有过程"的归纳教学的重要特点，调查、访问、交流也正是综合实践活动课程典型的学习方式。每个动画人物和情节片段都印在学生们的脑海里，而这些深受欢迎的动画片都有一些共同特征——形象夸张、个性鲜明、幽默搞笑、正义勇敢、团结善良等，课堂上实现了从个别到一般、从具体到抽象的归纳。"有过程"的归纳教学是率性教学的核心。

教师通过"猜一猜"的小游戏导入设计，让学生通过看图猜动画、看视频猜动画、听音乐猜动画、根据描述猜动画等多感官参与。通过多感官参与激发学生学习兴趣，学生很快进入动画片的情境中。从自己向同学推荐一部动画片并说说推荐理由开始，到课前小调查——家庭成员最喜爱的一部动画片及原因，学生发现动画片之所以受人喜爱，是因为其具备许多鲜明的特点，在此过程中，学生认识到动画片有鲜明的人物形象，有幽默搞笑的情节，有丰富的科普知识，有无比神奇的想象，有夸张的表现形式，有传唱很广的音乐，更有一个国家民族的传统文化……这些特点对孩子的成长具有重要意义，不仅陪伴他们度过美好的童年，也为他们打下了多彩的人生底色。

二、内容分析

（一）源于地方课程——贴近学生生活

本节课是长春版教材《综合实践活动》三年级上学期第八课——《我爱动画片》。内容取材于儿童自身的生活，源于儿童的生活经验，基于儿童自身的兴趣，是一个饶有趣味的教学内容。

（二）融合地方课程——古今动画归类

本课以小小的动画片为切入点，随着课堂的深入，我们在学生面前打开了一个动画世界，展示了一部动画发展史。教师在运用教材时，不断地挖掘教材、丰富教材，没有停留在动画片表面的形式上，而是以小见大，从生活情境中发现问题，探究动画片的发展历史，并且融入了古今中外的文化对比，充分拓展

学生思维的广度和深度。从人类历史上最早的动画片雏形——古希腊陶罐上的绘画，到中国最早的动画形式——皮影戏，从中国第一部水墨动画片《小蝌蚪找妈妈》到如今的多维动画，简要的动画发展历史便在学生心目中打下了深深的烙印。这种古今中外的文化交流和对比是在教材原有内容基础上的突破，突破教材中只局限于对中外动画片的归类，契合了综合实践活动课程的实践性、自主性、开放性等特点。

三、学情分析

众所周知，动画片里有妙趣横生的故事情节，个性鲜明的动画形象，深入浅出的生活道理，所以动画片以其独特的艺术形式、艺术形象、艺术魅力深受少年儿童的喜爱。

（一）学生对动画片的情感认知

看动画片是学生课余生活中必不可少的活动。基于学生已有的生活经历，教师课前对部分学生进行了小调查，调查学生平时喜欢看哪些动画片，通过对调查结果的分析，我们统计出了三年级学生喜欢的动画片的前8名：

(1)《哆啦A梦》；

(2)《名侦探柯南》；

(3)《小马宝莉》；

(4)《大头儿子和小头爸爸》；

(5)《小猪佩奇》；

(6)《哪吒之魔童降世》；

(7)《冰雪奇缘》；

(8)《姜子牙》。

这些耳熟能详的动画片成了同学们茶余饭后的话题。从调查结果中分析，学生喜欢这些动画片的原因主要有人物聪明、美丽、善良，情节生动、幽默、扣人心弦。然而，三年级的学生对动画的认知不应该仅限于动画人物和情节，还应该进一步提升。

（二）学生对动画片的知识认知

三年级学生学习任务与活动范围的广度和深度都有了显著的变化，学习过程的组织性、认知过程的规范性更强，而且可以独立完成一些简单任务。因此根据本课的特点，学生运用多种学习方法开展综合实践活动，课前通过问卷调查的方法开展学习，课上运用文献、比较等研究方法，充分交流、分享自己喜爱的动画片，互相借鉴学习。教师用文献法，查阅大量相关资料，比如中国皮影戏、希腊陶罐图案等，引导学生了解动画的"根"及发展历史。用比较研究的方法，对比相差四十年的"哪吒"，学生慨叹四十年的动画发展历程。这些大量的信息不断冲击儿童的心灵世界，提升学生的认知水平。这不仅可以达成本课的教学目标，也有助于提高学生的思维能力。

四、教学目标

通过内容分析和学情分析，我们实现了以下几个方面的教学目标。

（1）知识与技能：学生能够运用归纳的方法，总结动画片的特点。

（2）过程与方法：通过调查交流，学生了解了古今中外动画特点及动画起源。

（3）情感态度与价值观：古今中外的动画的对比，使学生感受到中外文化差异，提升了民族自豪感。

五、课例教学设计

表1

课时	学习目标	学习内容	学习活动	学习资源
我爱动画片	1. 知识与技能：学生能够运用归纳的方法，总结动画片的特点。 2. 过程与方法：通过调查交流，学生了解了古今中外动画特点及动画起源。 3. 情感态度与价值观：古今中外的动画的对比，使学生感受到中外文化差异，提升了民族自豪感。	情境带入，多感官体验。	与学生互动"猜一猜"的游戏。通过图片、视频、音乐、语言描述等情境带入，激发学生学习兴趣。	1. 图片"柯南"人物形象。 2. 动画片《小猪佩奇》视频。 3. 音乐《哆啦A梦》 4. 描述"哪吒"人物形象
		小组交流"我们"爱看的动画片，归纳动画特点。	1. 小组内依次交流自己最喜爱的动画片，并说一说喜欢的理由。 2. 推荐一名同学与全班同学交流。 3. 引导学生归纳动画片的特点。	1. 根据学习卡一交流。 2. 播放动画视频片段合集。
		追忆不同年代的动画片，感受民族文化的魅力。	1. 小组同学交流爸爸妈妈、爷爷奶奶小时候最喜欢的一部动画片。 2. 全班同学交流，归纳动画片特点。 3. 师生交流，感受不同风格的动画片留给每一代人珍贵的童年记忆。	1. 根据学习卡二交流。 2. 播放动画片片段1961年版的《大闹天宫》，1961年版的《小蝌蚪找妈妈》，1984年版的《变形金刚》，1939年版的《猫和老鼠》。

续表

课时	学习目标	学习内容	学习活动	学习资源
我爱动画片		追溯中外最早的动画形式。	1. 了解中国最早的动画形式——皮影戏。 2. 了解古希腊最早的动画形式。	1. 皮影戏。 2. 古希腊陶罐上的动画。
		不同年代的动画片对比，科技创造美好生活。	通过观看两段视频，对比相差四十年的哪吒。从故事情节、人物形象、背景音乐到制作效果……体会这四十年动画片的变与不变。同时感受科技带给动画片的创新，给生活带来的愉悦和幸福。	1. 1979年《哪吒闹海》图片、视频片段。 2. 2019年《哪吒之魔童降世》图片、视频片段。 （两段视频片段情节相同）

六、率性教学的开展过程

率性教学强调保护儿童好奇、好问、愿意探究的天性，尊重人的个性化。本节课尊重三年级学生的发展特点和兴趣爱好，设计了四个阶段的学习过程，四个阶段环环相扣又层层深入，在本节课中体现了有个性、有根源、有过程的归纳教学。

（一）尊重儿童兴趣，归纳动画片特点

综合实践活动课程以学生的生活经验、生活背景、兴趣爱好、生活中的感受与需要为主，作为一门综合性课程，要超越教材和学校的局限，向学生的生活领域和社会活动领域延伸，密切与生活的联系。

有个性、有根源、有过程的归纳教学让学习从兴趣出发，营造学习氛围，缩短学习目标与儿童心理之间的距离。通过课前"猜一猜"的游戏，借助学生日常生活中喜闻乐见的动画人物、片段，让学习充满乐趣，学生更容易进入学习状态。学生在与同伴交流某一个动画形象或情节的过程中归纳动画片的特点，一个小组汇报之后其他同学从不同方面予以补充。教师在学生充分交流之后适

当引导，梳理总结。

师：请 A 组同学说说你们小组最喜爱的动画片，并说说为什么。

生（A组）：我们组最喜欢《名侦探柯南》，因为柯南很聪明，总能破获大案。

师：还有谁也喜欢柯南？

生1：我也喜欢，因为柯南很帅。

生2：我喜欢柯南，因为他很可爱。

师：看来柯南这个人物给大家留下很深的印象，有鲜明的个性。哪个小组再来分享一下你们组最喜爱的动画片？

生（B组）：我们组最喜欢《迷你特工队》，因为他们很团结，还很善良。

师：（板书：团结善良）其他同学有没有看过类似的善良友爱、团结向上的动画片呢？

生3：《超级飞侠》也是。

师：从哪儿能看出来？

生3：每次送达包裹，他们都帮助当地的人们解决困难。他们也很团结，不论谁遇到困难同伴都会来帮忙。

学生们从自身的经验出发，在与同伴交流的过程中，用儿童的语言归纳出动画片的共性特点。随后老师播放动画片片段，学生们感受着动画片给他们带来的幸福和快乐。

(二) 观看中外动画年代秀，感受民族文化的魅力

综合实践活动着力发展学生的综合素质、核心素养。文化是一个民族的灵魂，我们的民族文化在现代化程度比较高的今天，不仅没有失去意义，反而彰显出它不朽的价值。本环节通过学生对家庭成员最喜爱的动画片的小调查，了解到了两部很有代表性的动画片——《大闹天宫》《小蝌蚪找妈妈》，让学生领略了我们优秀的中国传统文化。

（播放1961年版《大闹天宫》片段）

师：这部动画片在人物塑造上融入了很多中国传统元素，比如戏剧脸谱、敦煌壁画等等。你们知道这部动画片的原型是什么吗？它出自我国一部古典文学名著《西游记》。跟它同一年（1961年）出品的另一部作品《小蝌蚪找妈妈》

也是通过文学作品改编的。你们都学过吧?

生:学过。

师:你们想看看那个年代的《小蝌蚪找妈妈》吗?

生:想看!

(播放1961年版《小蝌蚪找妈妈》片段)

师:琴声悠扬而起,把我们带到一个水墨画的世界。这是我国制作的第一部水墨动画片。虽然现在看来它色彩单一,但是这种水墨和动画相结合的创作在当时震惊世界!

在学生们调查的动画片中还有很多外国动画片,教师引导学生深入思考,了解中国引进的第一部外国动画片——《铁臂阿童木》。通过这个小调查,学生们也体会到了自己生活在这个时代的幸福。

师:爸爸妈妈小时候看什么动画片?

生1:我爸爸喜欢看《变形金刚》,因为很神奇,能变不同形状。

师:你们想不想看看爸爸妈妈当年看的《变形金刚》?

生:想!

(播放1984年版《变形金刚》片段)

师:这里面的汽车人,我们想象不到它们下一秒会变成什么,完全超乎想象,这就是充满想象和科技感的动画片。同学们,你们知道我们中国引进的第一部外国动画片是什么吗?

生2:我觉得是《聪明的一休》。

师:其实,我们中国引进的第一部动画片是《铁臂阿童木》,老师找到一个片段给大家看一看。

(播放1960年黑白动画片《铁臂阿童木》片段)

本环节围绕小调查和丰富的学习素材展开一系列探讨,探讨了不同年代、不同地域呈现出不同特点的动画片,使学生不仅感受到了我们优秀的民族文化,也扩大了国际视野。学生不是只对动画片在形象和情节上有所理解,而是一直有所思、有所感、有所悟。

(三)继续深入探究,追寻动画片本源

率性教学是"有根源"的教学。随着研究不断深入,学生们对动画的理解也越来越深刻。从中国的第一部水墨动画片，到我国引进的第一部外国动画片，学生在感受中外文化差异的同时也对动画片有了更深入的思考。通过多元对话交流，教师引导学生挖掘动画片本源。

师：既然你们看过那么多动画片，那你们知道世界上最早的动画是什么样的吗？中国最早的动画是什么样的？

生1：应该是那种黑白无声的动画吧。

生2：只有一个人表演的动画。

师：你们说的这种动画已经很早了，但还不是最早的。你们想知道最早的动画是什么样的吗？

生：想！

师：咱们一起来看看。这是希腊最早的动画，人们在陶罐的每一面画上不同的动作，转动陶罐时，人物就栩栩如生了。它距离我们已有近三千年的时间了。而这幅图呢，是我们中国最早的动画形式——皮影戏。皮影戏最早出现在西汉，那个年代的人们就发现了光与影的魅力。

本环节尊重儿童好奇、愿意探究的天性，与学生共同探索动画起源。通过教师的适当点拨，学生对动画有了本质的认识，对动画的意义有了更深的理解。

（四）对比古今细端详，科技注入新力量

教师选取《哪吒闹海》和《哪吒之魔童降世》两部动画片中故事情节相同的片段放映，学生进行比较和归纳。

师：随着时代的不断发展，科学技术的不断进步，动画也在随之变化。如今的动画片也运用了各种科技手段。四十年的发展历程，同样的一个题材，在今天看，有哪些是相同的，又有哪些是不同的呢？我们来感受一下。

（播放两个动画片段）

师：谁愿意来说说你的感受？

生1：我认为两部动画片的音乐不同，一个（1979年）是带传统京剧风格的音乐，一个（2019年）是普通的音乐。

师：你真是一个细心的孩子。它们一个充满传统曲艺色彩，一个极富现代流行音乐元素。还有吗？

生2：它们的相同点是都有哪吒，哪吒战龙王三太子。不同的是左边（1979年）的画面不太清晰，而且是平面的。右边（2019年）的画面更清楚，而且是有3D效果的，更立体。

师：你看得可真认真啊！1979年只能看到平面的哪吒，画面还不是特别清晰。而现在呢，不仅有3D的视觉冲击，在人物塑造上，也有了大胆突破。四十年来，不变的是这个人物和基本故事情节。然而科技的进步、时代的发展又赋予它新的含义。我们也不断感受着科技与动画的完美融合，科技也必将创造更多声光电的奇迹。但是不论时代如何变化，我们依然爱动画。

本环节是继中外文化对比、追溯动画本源之后，对本节课的再一次升华，通过对比相差四十年的"哪吒"，学生在"比较—发现—归纳"过程中感受我国动画发展历程，慨叹科学技术为动画片、为时代带来的翻天覆地的变化。通过今昔对比，学生交流两部动画片的相同和不同，交流中有补充、有延伸。

本节课，学生通过合作、探究、交流、发现、归纳等一系列学习活动，了解了动画片的特点，深入探究古今中外动画片以及动画起源。在欣赏和交流动画片的过程中，民族自豪感油然而生。有过程的归纳学习，让学生主动思考，并始终保持着主动归纳的深度学习状态。

执 笔 人：修丽波、刘尧松
研究团队：修丽波、王语、于合乐、张瀛、王俊杰、梁佳苹、刘尧松、胡子祎、王亚丽

四年级"从'饮食'看世界"单元案例

——"有过程"的率性教学实践探索

一、设计亮点

（一）通过饮食探秘增进文化理解

人类进入 21 世纪，社会发展呈现了政治、经济、文化全球一体化发展趋势。全球一体化也增强了各国各民族之间的交往和相互依赖，因为世界文化的多元性，需要不同种族、国家、地区之间的人们相互交流、理解、包容。对于青少年来讲，不仅要强化对本民族文化的认同，还要增进对异文化、多元文化的理解，这样才能培养出具有民族灵魂、国际视野的未来公民。"从'饮食'看世界"是一个典型的国际理解教育主题单元课程内容，完全符合教科文组织对国际理解教育课程内容的选择标准，即真实性、文化性、伦理性、理解性和可操作性，能够很好地诠释在综合实践活动中渗透国际理解教育的课程价值。

（二）通过课程统整促进知行合一

随着中共中央、国务院印发的《关于全面加强新时代大中小学劳动教育的意见》和教育部印发的《大中小学劳动教育指导纲要（试行）》陆续出台，劳动教育将成为当前乃至今后一段时间课程综合改革的焦点。20多年的综合实践活动课程探索，让我们进一步厘清了综合实践活动与劳动教育的内在关联：综合实践活动是落实劳动教育的重要途径，其最主要的学习方式——研究性学习同样适用于劳动教育；劳动教育作为综合实践活动的重要组成部分，其日常生活劳动、生产劳动、服务性劳动三种课程形态与综合实践活动的设计制作、职业体验、社会服务三个领域内容有着紧密的关联（如图1）。可以说，实现劳动教育与综合实践活动课程统整,能够解决新时代经验课程综合改革的焦点问题,更能有效促进学生知行合一、手脑并用、全面发展,更能体现基础教育课程综合化改革的价值。

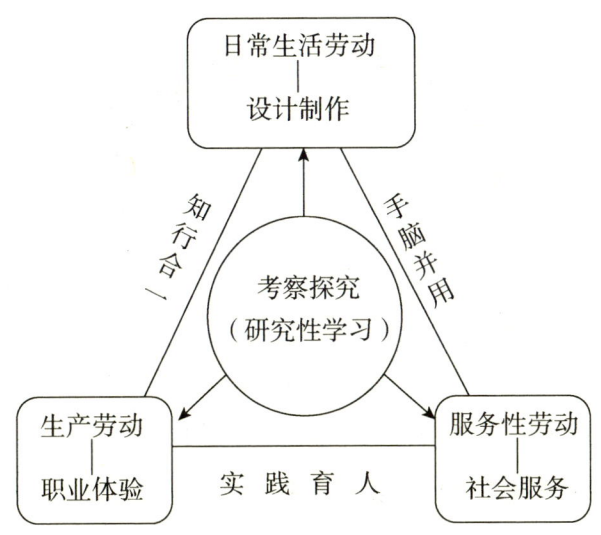

图1　劳动教育与综合实践活动课程关系图

(三) 通过主题单元丰厚过程体验

东师附小的综合实践活动始终坚持以研究性学习为主,以主题单元的方式开展课程教学实践研究,引导学生在实践过程中逐步丰富体验和经验,切实在问题发现、问题探究、问题解决的过程中培养实践能力、创新精神和综合素养。

二、内容分析

(一) 主题单元"同心圆"设计之策略

"从'饮食'看世界"主题单元由《家乡美食探秘》《中华美食探秘》《外国美食探秘》三个子单元构成,采用"同心圆"策略展开(如图2)。其目的有三:一是由"家乡美食"到"中华美食"再到"世界美食"符合学生的生活经验,对三种文化的研究也符合学生的认知规律和实际水平;二是前一个子单元的学习为后一个子单元的学习奠定了认知、体验、行动的基础,并使其得以继续发展；三是前后单元可以开展横向或纵向的比较研究，通过比较发现不同地域饮食文化的差异或联系，逐渐深化对三种文化的尊重和理解，自然渗透国际理解教育。

图2 "从'饮食'看世界"主题单元同心圆设计

（二）国际理解教育目标达成之路径

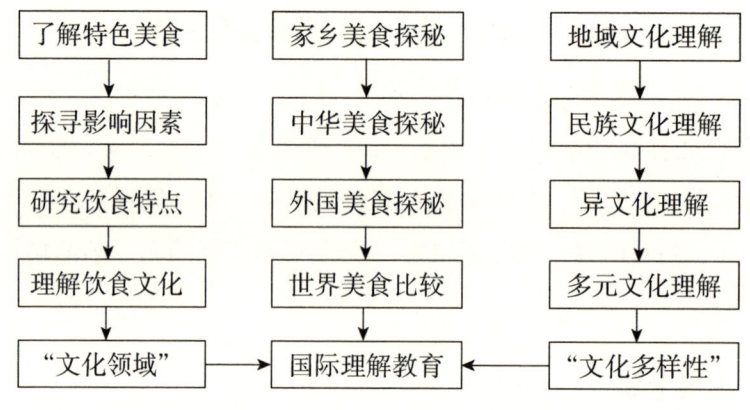

图3 "从'饮食'看世界"主题单元课程目标达成示意图

如何达成从"饮食"看世界的国际理解教育目标呢？一是从"饮食特点"延伸至"饮食文化"。不管是哪种饮食，都可从食材、做法、味道、营养、健康、礼仪等方面的特点进行研究，还要了解为什么会形成这样的特点，即影响地域饮食文化的相关因素，如地理环境、气候条件、物产资源、经济状况、社会发展、历史文化、宗教信仰等，才能更好地理解某个地域的饮食文化。二是由"饮食文化"拓展到"文化领域"。学生对地域的饮食文化有了一定了解以后，还要与各地的节日文化、民俗文化融合在一起，这样就更容易理解地域文化了。三是由"文化理解"达到"国际理解"的教育目的。"民族文化理解"和"异文化理解"是国际理解教育的两大核心领域内容。深入体会世界不同地域饮食文化的多样性、差异性、融合性等特点，自然渗透国际理解教育思想。（如图3）

三、学情分析

四年级的学生对"饮食"主题的学习探究是否感兴趣？能否通过主题单元学习开展更深入的研究？能否通过这样的主题学习达成国际理解教育目标？为此，在主题单元课程开发之初，对四年级5个班213名学生进行了抽样调查，收回有效问卷201份，有效率为94%，基本达到了理想的样本数。

（一）关于主题学习兴趣的调查

在"你对'饮食'主题的综合实践活动学习内容感兴趣吗？"的调查中，有79%的学生"感兴趣"，18%的同学"比较感兴趣"，仅有3%的同学"不感兴趣"（如图4）。从整体数据来看，四年级学生对"饮食"主题的学习还是很感兴趣的。作为经验课程的内容选择，学生是否感兴趣至关重要。学生感兴趣的内容才有研究的可能性，这为主题单元教学的实施提供了前提条件。

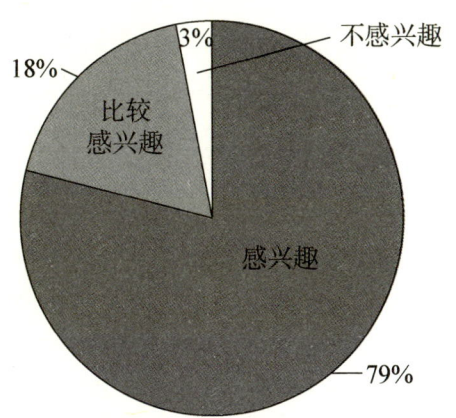

图4 对"饮食"主题的综合实践活动学习兴趣的调查

（二）关于主题内容学习方式的调查

在"你认为以'单元'的方式进行综合实践活动学习对你有帮助吗？"的调查中，有66%的同学认为"很有帮助"，这与东师附小多年来单元课程开发的教学实践有很大关系。综合实践活动以"单元"的方式呈现，有利于学生经历完整的探究过程，能够对感兴趣的问题进行深入的探究。因此，要以"单元"的方式推进课程开发与教学实践,让学生经历学习的全过程。

(三) 关于单元学习目标期待的调查

在"通过'从"饮食"看世界'单元的学习,你希望哪些方面的素养得到锻炼和提高?(最多可选 3 项)"的调查中,发现、探究、解决问题的能力占 43%,搜集、整理、运用资料的方法占 49%,自主规划、组织协调的能力占 49%,与人沟通、合作交往的能力占 51%,在实践体验中提高综合素养占 36%,在主题探究中理解饮食文化占 32%(如图 5)。看来,学生对沟通交流、问题解决、自主规划、信息获取等素养的提高有更高期待,这也是综合实践活动课程的主要价值取向。而文化理解、综合素养对新升入四年级的学生来说有一定难度,需要在日后教学中加以关注。

A. 发现、探究、解决问题的能力
B. 搜集、整理、运用资料的方法
C. 自主规划、组织协调的能力
D. 与人沟通、合作交往的能力
E. 在实践体验中提高综合素养
F. 在主题探究中理解饮食文化

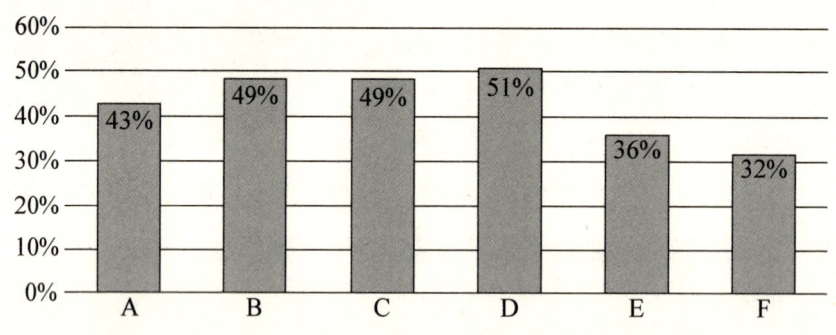

图 5 对希望哪方面素养得到提升的调查

通过这样的问卷调查,能清晰了解到学生对"饮食"主题的学习很感兴趣,对单元学习的价值有正确的理解,对综合实践活动核心素养的形成有所期待,这些都为深度开展主题单元学习提供了有效支持。

四、单元目标

（1）情感、态度与价值观：激发学生对"饮食"主题探究的兴趣，初步形成正确的劳动观和热爱劳动、服务社会的责任感；初步形成热爱乡土文化，认同民族文化，理解多元文化的情感；初步形成尊重不同文化生活的基本态度，渗透国际理解教育思想。

（2）过程与方法：学习发现问题、探究问题、解决问题的基本策略，在小组合作、交流、分享过程中逐步形成积极的学习品质；学会运用观察、体验、访谈、比较等方法进行探究，学会使用网络及常见的电子设备获取信息；积极参与饮食主题的劳动操作与服务体验，锻炼社会实践能力，提升综合素养。

（3）知识与技能：了解"饮食"主题探究的基本思路；提高对饮食文化的认识，初步理解影响饮食文化形成的主要因素；运用生活经验和所学知识，综合表达对中外饮食文化的理解。

五、单元教学设计

由于《从"饮食"看世界》主题单元贯穿四年级综合实践活动教学始末，充分体现了"有过程"的率性教学特征。因为本主题单元学习周期较长，无法呈现主题单元所有课时的教学设计，故仅以"社会实践活动"交流反馈课时（第15~16课时）为例加以说明。

学生经过实践后，有必要让他们在一起沟通交流。一方面教师可通过学生汇报各自的收获和体验，了解他们能否正确展开实践操作及其是否习得基本要领；另一方面可以检验学生在实践活动中选择和利用恰当方法、工具和技术完成具体任务的情况，看他们的实践探究能力是否得到了锻炼和提升；同时，通过学生的交流与汇报，还要了解学生开展活动时遇到的主要困惑，鼓励同伴间、小组间展开质疑和讨论，为下一阶段深入开展探究活动提供支持。具体教学设计如下：

表 1

课时	学习目标	学习内容	学习活动	学习资源
第15~16课时	1. 愿意与同学交流、分享社会实践活动的收获和体验，能对实践表现进行客观总结和反思，适时调整问题的解决方案。 2. 通过反馈交流进一步强化访谈、观察、体验等方法在社会生活情境中的应用，在对话与省思过程中培养学生的问题生成意识和问题探究能力。 3. 整理和提炼社会实践活动获取的有用信息，进一步深化对外国饮食文化的理解。	回顾交流	结合社会实践活动的学习目标和通过实践活动获取的信息资料，回顾交流社会实践活动的整体情况。	社会实践活动各种信息资料
		聚焦问题	各组同学结合实践研究的问题深入讨论：小组成员是带着哪些研究问题进行实践探究的？通过哪些方式进行问题探究？探究得怎么样？在实践过程中小组成员生成了哪些问题？怎么处理的？还有哪些研究问题在实践活动中没有得到解决？接下来打算怎么解决？现阶段小组成员对该国饮食文化有了怎样的了解？还对哪些内容感兴趣？等等。	学习指南、问题提示
		交流分享	小组同学围绕"学习指南"要点，选择有效方法和信息，在交流、分享、对话、反思过程中，逐步习得探究问题的策略以及对外国饮食文化的初步理解。	学习卡片、实践照片
		归纳总结	通过交流反馈后归纳总结：从哪些方面研究美食更有效？哪些方法对问题探究帮助更大？哪些因素会影响饮食文化的形成？不同国家的饮食文化有怎样的区别和联系？	饮食文化研究网络图
		评价反思	结合本次社会实践活动交流反馈情况以及课堂表现进行相互评价和自我反思：有哪些收获或困惑？还有哪些地方需要改进？如何调整我们小组的问题解决方案？	评价反思卡

在社会实践活动反馈交流过程中，要更加关注不同小组之间的互动、补充、质疑和批判。这会引起发言同学的深入思考，将问题探究进一步深入；在相互补充的过程中，这使得问题解决更全面、更系统；在不同国家饮食文化比较的过程中，可以发现差异性，对世界饮食文化有了更深入的理解；思维碰撞的过程也是相互启发、彼此理解的过程，生成性越强的课堂越有生命活力，这样的学习才更有深度、广度和热度。

六、率性教学的展开

综合实践活动作为经验课程，在主题单元课程实施过程中，更突出强调"有过程"的核心要义。在主题单元课程实施过程中，始终以"问题解决"为主线，突出强调基于问题情境的实践体验，切实培养学生的问题解决能力，有效促进学生的经验生成。

（一）强调原生态的问题发现

这里的"问题"既可指要研究的问题，也可指要关注的社会生活现象，问题绝不是单一的，而是多维的；"原生态"强调学生真实的生活经验和认知水平，要引导孩子从自己的视角去发现生活中的真问题，用自己的语言和表述方式去阐述问题，学会界定问题和转化为可以研究的主题，不能用成人化的表述方式，要符合小学生真实的认知水平，这是问题解决的逻辑起点。下面仅列举部分学习小组的研究问题：

（1）日本以什么料理为主？与中国、韩国的饮食有什么区别？

（2）为什么韩国人离不开泡菜？与他们的生活习俗有关系吗？

（3）泰国的咖喱与其他国家的有什么不一样？为什么他们做菜习惯用咖喱？

（4）澳大利亚的肥牛和日本的肥牛哪个更好吃？有什么区别吗？为什么？

（5）为什么美国人那么喜欢吃快餐？和国家发展有关系吗？

（6）意大利披萨和美国披萨在食材、做法、味道等方面都有什么不一样？

（7）英国人为什么要喝下午茶？是什么原因使他们形成了这样的生活习惯？

（8）为什么德国人那么喜欢蔬菜、面包、酸食、啤酒？和当地的生活习俗、物产有什么关系？

(9) 为什么法国人就餐时要按顺序上餐？这与什么因素有关呢？

(10) 土耳其烤肉为什么要在上面放洋葱，还要放酸奶和番茄酱？与巴西、韩国的烤肉有什么不同？

(二) 强调情境化的实践探究

图6

这里的"情境"多指现实生活中的真实情境，只有在现实的生活情境中展开的真实体验才是深刻的。"实践探究"不仅指在社会生活中的调查、访问、体验、操作等，也指为了更好地运用信息、应用技术、习得方法等而付出的实践性行为。综合实践活动课程更好地体现了"教育即生活""学校即社会"的教育思想，更强调学生对生活、对社会、对自我的理解与改造，促进其创新意识、实践能力、团队合作、社会责任等方面综合素养的提升。

(三) 强调互动式的对话分享

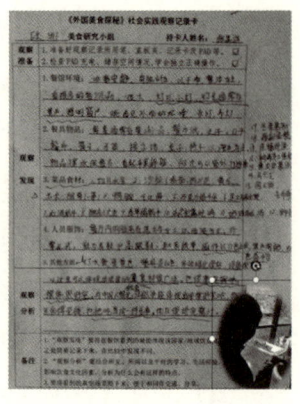

图7

这里的"对话"不只是师生间或生生间的对话，更强调学生在实践过程中与他人、与社会、与自我的多元对话以及对话过程中与同伴的分享。这个对话分享的过程，更强调批判反思和问题生成，更是问题解决的过程。比如，在学习交流过程中，英国、法国、意大利三个美食研究小组的同学相互补充、相互质疑、相互借鉴、相互分享，将对饮食文化的理解逐步深入。英国小组的S同学说："英国餐厅室内光线都比较暗；餐桌上都摆放着各种不同样式的刀、叉、勺等用具；用餐时非常安静，甚至只能听到切食物的刀叉声；用餐时都是女士优先，显示出男生的绅士风度。"法国小组的W同学补充道："法国人与英国人就餐时的就餐环境虽有相似之处，但墙壁上的装饰物有明显不同：英国餐厅的墙壁画多数与皇家的人物有关，而法国餐厅多数悬挂的是风景油画。"意大利小组的Z同学进一步强调："意大利的墙壁上都会悬挂油画或者把墙垛装饰成雕塑作品，这与欧洲文艺复兴时期的艺术传承紧密相关。"三个小组的同学通过比较研究，了解了各自探究的国家的饮食文化特点，进一步印证了世界饮食文化的传承性、融合性、地域性、差异性等特点。通过这样的交流分享，将问题探究进一步深入，加深同学们对异文化的理解，自然渗透了国际理解教育。

（四）强调个性化的经验理解

这里的"经验"既指问题解决过程中所获、所感、所悟，又指实践过程中的真实履历，更指多种经验的重组。"个性化"与"生成性"是综合实践活动课程的重要价值取向，也正是这门课程的魅力所在。以下仅举两例：

Z同学：我对世界饮食文化的理解能力有了明显提高，从"饮食"看世界嘛。我先要了解某地特色美食到底有什么特色？为什么会有这样的特色？与当地的地理、气候、历史、物产、生活习俗等这些因素之间有什么关系？与其他国家的饮食文化相比有什么不同？最独特的地方是什么？等等。这样的问题研究思路和方法让我很受益，所以有人问我关于澳大利亚的美食的时候，我不仅会告诉他有什么特点，还会告诉他为什么会是这样的，理解其中的文化，自然就达到"看世界"的目的了。

S同学：我的国际理解意识在很大程度上增强了。刘老师在上课时总会提到"国际理解"呀、"地球村"呀什么的，刚开始我还不太懂。后来了解了一些典型的移民国家，来自世界各国、各种族的人们汇集到一起，文化差异非常大，就需要大家相互尊重、理解、包容，只有这样才能和谐相处。

（五）强调过程性的评价反思

仅以"通过本主题单元学习，你在哪些方面的表现有了明显提升？"的调查为例（最多选3项）：文化理解占41%，问题探究占40%，社会实践占38%，合作交往占28%，信息获取占27%，沟通交流占17%，综合生成占11%，方法运用和批判反思均占10%，设计制作占4%（如图8）。由此可以看出，学生在文化理解、问题探究、社会实践等方面的提升较突出，在合作交往、信息获取、沟通交流等方面也有较大幅度提升。这些既是综合实践活动应培养的关键能力，也是重要的国际理解素养。当然，综合生成、方法运用、批判反思等对四年级学生来说有一定难度，需要一个较长的学习实践过程方能逐渐形成基本素养。

另外，设计制作的能力还需在教学实践和生活实践中给予重视。

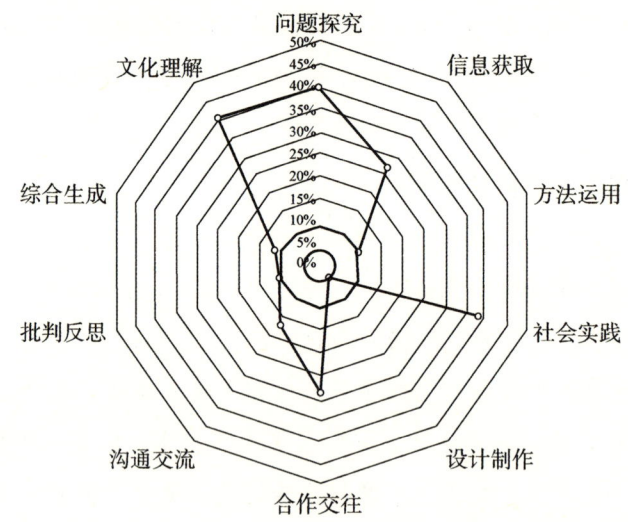

图 8　关于主题单元学习与综合素养提升的调查

四年级综合实践活动《从"饮食"看世界》国际理解教育主题单元很好地体现了率性教学"有过程"的核心要素，深刻反映出综合实践活动课程的本质价值取向，其主题单元课程开发与教学实践探索是卓有成效的，是一个有研究价值的主题单元教学案例。

执 笔 人：刘新生
研究团队：刘新生、柴进延、张雯辉、徐伟、李春花、王博、初悦